U0660224

图书在版编目（CIP）数据

电视广告/王诗文主编. —2版. —北京：中国
广播电视出版社，2013.3
　　（21世纪广播电视职业教育丛书）
　　国家广播电影电视总局规划专业教材
　　ISBN 978−7−5043−6853−9

　　Ⅰ.①电…　Ⅱ.①王…　Ⅲ.①电视—广告学—教材
Ⅳ.①F713.80

　　中国版本图书馆CIP数据核字（2013）第031325号

电视广告（第二版）

王诗文　主编

王忠娟　赵志洋　副主编

责任编辑	李晓霖
封面设计	丁　琳
责任校对	张　哲
出版发行	中国广播电视出版社
电　话	010−86093580　010−86093583
社　址	北京市西城区真武庙二条9号
邮　编	100045
网　址	www.crtp.com.cn
电子信箱	crtp8@sina.com
经　销	全国各地新华书店
印　刷	廊坊报业印务有限公司
开　本	710毫米×1000毫米　1/16
字　数	356(千)字
印　张	22
版　次	2013年3月第2版　2013年3月第1次印刷
印　数	5000册
书　号	ISBN 978−7−5043−6853−9
定　价	42.00元

（版权所有　翻印必究·印装有误　负责调换）

丛书编委会

主　　编　刘爱清

副主编　周南森

编　　委　李绍新　丘敬平　刘佳骥

　　　　　沈兵虎　高虎崧　岑祥盛

　　　　　覃路宇　阿布都外力

　　　　　李　明

第二版出版说明

为加快电视节目制作人才的培养，促进从业人员职业素质的不断提高，2008年8月，在国家广电总局牵头组织下，我社出版了"21世纪广播电视职业教育丛书"。

该套丛书是适应职业教育特点的专业教材，主要面向高等职业教育、普通专科教育和在职岗位培训的需要。当时共分两批先后出版了12本。多年来，该套材料以它的系列性、实践性强而受到广大读者的欢迎。斗转星移，弹指之间十几年过去了，媒体生态环境发生了深刻且巨大的变化，这些变化无疑给电视制作带来新的理解和新的方式。为了使该套丛书不断完善，更好地满足读者的需求，我社又邀请作者对其中部分图书进行了修订，或增补新内容，或替换旧资料，或改正不合时宜的内容，对图书的体例也进一步加以规范，力求提高质量。

在这里，我们要衷心感谢作者的倾力支持，也衷心感谢读者的关心，欢迎读者批评指正。

中国广播电视出版社

2012年12月

第二版前言

《电视广告》是帮助读者学习掌握电视媒体广告的谋划方法、表现技巧、制作技术的一本书。

《电视广告》是电视节目制作的一门应用专业课，也是学习电视节目制作的制高点；换一句话说，掌握电视广告的谋划方法与制作技巧，可以达到电视节目制作的最高境界。电视广告要在最短的篇幅里制作最吸引人、最精致的作品，这是其他电视节目样式所不能具备的先天条件，但同时也给电视广告的制作设立了难题。攻克这一难题，必须运用最新的创作意识、精良的制作设备、高超的制作技巧，方方面面都要到位。所以，电视广告学习、掌握得精到，对于制作好其他样式的电视节目也有益处。

根据认识规律，全书在结构安排上以 T 形结构展开。先从横的方向认识电视广告的概况、电视广告的各种体裁；再从电视广告制作流程中把握电视广告策划创意、制作方式技巧以及效果测定等环节。

电视形式在不断地创新，电视广告发展得更快。我们放宽了对电视广告体裁的划分，把电视节目片头、电视宣传广告、电视节目预告这些新的电视形式也归结到电视广告里，使电视广告的制作不仅仅局限于电视商品广告、电视公益广告，从而使电视广告的制作范围更宽泛，学习更实用。

本书适用于全国广播电视系统大、中专学校电视节目制作专业《电视广告》课教学、高等职业教育与岗位培训、广大电视广告爱好者和广告从业人员学习使用。

本书作者分工（以章节为序）如下：

王忠娟：撰写第一章第一节"广告的概念与历史"、第二节"电视广告分类和特点"、第四节"电视广告人素质能力的培养",第四章第一节"电视广告写作素材"、第二节"电视广告写作主题"、第三节"电视广告解说词"、第四节"电视广告脚本"、第五节"电视广告故事板"。

李兴华:第一章第三节"电视广告构成要素和运作流程";第五章"电视广告制作技术"、习题设计、学法指导。

刘越:第二章"电视广告的体裁",第五章"电视广告制作技术"。

陈光明:第三章"电视广告的策划与创意"。

薛平:第四章第三节"电视广告解说词"之"广告词写作思路",第七章"电视广告管理"。

欧阳宏:第六章"电视广告播出与效果测定",第八章"电视广告的探索"。

王晓辉:第六章第三节"广告效果的评定"(与欧阳宏合写)。

赵志洋:在本书的第二版中,对第二章"电视广告的体裁"、第三章"电视广告的策划与创意"、第四章"电视广告写作"、第五章"电视广告制作技术"、第六章"电视广告播出与效果测定"、第八章"电视广告的探索"的部分内容进行了修订。搜集并整理了近百个广告实例,完善了本书的实践性,同时使其更具有现今时代的广告发展特点。

李兴华负责全书一稿文字、图片的打印和排版工作,刘越负责本书音像资料的搜集和整理。

另外特别感谢河南金象广告公司总经理魏喜昌为本书组织作者给予的大力帮助,感谢河南电视台都市频道总监石小兵对本书的大力支持,感谢孙茂军、郑刚、刘江静等老师为本书编写所做的工作,感谢所有为本书出版提供无私帮助的朋友。

作为教材,本书援引了一些媒体公开发表的广告案例进行评论分析,因版权等原因,本书不再采用随书光盘,而是采用图片的方式,给读者展示案例,特此说明。对书中的错误、疏漏,恳请读者指正。

编　者

2012 年 10 月

序

　　电视是当今社会最有影响的传媒，是人们获取信息、知识的主要渠道，得到娱乐、美感的重要手段。随着人们审美水准的提高和对精神文化需求的发展，对电视节目的数量、品种、质量、品位的要求越来越高。为适应广大观众这种日益增长的需求，全国所有省级电视台都把一套好的节目送上了卫星，栏目改版创名牌、节目更新出精品，已成为各家电视台改革追求的目标之一。节目制作社会化的比重将逐步提高并成为巨大的产业。节目制作从业人员队伍也将随之不断壮大。节目制作从业人员应是经过专门训练的专业人才，其中，大专和中专层次的职业技术人才应占较大的比重。为了加快节目制作人才的培养速度，广播电视系统的院校都把节目制作专业作为重点专业来办，但缺乏适合职业教育特点的专业教材。这套电视节目制作系列教材就是在这样的背景下编写出版的。

　　这套教材分两批出版。第一批六本：《实用电视新闻》、《电视节目制作》（技术类）、《实用电视摄像》、《实用电视编辑》、《非线性编辑应用基础》、《有声传播语言应用》。第二批六本：《电视音乐与音响》、《电视美术与照明》、《电视文艺》、《电视广告》、《电视文字语言写作》、《电视制作》（技艺类）。随着其他参考性、资料性及音像电子教材等辅助教材的陆续出版，该系列教材将在内容上更加完善，结构上更加优化，并呈现出系列化、多样化、现代化等特点。

　　这套系列教材的推出，其指导思想是要努力体现两个转变，即变应试教育为素质教育，变学科本位为能力本位，构筑适应劳动就业、教育发展和人才成长"立交桥"需要的职业教育课程体系。

　　这套系列教材主要面向中等职业教育，同时也兼顾了高等职业教育、普通专科教育和在职岗位培训的需要，是一套适用范围较广的教材。它在结构、内容及编写方法等方面还具有以下新特点：

一、对课程结构的整体优化，有利于加强专业素质和综合能力培养。《实用电视新闻》让学生掌握最主要的专业知识，具备制作新闻节目与专题节目的能力；《实用电视摄像》、《实用电视编辑》、《有声传播语言应用》三门课程，分别培养学生的采、编、播能力，并开设《非线性编辑应用基础》课程，以适应数字技术的新发展；《电视节目制作》（技术类）与《电视制作》（技艺类）则以"文理渗透"、"技艺结合"为特点，对不同专业方向的学生"打通培养"、综合训练。整体课程设置，符合培养复合型专业人才的需要。

二、对"基础"部分的科学定位，符合工作岗位特点和业务性质要求。如，《实用电视新闻》把"电视新闻记者"、"电视新闻业务流程"作为该教材的基础部分；《实用电视摄像》把"摄像机构造与原理"、"光色与构图"、"画面运动与组合"作为该教材的基础部分。同样，《实用电视编辑》中的"视听思维和语言"、"画面组接与声画组合"；《非线性编辑应用基础》中的"线性编辑和非线性编辑的联系与比较"；《有声传播语言应用》中的"有声传播语言的应用基础"、"广播电视语言的应用"、"主持人的语言应用"等，都体现了各门课程对基础部分的科学定位。

三、对迁移价值的追求，是教材内容优化的重要体现。如，《实用电视新闻》中的"场性思维"、"电视新闻业务流程"，就是最具迁移价值的内容，它反映了事物的本质和内在联系。因为电视新闻制作不是一般的制作，而是一个业务流程。要驾驭这个业务流程，就必须具有场性思维；反之，要培养场性思维能力，就必须了解业务流程。又如，《有声传播语言应用》把播音基础理论与技巧通俗地概括为"气、声、字、句、情"五个字，这也是最具迁移价值的内容，它对有声传播语言的广泛应用具有直接的引导作用。

四、模块化的组装，为实施产教结合新的教学模式提供了基本依托。就整体课程设置而言，第一批六本教材可视为电视节目制作专业的大模块，第二批六本教材则可看作是根据市场需要和岗位群的不同分布而设置的小的活动模块。这种大小模块的结合，可根据不同专业或专门化的要求，进行课程的拼装、组合和调整。模块化的组装，还体现在各门具体课程上。如《有声传播语言应用》就包含了广播电视语言、主持人语言、窗口行业语言等几个模块。模块化的组装，打破了传统教材过分强调的学科的系统性和完整性，使理论与实践相结合的"双线课程结构"成为可能。

　　五、"三个一"（一个知识点，一个或多个能阐释知识点的实例，一个或多个相应的思考练习题）的基本编写体例，同样为实施产教结合的教学模式提供了条件。这种体例融理论教学、实践教学、技术服务与节目生产为一体，不仅适应模块化教学的要求，而且也适应学分制弹性学制的要求，并可做到"教、学、做"的结合与"脑、口、手"的并用，使职业教育的实用性与灵活性得到最充分的体现。

　　这套系列教材的编写队伍是一支产教结合的队伍。来自全国各广播电视学校的课程组成员和有关广播电视机构的三十余名专家及资深专业人员参加了编写。我对他们的辛勤劳作谨表深切的谢意，对这套教材的如期出版表示热烈的祝贺。但由于参编人数较多，期限又紧，难免存在内容繁多、水平参差、体例不一甚至个别差错等问题。诚恳希望读者批评指正，并请讲课教师在教学实践中提出修订意见。

刘爱清

2000 年 7 月 15 日

（刘爱清系国家广播电影电视总局人事教育司副司长）

目 录
CONTENTS

DIANSHIGUANGGAO

第一章

电视广告概论

本章内容提要

◎学习电视广告首先了解广告的概念与历史。

◎电视广告可以按不同的区分标准来进行分类。

◎视觉要素和听觉要素是电视广告的两大要素。

◎电视广告人素质能力的培养要有一定的方法。

第1节

广告的概念与历史

一、广告的概念

广告，顾名思义，是广而告之的意思。即向公众广泛地告知某件事，其中包含信息发布者希望并劝告广大公众接受所发布的信息。这是对"广告"一词字面的解释。

关于广告一词的来源，有两种说法：一种说法是源于拉丁文 adverture，有吸引人心，或注意和诱导的意思。后来演变为英语的广告 advertise，含义为"引起别人的注意，通知别人某件事"。当英国开始大规模商业活动时，静止的广告 advertise，演进为广告活动 advertising，具有了现代广告的含义。另一种说法是广告一词来源于日本。"广告"一词在日本最早出现在明治五年（1872 年），明治二十年（1887 年）被统一使用。从已知资料看，广告一词来源于国外，可能是较为确实的。

长期以来，许多广告学术家、学者都给广告下了定义。但由于其各自所处的位置、工作性质不同，对广告所下的定义也不尽相同。一些定义都在某种特定条件下，被视作"权威性"的。众多"权威性"的定义其内涵又不尽相同，导致了一些广告从业人士感到广告"难以定论"。但是，有一点可以确定，社会在不断进步和发展，随着广告发布媒体的增多，广告种类也在变化，因此，广告的定义是受时代认识条件限制的。我们给广告下定义，目的是为了理解广告的概念，尽管众多的广告定义之间存在着差异，但每一个广告定义都有它自身合理的一面。关于广告定义的"百家之言"我们不再例举，只列国家工商行政管理局编写的《广告专业基础知识》一书的广告定义，以帮助我们理解广告概念："广告是以付费的方式，通过一定的媒介，向一定的人，传达一定的信息，以期达到一定的目的的有责任的信息传播活动。"

此书对这个定义的解释为：

"以付费的方式"，即做广告需要广告主付费。

"通过一定的媒介"，即广告不是对所有的人做的，而是针对目标公众进行的。

"传达一定的信息"，即广告活动中传达信息由于受媒介的时间与空间限制，不能是传达所有的信息，而是传达最有效的信息。

"达到一定的目的"，即广告活动是有的放矢的，而且一个阶段所要达到的目的，均事前在广告计划中已经设定。

二、广告的历史

广告是商品经济的产物。自从有了商品生产与交换，广告也就随之出现。为了推销商品，各种较为原始的广告形式逐步得到发展。古代广告受当时经济条件的限制，形式简单，技术落后。最原始、最简单的广告形式是口头广告，也叫叫卖广告。口头广告虽是最古老的广告形式，但今天仍可以经常听到推销商品的叫卖声。陈列商品的广告形式叫实物广告，也是一种最原始的广告形式，至今仍是商业广告中的基本形式，不过在展示设计方面现在要比古代高明多了。古老的广告形式中，还有音响广告，是用工具发出声响或音乐来代替口头叫卖，这种形式的广告今天也在沿用。古代还十分流行旗帜广告，尤其以酒旗最多，起到招牌广告的作用。新中国成立初期，北方不少酒馆还沿用酒旗作招牌。古代悬物广告是在商店门前悬挂与经营内容有关的物品，或习惯性的标志起到招牌广告的作用，这种悬物广告也是一种古代广告形式并且沿用至今。古代商店也讲究门面装潢，就是在店门前搭彩楼。彩楼广告使店门别具一格，便于人们识别。现代人开店装潢门面，实际就是古代彩楼广告的延伸使用。古人发明了印刷术，印刷广告出现。毕昇发明了活字印刷，使我国印刷广告进入一个里程碑阶段。

现代广告不仅继承了古代的广告形式，而且还运用了先进的媒体以及精良的制作技术，这就使现代的广告形式比古代广告高超得多。近代报纸出现了报纸广告，报纸广告是现代广告的重要形式。有了杂志，杂志广告也随着杂志的发行，走进人们的生活。人类发明无线电，广播广告通过电波，传递广告信息，从此人类广告史进入了电子时代，广告传播缩短了时间和空间距离。电视广告是现代广告的后起之秀，它有视听两个通道，传播技术更先进，传播效果更好，成为现代广告传播的最为重要的角色。现代广告还有橱窗广告、霓虹灯广告、路牌广告、交通广告、空中广告、电影广告和幻灯片广告等。

如今信息时代，网络广告越来越成为时代的宠儿。此外，信息时代的广告出现了日益多样化、高技术化、大型化的趋势。电脑数字技术带来了广告制作、传播翻天覆地的变化。大到街头的大屏幕彩电，小到超级市场的手推车上微型电视商品目录展示；卫星数字传播技术，使地球信息传播之快如同在一个村落；网络广告使广告信息的传播集报纸、广播、电视多媒体广告传播特征为一体，其优势和前景不可估量。信息时代广告发布在媒体运用方面更讲求创造性、革新性和杰出性。广告创意表现力十分强，适合于当今这个快节奏的、广告文化普及的世界，在这个世界中，迅捷传播信息轻松地跨越国界。

三、电视广告现状

电视广告是一种通过电视媒体传播，运用音画组合的表达方式，传播特定广告信息内容的一种广告。

在中国，电视广告的历史并不长。1979年1月28日，中国第一条电视广告——参桂养荣宝在上海电视台首播，为中国电视广告史册揭开了第一页。同一年的3月15日，中国首条外商电视广告——瑞士雷达表在上海正式登场。国外电视广告的进入为中国电视广告的快速发展提供了良好的机遇。在国外，人们常常把30秒的电视广告称作"袖珍电影"、"微型戏剧"。广告人为了让这短短的30秒能够吸引人、打动人，在广告创意、广告制作上可谓是绞尽了脑汁，把想象力、创造力发挥到了淋漓尽致的地步。近年来，随着电视技术、多媒体技术及计算机技术的不断发展，电视广告已经成为科技含量极高的艺术作品。作为广告主，电视广告投入和制作日渐精明，广告投入盲目性少了，科学性多了。现在，同类媒体间和不同媒体间的竞争越来越激烈，网络广告的参与其前景无法估量，广告分流冲击着具有优势的电视媒体。

电视广告的历史虽然很短，但是，由于它所依赖的电视媒体是目前最有影响力、最具优势的媒体之一，电视广告发挥着更加明显的作用。从经济的角度看，电视广告可以更广泛地刺激消费者的需求，推动购买；加速流通，扩大销售；利于竞争，促进生产与经营；沟通商情，活跃经济。从社会教育的角度看，电视广告更直观有效地用于普及商品与劳务等有关知识，影响人们的社会思想意识。从电视广告艺术的审美作用看，电视广告影响人们的生活，丰富人们的文娱生活，给人以美的艺术欣赏。

加强国际交流对于即将加入WTO的中国广告业具有十分重要的意义。法国戛纳国际广告节是久负盛名的国际广告赛事，为推动世界广告业的发展起到了重要作用。中国广告协会从 1996 年起每年组织我国广告界人士参加戛纳国际广告节并选送作品参赛。参团人员不但及时了解了当今世界广告业发展的大趋势，而且还学到了先进的世界广告创意经验和知识。参与这项国际活动为促进我国广告从业人员的素质及创意水准，都起到了不可低估的作用。

本节思考与练习题

1. 电视广告在广告的历史长河中处于什么样的地位？
2. 以"我看电视广告"为题，谈一谈你对当今电视广告的看法。

第2节

电视广告分类和特点

一、按电视广告制作类型分

有现场直播广告、FM 电影胶片广告、CM 电视摄录广告、幻灯片广告、字幕广告、电脑合成广告等。

1. 现场直播广告

在演播现场直接拍摄、制作、转播的广告。一般是插播电视广告片，或者由演员现场做广告，也可以让广告主直接介绍广告内容，具有真实感和现场感。这种广告插播在电视节目中，随着节目进行广告的到达率高，播出效果好。

2. FM 电影胶片广告

以拍摄电影的方式拍摄的电视影片广告。是用电影摄影机将广告内容拍摄在 35mm 或 16mm 的电影胶片上，然后再转录到电视磁带上播放。35mm 的胶片广告不必转成磁带，可直接在电影中放映。这种广告利用电影的拍摄技术和

各种表现手法，具有理想的视觉效果，艺术感染力强。一般电影胶片广告制作费用比较昂贵。

3. CM 电视摄录广告

用电视专业摄像机拍摄的电视广告，是把广告内容记录在电视录像磁带上直接在电视台播出。这种广告摄制过程简单快捷，随着电视摄录设备技术的日新月异，电视摄录广告的拍摄质量也在不断提高，因而被广泛采用。

4. 幻灯片广告

用专业照相机拍摄广告内容，制成幻灯片，在电视台播出。其画面是静止的，叠加字幕，或配音乐，有画外音解说。也可利用电脑和电视编辑机的色键处理制作幻灯片广告。这类电视广告简便灵活，投资少，播放及时。一般在设备条件比较差的地方才采用这种制作方式。

5. 字幕广告

用简洁的字幕打出广告内容，伴随节目的进程在电视屏幕不显眼的地方随时播映。因为没有声音，不太干扰电视观众的视听，观众在观赏节目的同时也了解了广告讯息，广告效果比较好。字幕广告一般可以播出时效性比较强的信息，字幕以游动的方式出现；也可以是赞助商的品牌字幕，静止叠加在屏幕的一个角落。

6. 电脑合成广告

或采用电脑制作技术制成单纯的二维或三维动画广告转录到电视磁带上播出；或把电脑制作的动画与电视摄录画面合成到一起制作成合成的电视广告。电脑动画的神奇与电视画面的真实相结合，使电脑合成广告具有极大的魅力。

二、按播出类型分

有节目广告、插播广告、冠名广告。

1. 节目广告

广告主（企业）向电视台购买或赞助一个电视专栏节目，在节目中播映自己企业的广告。广告内容和播出时间的长短依据广告主付费多少而定。这类广告播出方式和播出内容灵活、多样。

2. 插播广告

穿插于播出的节目与节目之间，或某个节目中间，是目前电视广告的一种常规形式。根据电视观众的欣赏习惯和对电视广告收视承受能力，电视节目的长度与电视广告时段的长度应有合适的比例。广告主可以自由地选择不同广告时段插播自己的广告。插播广告播出费用要比专栏节目广告费用少得多,因此,为了加大广告播出效果,广告主同一个广告可以选择在不同时段播出。

3. 冠名广告

由于广告主付费,有的电视节目出卖节目的名称给广告主,在电视节目的名称上冠以广告主的名称或广告商品名称;也有的在节目片尾冠以广告主的名称或商品名称,以"独家赞助"、"特约播映"、"协助播出"或者与广告主品牌标志结合等方式出现。

三、按功能类型分

有电视商品广告、电视节目广告、电视公益广告、电视形象广告。

1. 电视商品广告

电视商品广告是通过电视媒体传播的、用音画结合的表达方式,向电视受众传播商品(服务)信息的广告形式。

电视商品广告和其他各类商品广告(例如报纸广告)一样,承载着广告主所期望的市场营销作用,广告主想通过电视商品广告的投放,使自身的品牌知名度、美誉度得到提高,并能从心理上鼓动消费者采取购买行动。电视商品广告在电视广告中处于主体的地位。

为了完整、准确、清晰而又技巧性强的在电视商品广告中表达一种商品的广告信息,需要根据电视商品广告的表现特点,采用针对性强的表现策略。

2. 电视节目广告

传播电视机构自身某些具体栏目或电视机构某些具体服务的一种电视广告。电视节目广告按其承担的诉求主题的不同,可以分为节目预告、栏目宣传广告、栏目片头三部分。

3. 电视公益广告

在电视媒体经营日益商业化的今天,电视仍然承担着巨大的社会教化责任,因此,各家电视台经常播放大量的公益广告来影响受众,促使社会文明的进步,人际关系的和谐。电视公益广告从其含有的"公益"二字,就可以知道其内容是对公众行为进行有益引导的,旨在修善社会上某些群体间的不和谐。电视公益广告发布的主体,或者说电视公益广告的倡导者,一般是政府或政府部门、社会团体或国际组织、特殊行业的厂商、一般厂商。

4. 电视形象广告

电视机构向公众播放的形象类广告有电视机构自身的形象广告和企业形象广

告两大类。

形象广告是相对于具体的商品广告和具体的电视栏目广告而言，有别于只宣传商家或电视机构的某些具体产品和服务，而只采用隐喻、暗示、通感的手法，表现企业总体或媒体总体形象的电视广告。

也可以这么说，电视商品广告和电视栏目广告都诉求微观、局部、准确的信息。而电视形象广告是表达企业或电视媒体整体、宏观和气质上的信息。现代商家和电视机构本身都十分重视利用电视形象广告来塑造自己品牌的亲和力。

以上是几种主要的常见的电视广告分类方式。此外，还可以按照发布方式的不同，将电视广告划分为联播广告、定点广告、点播广告。按电视媒体传播范围的不同，把电视广告划分为国际广告、全国性广告、区域性广告和地方性广告等。科学地划分电视广告的种类，有利于我们深刻地理解电视广告的基本特征，充分发挥电视媒体的优势，掌握电视广告的功能，提高电视广告效果。

四、电视广告的优势与劣势

1. 电视广告的优势

（1）传播迅速，到达面广

电视利用光电转换系统传播信息，不受时间和空间的限制，传递迅速，电视广告信息可以传递到电波所覆盖区域的任何地方。通过电视机的接收，电视广告可以深入家庭，从而拥有各个消费层的受众，产生强大的宣传攻势和广泛的影响效果。

（2）直观形象，说服力强

电视传播声画结合，符号多样，制作技术手段丰富。立体信息场的传播，使电视广告形象具有直观性、生动性和感染力。以家庭为单位接收，面对面地交流，能够产生身临其境的真实感，容易引发观众的情感体验，对产品产生认同，促成购买行动。

（3）播出频率高，强化信息

对于电视观众来说，电视广告播出具有不定性，广告主可随节目收视率的高低及观众对象的差别，灵活选择播出时段，使广告更具有针对性。同一个电视广告可以在不同的时间里闯入电视观众的视野，从而使电视观众被动接受电视广告信息，久而久之强化电视观众的记忆，潜移默化地影响消费者或潜在消费者，实现理想的广告目标。如果电视节目的收视率高，广告密集安排播出可快速收到收看效果。

2. 电视广告的局限

（1）线性传播，无法掌控

电视广告以电波为载体，进行的是线性传播，稍纵即逝。电视广告本身受播出时间的限制一般只有几秒、十几秒的长度，有时观众还没等看清楚，这一条电视广告就消失了，难以形成记忆，不可马上重复收看，是电视广告的一大局限。克服这一局限，只有从提高广告创意、制作质量入手。

（2）强制接受，观众厌烦

电视广告以插播的方式播出，经常打断电视观众的收看情绪，易使观众产生逆反的心理。电视观众被迫接受广告信息时，受收看节目影响的情绪越高涨，产生的逆反心理就越强烈，当被强制接受广告信息超过一定的限度，电视观众"忍无可忍"，就可能换频道。针对电视广告播出的这一劣势，保证广告信息较高的到达率，我们应该做到插播的电视广告总长度尽量不超过与节目规定的时间比例，以减少其负面效应。

（3）干扰因素多，广告的到达率差

电视广告传播，其受到客观干扰和制约的因素有多方面，有来自传播技术方面的，有来自受众收看方式、收视习惯方面的，也有来自电视广告制作者制作水平方面的，等等。为避免干扰，电视广告发布者应掌握充分的第一手材料，有针对性地工作，尽量地排除干扰因素，避免多因素干扰的发生。

（4）制作复杂，成本高

电视广告需要在短时间内达到诉求的目的，正所谓"时间紧，任务重"，需要在制作上投入大量的人力物力以保证制作高效广告。电视广告制作的技术含量高，工艺复杂，多工种配合。另外，电视广告的播出费用更是昂贵得惊人，一些中、小企业是承担不起的。

本节思考与练习题

1. 如何从不同角度对电视广告进行分类？

2. 理解各类电视广告的基本概念，并举出实际例子加以说明。

3. 试述电视广告的优势。

4. 电视广告有哪些局限？

第3节

电视广告构成要素和运作流程

一、电视广告构成要素

1. 电视广告视觉要素

电视广告视觉要素有两种形态：图像和字幕。

电视广告图像（又称画面）是电视广告中最重要的因素。图像的造型表现力和视觉冲击力是电视广告获得效果的最强有力的表现手段。电视广告图像以运动的和定格的两种方式存在。

依靠运动的图像增强表现力和感染力，格外注重商品的动态表现。巧妙地创造商品运动的方法很多，可以让商品自身运动起来；用人的行为创造商品的运动；运用光影创造商品运动；此外，还可通过加入运动的附加物及人或物的出画、入画等方式来创造商品运动。

定格的图像大多出现在广告片的片尾，用于展示商品的图形或产品的包装，起强化视觉识别的作用。

电视广告字幕在电视广告的内容传达和画面构成中是一个十分活泼的元素。主要功能是：强化创意主题；强调商品品牌；参与画面构图。

电视广告中的字幕是一个重要的视觉要素，必须精心设计，力求变化多端、活泼多样。其运用原则应该是文字不宜多，字体不宜小；字体要容易辨认；色彩要区别于背景色；出字要巧妙；构图要灵活；用光线进行辅助造型；字幕停留时间适当。

2. 电视广告听觉要素

电视广告的听觉要素包括广告语、音乐及音响三部分。

电视广告中作为听觉部分的广告语有两种形态：一种是旁白；另一种是广告中模特儿的台词。电视广告音乐包含背景音乐和广告歌。电视广告的音响是电视广告中人和物的运动发出的，也有为了渲染情绪、气氛而附加的。

二、广告运作程序与电视广告制作程序

1. 广告运作程序

广告运作是一个动态的过程，具有系统性。一次完整的广告运作过程基本包括市场调查、广告定位、广告创意与设计、广告预算与媒体组合、广告效果测定等五个环节。五个环节循序渐进、环环相扣、相互制约，共同组成了广告运作的作业链。

（1）市场调查

市场调查是广告运作的前提，做到知己知彼，才有胜算的把握。市场调查就是要透彻地了解市场和消费者，充分掌握有关信息和数据，以此为基础作出较为准确的广告策划，指导具体的广告创意活动。市场调查的结果直接影响着广告创意方向。

（2）广告定位

1969年6月号的美国《工业市场》杂志中，简·楚劳特指出："定位乃是确立商品在市场之中的位置。"也就是说，要从众多的商品比较中，发现形成有竞争力的商品特征及重要因素。

广告定位的形成来自于对商品品质、价格、消费者利益的分析，对竞争对手的调查、了解和分析，在分析中寻找广告商品的特殊个性，即在同类商品中的独异性，以此确定广告宣传的商品在市场的准确位置和广告促销的诉求突破口，使广告创意准确到位，有效地强化广告说服的力度，促进广告目标的实现。

定位的目的，就是要明确广告说什么、对谁说、强调什么、用什么形式来说。

（3）广告创意与设计

根据广告定位，确立广告主题，接下来运用独创的、新奇的诉求方法，准确地传递出商品和服务信息，有效地诱发消费者购买动机，激发消费者的购买欲望，使他们采取购买行动，实现广告目标。这种围绕广告主题寻求创造性主意的活动就是广告创意。根据广告创意寻求具体的表达方式，组合电视多种表现要素表达广告创意的过程，就是电视广告设计。

（4）广告预算与媒体组合

广告预算与媒介组合是直接影响到广告主利益的重要问题，媒介选择和发布时机安排得当，广告发布的投入产出效果就比较好；反之，广告主投放的广告费

用就不能收到预期的效果。广告预算与媒介组合就是确定、落实某一个广告周期内广告主计划投放于整个广告活动的总的费用，以及这些预算在各种媒体活动中的支出分布。在此基础上，以广告效果与广告费用的主要参照系数作出媒介选择与优化组合。

（5）广告效果测定

广告效果测定，就是运用科学的方法鉴定广告活动全过程中的每个工作环节，并评价效果和质量以及鉴定广告活动所产生的效益，包括社会效益、经济效益、心理效益等。所以说，广告效果的测定具有非常重要的作用。

广告效果测定采用合适的测定方式、方法，全面科学地验证实施情况和实际效果，通过测定得出的信息，把它反馈到广告主和经营者那里，就可以总结出广告活动的得失，并可以指导下一步的广告运作和产品的更新换代。广告公司的工作水平、服务质量如何，整个广告活动是否成功，广告主是否感到满意和更有信心，都将以此为依据作出评估。

2. 电视广告制作程序

电视广告制作一般可分为四个阶段：市场调查阶段、案头制作阶段、前期拍摄制作阶段、后期编辑合成阶段。

电视广告制作等程序可分为：

（1）市场调查后确定广告目标，明确诉求定位。

（2）确定广告策略，构想广告创意文稿。

（3）制作体现形式与拍摄方案，制作分镜头剧本及广告效果图（故事画板）。

（4）与客户论证定案。

（5）拍摄前期准备，拍摄计划的制定。导演、演员、摄影、录像、美工、灯光照明、化妆、音响、置景、道具、场地、剧务统筹等落实到位。

（6）具体拍摄。

（7）编辑合成。剪辑、特技制作、配音、配乐、拟音、字幕。

（8）审片、修改、定稿通过。

创作程序：广告策划、前期调查、创意、制作、后期反馈调查。

广告调查

企划会议

制作前调查

• 市场状况，竞争商品状况
• 销售重点，对象阶层之选择
• 媒体计划

市场调查，商品价值之探索

印刷 POP

决定方针会议

• 诉求重点之选择
• 考虑媒体特性，统一approach之方式

制作中调查 — 做成故事板草案 — 订定方案战略 — 检讨POP

主题(诉求重点)及故事板之评价

表现技术会议

• 具体的销售创意之检讨
• 决定各媒体统一表现范围

企划阶段

写成文案 ← 相互联络 → 完成文案

制作户外招牌、暖帘、展示品、海报传单等草图及模型

绘制continuity

草稿

高度具体化

广告主审阅、确认

与广告影片公司开制作会议

企划人员与制作人员会议

与制作公司会议

摄影

摄影

摄影、印刷及其他店面广告之制作

录音

完稿

事前调查 ↔ 套片

打样

对制作者构想之评价

浓度检查

校样

制作阶段

印片

制板

送稿

送稿

发送

事后调查 ↔ 播映

刊载

店面

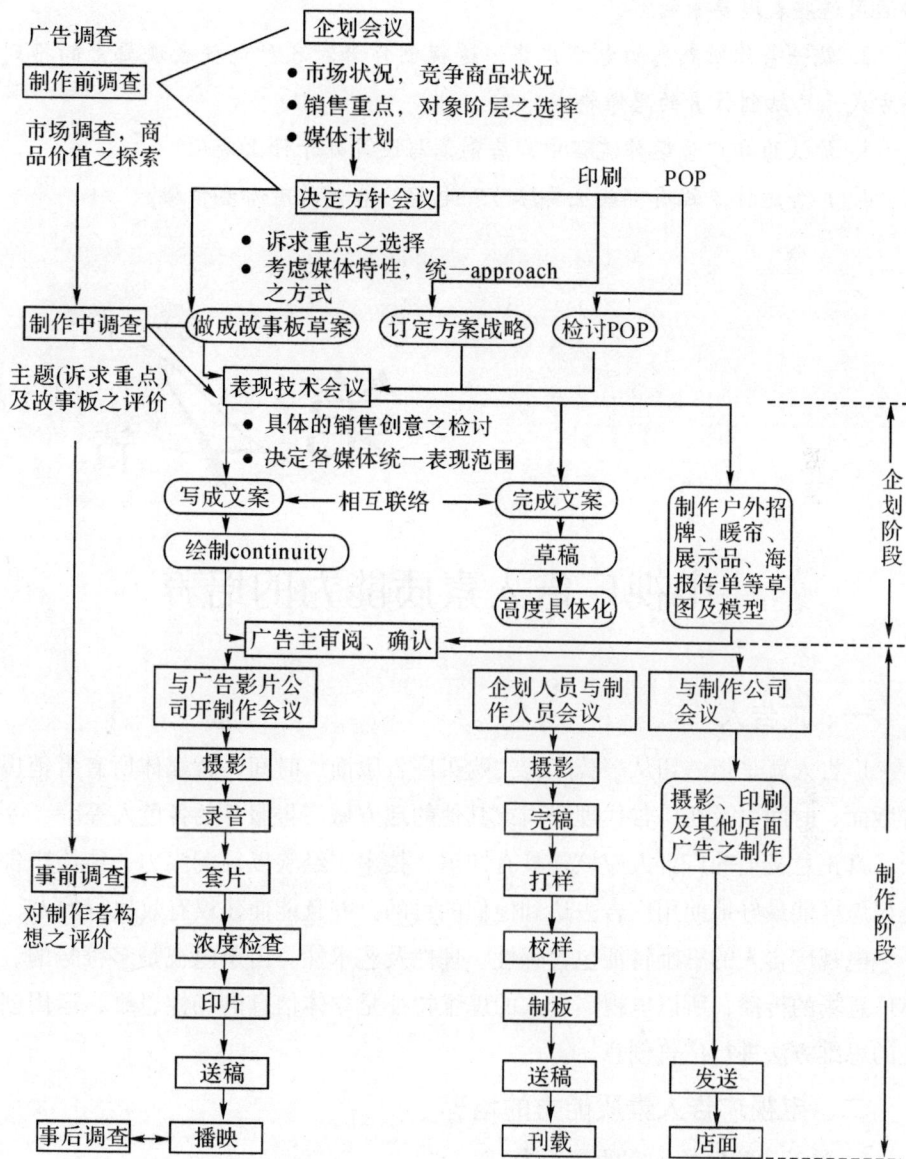

图1-1 制作小组企划电视广告程序

本节思考与练习题

1. 分析一条你熟悉的电视广告，看看都运用了哪些电视表现要素，又是怎

样运用这些表现要素的？

2. 就一条你所熟悉的电视广告，透视创作者对各种电视表现要素的排列组合方式，总结创作者的思维特点。

3. 你认为在广告运作流程中广告创意与设计处于什么地位？

4. 广告运作流程有哪些主要环节？电视广告制作有哪些步骤？

第4节

电视广告人素质能力的培养

一、广告人

广告人就是指一切从事替广告主购买广告版面、时间，替媒体所有者销售广告版面、时间以及在广告代理公司或其他的地方做广告服务的各色人等。

真正意义上的广告人应该是具有知识、技术、经验以及洞察力，能为广告主建议怎样能最好地使用广告去达到他们的目的，并且能使建议有效执行的人。

电视广告人的思维特征包含感性、理性及艺术性。由于电视是多符号的、立体信息场的传播，所以电视广告人的思维特征是立体信息的场性思维，运用创造性的思维方法进行广告创意。

二、电视广告人素质能力的培养

1. 勤于动脑保持丰富的想象力

杰出的广告人，他们不断进取，永远勤于用脑，并且保持丰富的想象力。

提高想象力的最有效的一种方法是巧妙地运用"假设"的方法。采用这种方法能将自己的想象力从传统、规范等种种束缚中解放出来，从而获得一个广阔的思维空间。另外，联想力与想象力是分不开的。从一件事物出发，联想出许许多多其他的东西，也是培养想象力的一种有效方法。

2. 变换角度思考问题

变换角度对于我们认识事物十分重要。事物是客观存在的，我们从不同的角度去认识，往往会产生不同的认识结果，其实，我们所观察的事情往往是没有改变的，改变的只是我们的观念。然而我们中的许多人早已习惯于从某一固定角度去观察、认识事物，他们将永远只能看到早已看惯的东西，是不可能再从中发现一些新的东西的。但是，作为广告人却常常需要变换角度，改变观点。在创意过程中灵活地运用这种方法，往往是解决问题、获得成功的关键。

设身处地站在别人的立场上去思考问题是一种变换角度思考的方法。由于广告人的最终目的是要将自己的创意传达给广大消费者，只有消费者接受并理解了广告人所要表达的意思，这样的创意才算成功。因而广告人应常常站在消费者的角度去审视自己的创意，与他们进行沟通，这样才能不断对自己的创意加以改进，获得良好的效果。

逆向思维也是一种变换角度思考问题的方法。逆向思维就是从与平常完全相反的方向来思考问题。在人们对某一件事的认识已经形成定式的时候，打破常规的创意往往能够获得意想不到的效果。逆向思维法就是产生打破常规创意的思维方法的基础。

由于许多人已经习惯于传统的、常规的思维方式，所以培养逆向思维是有一定的难度的。但是，只要我们坚持多角度思考就一定会有所收获的。

3. 结合电视特点进行场性思维

电视声像结合、视听兼备，是最具综合表现特色的传播媒介，由此决定了电视的思维特性是场性的，电视广告的创作必然离不开电视特有的场性思维。

打一个比方，电视的场性思维如在脑库中架起了许多"电线"，把一切有关信息吸引来，贮存着，联系着，使思想处于一触即发的状态，一旦接触到触发点，人脑就像打开电钮一样，全部线路突然贯通，沿线蓦地大放光明，从而我们会发现被寻找的那些表现因素在"灯火阑珊处"，我们需要把它们一个一个地叫出来进行排列组合。

训练电视的场性思维从注意力的培养开始。电视的场性思维的特性决定了注意的对象或活动是多样化的，这种多样化使我们注意的范围比一般思维状态下注意的对象要广。培养注意的稳定性能使我们进行电视的场性思维中相对持久地把注意力保持在某一个电视表现要素上，这样能更好地获得对这一个电视表现要素清晰而完善的映像。注意的分配力使我们相对保持对某一个主要表现要素认知的同时，把注意力分配到其他表现要素上，从而照顾到各方面电视表现要素，不至于使有价值的表现要素被遗漏。注意力的转移根据多变的情况，使我们能主动地把注意从一个电视表现要素转移到另一个表现要素上去。注意的扩张力使我们注意的范围扩大，我们在有限时间内认知的电视表现要素越多，越有利于电视广告的创作。

电视的多符号传播特性决定电视思维特性是场性的，电视广告创作离不开场性思维。

本节思考与练习题

1. 您准备做一个什么样的电视广告人？
2. 用下面三个意象串联一段生动、有意义的话。

　　荷塘　沙漠　刺猬

3. 请从另一个角度为某个电视广告写一篇创意故事。
4. 结合一条优秀的电视广告谈一谈进行电视广告创作应该如何运用电视场性思维？

本章思考与练习题

1. 找一组电视广告按制作类型、播出类型、体裁类型分析它们分别属于哪一类。
2. 查找有关资料制作一个电视广告运作流程图。
3. 做一个真正的电视广告人你应该在物质上、精神上作哪些准备？

本章小结

了解广告的概念与历史，是为了把电视广告放在广告的宏观领域里来认识。

对电视广告进行分类，就是从不同的角度、层次，按不同的内容、样式，对电视广告进行梳理，以便进行系统的研究。电视广告无限丰富繁杂，令人眼花缭乱，我们掌握不同类型电视广告的创作规律，能更好地指导广告创作实践。同时，也为进一步总结电视广告的基本特征和普遍规律奠定基础。

研究电视广告的优势与局限，目的在于如何把握其特点和创作规律，以便有针对性地扬长避短，提高电视广告的质量和传播效果。

在电视广告中，听觉要素和视觉要素两大要素共处于一个系统中，同时，它们也以各自的表达方式和表达特点占据相应的位置，扮演相应的"角色"。电视广告的"符号及其组合规律"是画面与画面或字幕之间的组合（视觉要素间的组合），画面与声音之间的组合（视觉要素与听觉要素的组合）。它们"都有一定的成规"，但又不是"一成不变的"。

把握电视广告运作流程，可使我们从电视广告的投入产出过程中认识电视广告。

本章概括了解了电视广告的一些基本知识和传播规律，使我们在精神上和物质上为做好一名电视广告人做好准备。

第二章

电视广告的体裁

本章内容提要

◎在电视节目"核"内容之外时段播放的电视音画，都是电视广告。

◎电视商品广告是通过电视媒体传播的、用音画结合的表达方式，向电视受众传播商品（服务）信息的广告形式。

◎电视节目广告传播电视机构自身某些具体栏目或电视机构某些具体的服务。

◎电视公益广告是对公众行为进行有益引导的，旨在修善社会上某些群体间的不和谐的一种电视广告。

◎电视机构向公众播放的形象类广告有电视机构自身的形象广告和企业形象广告两大类。

第1节

电视广告的界定

一、电视广告与电视节目的区别

电视台每天不间断的向公众播出十几到二十几个小时内容，这些内容按其承载传播作用的不同分为电视节目和电视广告两大部分。两者简单的区分方法有两点：（1）看电视信息内容；（2）是否是由电视机构本身制作且无须付费播出的。

如果是由电视媒体本身制作并在固定的时段向电视观众播放，并且播放不需要支付费用，是电视栏目内容，如中央电视台《新闻联播》、《焦点访谈》等。这些电视栏目一般是向电视观众传达生活、新闻、法制、时评、娱乐、体育、科技类内容。

与此相对应的是商业广告，即由商家提供广告片，并向电视台支付播出费用，传播商家本身产品、服务、形象等内容的电视信息，也即我们平常说的广告。

看电视信息内容是否不断更新，并且是电视节目"核"内容。

举例说明：中国中央电视台《新闻联播》栏目从每晚 19：00：00 到 19：00：15 之间的音画内容（即红、绿、蓝三柱虚拟长方体围绕地球旋转画面，及其配合音乐），是《新闻联播》的片头，属电视广告范畴。而从 19：00：16 到 19：29：45 之间的内容属新闻联播的"核"内容，不属电视广告，是电视节目。从 19：29：46 到 19：30：00 之间的新闻联播工作人员字幕表，是《新闻联播》的片尾，从严格意义上讲也属于本书所探讨的电视广告。

二、电视广告的界定与类别

以上两点区分电视音画信息类属的标准，使我们能够较准确地判断出在电视中播放的音画信息，哪些是本书中探讨的电视广告，哪些是非电视广告。

一言以概之，在电视节目"核"内容之外时段播放的电视音画，都是电视广告。但这些电视广告内容又由于它们承载的传播功用不同，还可以被划为电视商品广告、电视节目广告、电视公益广告、电视形象广告四个类别。这四个类别就是电视广告的四种体裁。

本节思考与练习题

1. 如何区别电视广告与电视节目？
2. 找四种不同体裁的电视广告，从传播功能方面分析各自的作用。

第2节

电视商品广告

一、电视商品广告界定

从发布信息的主体上看，全部电视广告信息可以分为两部分，即商业广告信息和媒体广告信息。

商业广告信息是由电视机构以外的商品厂商或社会团体提供信息内容（即广告片），并向电视机构付费，从而拥有电视特定时段的使用权而被播出的电视广告。

由于商业广告传播的信息内容不同，又分为商品（服务）广告和商业形象广告两类。商品广告是目前商业广告的主体，这是由市场经济时代经济特点所决定的。

电视商品广告是通过电视媒体传播的，用音画结合的表达方式向电视受众传播商品（服务）信息的广告形式。

请看腾讯公司2010—2011年发布的两则电视广告：

第一则

主题：弹指间，心无间。

内容简析： 从一个留学生的角度讲述了随着年龄的成长、距离的遥远，对母亲的感情的认识。当母子的距离很近的时候，虽然是最亲近的人，但心里反而有些距离；在国外留学的时候，和母亲通过QQ联系，距离远了，心却近了，爱变得

图2-1

清晰，无论母亲离得有多远，弹指间她就在身边（见图2-1）。

创意评析： 广告用讲故事的方式叙述了一段感情，由母子亲情表达了一种存在与距离的关系，在很大程度上契合了产品使用者的心理感情。这则广告长达2分02秒，首次投放在除夕夜、春节晚会之前，在气氛上也很能打动人。

在这则广告中，腾讯并没有大力宣传自己的产品，而仅仅是表达企业对用户心理的一种理解和企业的存在价值。所以，这是一则商业形象广告。

第二则

主题： 在线精彩，生活更精彩

内容简析： 用解说词提出设问句"是什么让生活更有意义"，然后不断地给出答案，与解说词配合的是画面展示腾讯的种种网络服务，这些网络服务可以满足"让生活更有意义"的要求。最终提出"在线精彩，生活更精彩"的广告语，宣传腾讯的网络软件以及平台的服务（见图2-2）。

图2-2

创意评析： 在这则广告中，解说词并没有提到任何的腾讯产品，但是通过画面中带有腾讯标志的网络服务，对解说词提出的问题进行了诠释。不管使用何种音画手段，有一点是确定的，那就是这则广告所要向观众传达的信息就是关于腾讯的网络服务产品，所以这是一则电视商品广告。

二、电视商品广告的市场作用

电视商品广告和其他各类商品广告（例如报纸广告）一样，承载着广告主（商品广告的投放者）所期望的市场营销作用，广告主想通过电视商品广告的投放，使自身的品牌知名度、美誉度得到提高，并能从心理上鼓动消费者进行购买行动。

美国广告教父大卫·奥格威说过，广告是为了销售。这就要求电视广告的市场作用也应该与其他类型的商品广告形式，诸如报纸广告、广播广告、户外广告、DM（直邮）广告、POP（售点）广告的市场作用一样，是为了推动广告主的产品或服务的销售。但同时，由于电视广告自身的传播特点，其又拥有一些有别于其他广告形式的相对独特的市场作用。

1. 最强势广告形式

根据权威消费行为调查机构的市场调研结果，一个消费者在面对不同品牌的同类商品进行购买决策时，其选择行为是受引导并可以被影响的。

影响消费者在不同品牌的同类产品之间进行取舍的因素主要是两大部分，即日常生活经验和日常媒体广告。

日常生活经验对消费者进行品牌选择的影响作用最大，大约占60%左右的样本量。这里所说的日常生活经验是指消费者不是被动或有意的被媒体广告所影响的一些日常生活信息获得，比如父母教导、朋友推荐，或自己身边人的使用情况，或自己以前偶然的使用经验等。

决定消费者进行品牌取舍的第二个因素是媒体广告的影响。根据样本试验，各种媒体对消费者的品牌选择的影响程度各不一样，大致有如下规律：电视广告影响力最强（约23%左右样本点），报纸广告次之（约6%－7%左右样本点），网络广告、户外广告、车身广告、POP广告、DM广告及其他广告形式对消费者的影响力更弱。

影响消费者进行品牌选择的第一类市场因素，即消费者的日常生活经验，对于商品销售者来说，是无法控制的。厂商最易控制也最为有效的影响消费者选择倾向的方式是进行广告劝说。

根据前面的论述，我们知道，电视广告是所有广告形式中影响力最大的一种广告方式。广告主（厂商）一般通过制作冲击力强、诉求点明确、能充分调动消费心理感受的电视广告来进行产品主要宣传，而将报纸广告、网络广告、广播广告、户外广告、POP广告、DM广告及其他一些广告形式作为电视广告的跟随力量，在整体上形成一个合力，去影响消费者行为。

例如，好记星在进行英语学习辅助产品广告推广时，就采用了以电视广告为主体的整合广告传播方式。

好记星作为英语学习电子设备的研发、生产、销售、推广、服务于一体的企业，为自己的产品进行了整体的广告宣传。2005 年就签约了著名笑星大山，作为其品牌形象代言人，以橡果国际为平台，投放了一系列的电视广告，从电视购物的体验式广告到独立的创意广告。来看两则好记星的广告。

好记星平板电脑电视广告

由童星模仿的李小龙，以"我点"、"我刷"、"我转"作为产品展示口号，对平板电脑的功能进行示范，产品立足学生学习使用的电子产品，由展示功能表现其技术的成熟，以示范内容表现其一贯的名师、资料优势，寓教于乐的服务态度，为新产品打开市场提供了宣传（见图 2-3）。

图 2-3

好记星 miniQ 电视广告

大山对好记星的产品功能以及资料收录进行介绍，提出将特级英语老师带回家的产品理念。以家长现身说法的形式，对好记星的作用进行证明（见图 2-4）。

好记星的电视广告都有突出的人物对产品进行介绍。在这个基础之上，好记星在全国的报纸媒体上以大版面的形式，借助大山等名人带来的产品形象发布广告。大山的标志性笑

图 2-4

容成为好记星的产品形象。很多电视广告中使用者的画面，直接被用于报纸广告当中。与此同时，全国大中城市的中小学、书店、商场，好记星都投放了POP广告和DM广告，全部都是由电视广告中的代言人形象进行产品的包装与宣传。

好记星公司正是通过这种以电视广告为主体，其他各种广告媒介为辅的整合广告推广方式，在全国市场取得了辉煌的销售业绩。

电视广告之所以成为广告主首选的强势产品推广方式，是由电视这种媒体本身的特性所决定的：电视走进了千家万户，看电视正在成为现代人的日常生活方式和人们获得信息的主要途径，所以，电视成为众广告媒体之首，就毋庸置疑了。

2. 促进产品销售

促进产品销售是所有商品广告的共同的、唯一的目的。但是，由于电视媒体在当前社会生活中的地位，电视网触角的无所不在，电视传媒已成为人们日常生活获取各类信息的主要途径，人们每天用大量的时间来观看各类电视节目，使电视有凌驾于其他传媒的受众到达量，从而电视广告在促进产品销售方面的作用也极为重要。

现代社会，电视传媒业界内竞争也日益加剧，各类电视台如雨后春笋，丛生一片。目前，中国大陆观众经常收看的电视频道有：央视1-10台、各省卫视、各地方无线电视台和有线电视台、香港凤凰卫视等，在沿海及港台地区，观众的收视频道更多。同时，随着宽带互联网技术的逐渐普及，通过电脑收看世界各大电视频道已经为期不远。各电视频道为了商业目的，为求在竞争中占得一席之地，纷纷依据自身的资源状况，寻找与老百姓更为有效的沟通方式，与观众日常生活接触更为紧密，从而加深了对观众日常生活的影响，并提高了百姓对电视节目的参与度和关注度。日益发展的电视传媒业和日益普及的国际互联网正日渐成为"注意力经济"时代电子传媒的新主体，与国际互联网一道，电视对人们的日常影响力将日益加深，这必将为电视传媒本身和电视广告带来更加辉煌的明天。电视传媒在不久的将来，对人类日常生活的影响，对人们日常消费购买选择的影响将更为广阔。电视广告在互联媒体和传统媒体的夹击中，不但不会衰落，反而会在更大程度上推进产品的销售。

"是广告引导人类消费观念的更新"，这是一句对广告作用的形象概述。电视被发明、普及并日渐兴盛开来之后，电视广告就承载起了引导、更新人类消费观念的作用。

比如，亚洲人通过"活力，永远是可口可乐"的电视广告引导，使消费可乐饮料在亚洲已经成为人们的日常生活方式，而在电视普及之前，只有美洲人和欧洲人喝可乐饮料。

又比如在 2009 年之前，移动网络技术一直都是通信行业的附属品，但中国联通的"精彩在沃"主题广告在全国播出后，3G 代表的将无线通信与国际互联网等多媒体通信结合的新一代移动通信技术逐渐被消费者认识，手机移动上网也成为消费者的时尚和通信行业的重要部分（见图 2 -5）。

图 2 -5

其实，每一则新版电视广告在电视台播出，就意味着人们有了一种新的消费选择品牌或新的消费方式。同时，每一种新的消费方式盛行开来，就是一种产品或一种服务的销售量的增长。

3. 提升品牌形象，为商家创造无形资产

有一则形象例子，说如果全球最大的饮料供应商可口可乐公司在世界各地的全部厂房、设备、原料在一夜之间被大火烧毁，那么，可口可乐公司凭"可口可乐"的商标持有人身份就可以在第二天在全球融资五千亿美元用于工厂重建。这五千亿美元就是可口可乐公司的无形资产。

一家厂商无形资产的形成因素包括许多方面，但最主要的就是其通过广告，特别是电视广告的传播在观众心中留下的知名度和美誉度。

我们知道，商业广告包括商品广告和企业形象广告两部分，其中在电视上播放企业形象广告是形成广告主无形资产的主要途径，但播放具体的商品广告又是不可或缺的，甚至有的厂商根本就不播放自身的形象广告，而是通过对自己各种类别产品广告的搭配组合播放，来塑造企业形象，增值无形资产。

例如，全球最大的电视广告商宝洁（B&G）公司就从来不在电视上播放自己的专一主题的形象广告，而只是播宝洁旗下的各类产品广告。

目前在中国传媒中，经常出现的宝洁公司商品广告主要有：汰渍洗衣粉、碧浪洗衣粉、OLAY 玉兰油、海飞丝洗发水、飘柔洗发水、潘婷洗发水、舒肤佳香皂、佳洁士牙膏、伊卡璐洗发水、金霸王电池等，宝洁公司就是通过精心的广告策划、精良的广告制作和合理的广告投放，使各个类别产品的电视广告共同承担

起塑造企业品牌的目的，共同增值企业的无形资产。

企业是通过产品与消费者联系起来的，消费者信任企业产品的质量、信誉而喜欢购买该公司产品，那么这个企业的无形资产就会不断增值，在实质上，企业产品的电视广告本身就承担着提高企业品牌美誉度的目的。

4. 创造产品差异与竞争对手争占市场份额

同种产品在主要功能上是大同小异的，比如市场上各类洗发水，大都具有净发、滋润、去屑、亮泽功能，甚至各类洗发水的这种功能都是相同的，但消费者为什么在购买时会出现指牌购买的情形呢？这就是因为不同产品的电视广告传达给消费者以不同的产品功能、心理、时尚概念，这正是由于厂商在投放电视广告时采用了差异化的广告诉求策略造成的。

比如海飞丝洗发水，广告语是"头屑去无踪，大家更亲近"，从而会使一些注重头屑的消费者使用它。而夏士莲洗发水的广告倾诉主题是"黑珍珠般的黑亮光泽，我的秀发，也能拥有"，表明其产品对滋润消费者头发是有用的。

那么厂商为什么不采用将所有有差别的产品广告倾诉主题集合在一起表达呢？是不是把所有的产品优点都罗列出来，就会使全部的消费者都来购买自己的产品呢？回答是否定的。在电视广告有限的时间内，力图像江湖郎中卖大力丸一样，将产品的所有功效全部表达出来是不科学的，违反人类认识记忆规律，想让大家全部都记住，反而会适得其反。观众在看言之过多的产品广告后，反而记下来的东西更少。

相同功用的产品在进行广告传播时，传播重点、对商品功能的传播方面、传播主题必然不同，这就是电视商品广告的差异化策略。差异化策略对于厂商进行商品广告是十分重要的，差异策略也是电视商品广告策划、创意的核心思路。

三、电视商品广告的类型

电视商品广告从其在电视媒体上发布的时段、音画内容的时间长度、表达信息是否集中明确等方面可以将之划分为两种类型，即电视商品标版广告和电视商品专题广告。

电视商品标版广告一般在电视收视的黄金时段发布。比如电视标版广告一般是上午8:00—晚上11:00之间发布，这个时段收视率较高，发布电视广告的到达率高，广告发布的千人成本较低，而且由于目前中国各电视台的运作方法及国人收视习惯又决定了此时电视时段是一种较为稀缺的资源，因而此时发布广告的媒体费用也较高，厂商一般从节约成本的角度考虑，在此时发布的标版广告一般长度较短。

电视专题广告一般选择在无差别受众总数收视率低，而特定类属人类收视率高的所谓"垃圾"时段播放。比如电视购物类电视广告一般选择在特定人群收视率高的上午、下午、深夜播出。

在"垃圾"时段播出的电视专题型商品广告一般媒体投放费用较低，厂商可以购买相对较长的播放时段，因而专题型商品广告一般时间较长，表达商品功能相对完整。

表 2－1　2012 年 CCTV－1 综合频道时段刊例价格

（单位：人民币元/次）

时段名称	播出时间	5 秒	10 秒	15 秒	20 秒	25 秒	30 秒
天天饮食后	约 06:09	10,700	16,000	20,000	27,200	32,000	36,000
朝闻天下前	约 06:56	19,200	28,800	36,000	48,000	57,600	64,800
上午精品节目一	约 08:32	20,300	30,400	38,000	51,700	60,800	68,400
第一精选剧场第一集贴片	约 09:20	23,700	35,600	44,500	60,500	71,200	80,100
第一精选剧场集间一	约 10:12	27,200	40,800	51,000	69,400	81,600	91,800
第一精选剧场第二集贴片	约 10:14	27,700	41,600	52,000	70,700	83,200	93,600
第一精选剧场集间二	约 11:04	32,500	48,800	61,000	83,000	97,600	109,800
新闻 30 分前	约 11:57	45,900	68,800	86,000	117,000	137,600	154,800
今日说法前	约 12:32	45,900	68,800	86,000	117,000	137,600	154,800
今日说法后	约 13:05	40,000	60,000	75,000	102,000	120,000	135,000
下午精品节目前	约 13:08	40,000	60,000	75,000	102,000	120,000	135,000
第一情感剧场第一集贴片	约 13:59	31,700	47,600	59,500	80,900	95,200	107,100
第一情感剧场集间一	约 14:52	30,400	45,600	57,000	77,500	91,200	102,600
第一情感剧场第二集贴片	约 14:53	31,700	47,600	59,500	80,900	95,200	107,100
第一情感剧场集间二	约 15:47	30,400	45,600	57,000	77,500	91,200	102,600
下午精品节目一	约 16:42	26,000	39,000	48,800	66,400	78,100	87,800
下午精品节目二	约 17:03	26,000	39,000	48,800	66,400	78,100	87,800
下午精品节目三	约 17:23	26,000	39,000	48,800	66,400	78,100	87,800
下午精品节目四	约 17:40	30,400	45,600	57,000	77,500	91,200	102,600
下午精品节目五	约 17:57	31,700	47,600	59,500	80,900	95,200	107,100

续表

时段名称	播出时间	5 秒	10 秒	15 秒	20 秒	25 秒	30 秒
黄金档剧场第一集贴片	约 20:01	91,700	137,600	172,000	233,900	275,200	309,600
黄金档剧场第一集下集预告前	约 20:50	84,300	126,400	158,000	214,900	252,800	284,400
黄金档剧场集间	约 20:52	82,700	124,000	155,000	210,800	248,000	279,000
黄金档剧场第二集贴片	约 20:56	85,300	128,000	160,000	217,600	256,000	288,000
黄金档剧场第二集下集预告前	约 21:50	75,700	113,600	142,000	193,100	227,200	255,600
黄金档剧场后	约 21:53	71,500	107,200	134,000	182,200	214,400	241,200
名牌时间	约 21:56	69,300	104,000	130,000	176,800	208,000	234,000
晚间新闻后	约 22:30	63,500	95,200	119,000	161,800	190,400	214,200
第一晚间剧场第一集贴片	约 22:34	50,900	76,400	95,500	129,900	152,800	171,900
第一晚间剧场集间	约 23:25	40,500	60,800	76,600	103,400	121,600	136,800
第一晚间剧场第二集贴片	约 23:27	40,500	60,800	76,600	103,400	121,600	136,800
夜间精品节目一	约 00:21	26,000	39,000	48,800	66,400	78,100	87,800
夜间精品节目二	约 00:40	24,300	36,500	45,600	62,000	73,000	82,100
夜间精品节目三	约 00:58	24,300	36,500	45,600	62,000	73,000	82,100
夜间精品节目四	约 01:30	13,300	20,000	25,000	34,000	40,000	45,000
夜间精品节目五	约 01:55	13,300	20,000	25,000	34,000	40,000	45,000

说明:

1. 中央电视台 2012 年广告价格最终解释权归中央电视台广告经营管理中心所有。

2. 所有节目安排以《中国电视报》为准。

3. 如遇节目改版或价格调整,以中央电视台广告经营管理中心最新发布价格为准。

请看如下两则电视商品广告,它们分属不同的电视商品广告类型,一则为电视标版商品广告,一则为专题型电视商品广告。

拉芳洗发水标版电视广告

长　度:12 秒

分镜头

镜头一:拉芳洗发水被挤到手上。(配音)我爱拉芳镜头二：金黄色的营养物质进入正在洗的头发。

镜头三：金色的能量从发根到发梢，充满了头发。（配音、字幕）三倍活性胶原蛋白

镜头四：黑色的秀发缓缓地散开。（配音）由内而外滋养秀发

镜头五：拉小提琴的女孩甩动秀发，掌声随之响起。（配音）我的真正柔顺，爱生活，爱拉芳

拉芳洗发水"你能行"电视广告片

长　　度：30 秒

制　　作：三维素材、拍摄

分镜头

镜头一：女孩回家，打开灯，一瓶拉芳洗发水下压着一张字条，关上门轻轻地叹气。（字幕）决赛前一夜

镜头二：女孩靠在门上，很吃惊地喊了声"妈"。

镜头三：主观镜头，微晃推向桌子，拉芳下面压的字条上写着：女儿你能行！

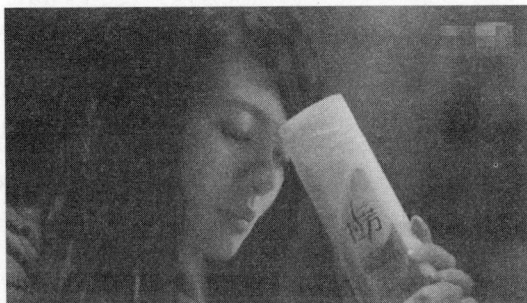

图 2-6

镜头四：女孩在桌前跪下，拿起拉芳洗发水。

镜头五：看着拉芳洗发水和字条。

镜头六：女孩看着拉芳洗发水，轻抚着头发，响起了母亲的声音。（配音）女儿

镜头七：窗外下着大雨。

镜头八：女孩闭上眼睛，把拉芳洗发水靠在头上。（配音）你能行

镜头九：拉芳洗发水缓缓地挤到手上。

镜头十：拉芳洗发水的精华流过头发。（配音）我爱拉芳

镜头十一：金黄色的营养物质进入正在洗的头发。

镜头十二：金色的能量从发根到发梢，充满了头发。（配音、字幕）三倍活性胶原蛋白

镜头十三：黑色的秀发缓缓地散开。（配音、字幕）由内而外滋养秀发

镜头十四：女孩站在镜子前，手拨动自己的秀发。

镜头十五、十六：女孩在镜子前模仿拉小提琴。（配音）我的真正柔顺

镜头十七——二十五：女孩表演小提琴，头发随着音乐而飞舞。

镜头二十六：拉芳洗发水和字条。

镜头二十七：女孩闭上眼睛，把拉芳洗发水靠在头上。

镜头二十八——三十一：女孩表演小提琴，头发随着音乐而飞舞。（字幕）我能行，安以轩

镜头三十二：拉小提琴的女孩，甩动秀发，掌声随之响起。（配音）我一定能行。（配音、字幕）爱生活，爱拉芳

在此有一点需要说明，以上两种类型电视商品广告虽然在外在形式和内在创造要求上差别很大，但其市场促销作用却无高下之分，而是各有长处，只要厂商运用得好，每种类型的广告效果都是不能低估的。同一厂商的同一产品在市场导入的不同阶段，可采用不同的电视商品广告类型，不同厂商的同一类型产品也可同时采用不同类型的电视商品广告，只要因市场情况制宜，因厂商实力制宜，因广告传播区域制宜，不论采用何种类型的电视商品广告，其市场效果、投放收益率都是不可低估的。

四、电视商品广告的构成要素

电视商品广告的形式构成要素是画面、声音、文字三部分。其中文字大多是以字幕或画面构成元素形式存在，但其承载的信息传递功能又与纯粹的电视广告画面有区别。

电视商品广告的结构构成要素分为主题内容部分和标版两部分。请看下面一则电视商品广告创意稿。

丰田坦途广告创意文案

图 2-7

长　度：30″

手　法：实景拍摄、三维动画

镜头一：丰田坦途停在一个斜坡上，拖拽重物。（全景）

镜头二：从斜坡上俯拍丰田坦途。（远景）

镜头三：丰田坦途发动，准备开始爬坡。（近景）

镜头四：丰田坦途跃跃欲动的车头。（近景）

镜头五：丰田车紧绷的拖拽线。（特写）

镜头六：丰田坦途的轮胎开始转动。（特写）

镜头七：丰田坦途拖拽的重物开始移动。（近景）

镜头八：丰田坦途的轴承开始转动。（特写）

镜头九：俯拍丰田坦途的爬坡过程。（全景）

镜头十：从后座逆光拍摄车内司机的情况。（近景）

镜头十一：丰田坦途爬坡实验的现场情况。（远景）

镜头十二：俯拍坡道的尽头。（全景）

镜头十三：汽车爬坡时司机和倒车镜的情况。（近景）

镜头十四：丰田坦途拖拽重物缓缓爬坡。（全景）

镜头十五—十六：丰田坦途爬坡的情况。（近景）

镜头十七—十八：斜坡开始改变方向。（特写）

镜头十九：丰田坦途经过斜坡的支点。（远景）

镜头二十：斜坡开始改变倾斜方向。（远景）

镜头二十一：丰田坦途在悬空的斜坡上继续前行。（远景）

镜头二十二：车内视角看司机的情况。（近景）

镜头二十三：斜坡倾斜，与下方连接变成下坡。（远景）

镜头二十四：坦途快速下滑。

镜头二十五—二十六：斜坡与下方平台连接。（近景）

镜头二十七：坦途车内视角司机情况。（近景）

镜头二十八：坦途快速下滑。（全景）

镜头二十九：坦途快速下滑。（远景）

镜头三十：坦途拖拽重物的情况。（近景）

镜头三十一：坦途快速下滑。（远景）

镜头三十二：车内司机的反应。（近景）

镜头三十三：司机踩刹车。（特写）

镜头三十四：车轮开始减速。（特写）

镜头三十五：汽车制动器的反应。（特写）

镜头三十六：坦途稳稳地停在斜坡尽头。（全景）

镜头三十七：丰田坦途车头的丰田车标。（特写）

镜头三十八：丰田坦途稳稳地停在斜坡尽头。（近景）

镜头三十九：摇摄试验现场的整体情况。（远景）

镜头四十：丰田坦途的标志，丰田的网站地址。（标版）

镜头四十一：丰田坦途的效果图。（标版）

五、电视商品广告的表现策略

为了完整、准确、清晰而又技巧性强的在电视商品广告中表达一种商品的广告信息，需要根据电视商品广告的表现特点，采用针对性强的表现策略。

电视商品广告的表现策略大致可以分为两种类型，即相等性的表现策略和相通性的表现策略。

相等性的表现策略是指直接从产品的功能、产地、生产厂商、工艺流程等方面表现产品的记忆点，让受众从与产品本身相连的一些方面去认识产品本身。比如乐百氏电视广告27层净化篇。而相通性的商品广告表现策略，是从产品本身的一些特性引申、夸大，表现商品的独特个性。比如，match. com 交友网站的电视广告。

match. com 电视广告在展示 match 网站的服务内容时，并没有采用任何声画的介绍方式，而是采取了象征的手法。广告中，人的脑袋是各种各样的插头和插座，广告讲述了一个人寻找自己另一半的过程，把寻找跟自己完全契合的伴侣，作为网站服务的形象表达。

在广告中，男孩在不同的场合邂逅了很多女孩，但没有一个和他的插头相符合，直到通过 match 网站找到了合适的女孩。广告把 match 优异的服务、针对人群表现得非常完善，但没有用语言进行介绍，只在最后用了一句广告语：总有一个人适合你，我们只是知道在哪找到他。起到了画龙点睛的作用。

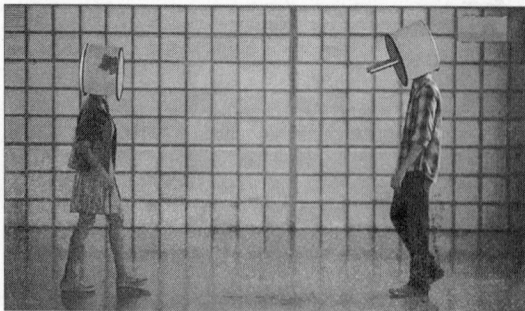

图 2 - 8

广告中对不同生活场景、不同的人物都有形象的表现，人跟人的关系因为夸张的插头插销设计，非常的直观、生动。这种相通性的广告表现策略既生活化、趣味性，又有冲击力，让人在新奇的感觉中对 match 交友网站服务留下了彻底、明晰的印象（见图 2 - 8）。

在当今电视传媒服务日益发达的今天，观众的收视选择权日益无限扩张，如果商品广告都是相等性表现手法，会很容易使观众反感，他们会轻易地调换频道。而采用相通性表现策略的一些广告，由于其创意的新颖性和趣味性，会在最大程度上吸引观众。

2003 年，统一润滑油在央视一套新闻联播后的黄金时段投放了广告"让世界少一点摩擦，多一点润滑"。播放这则广告时，正值伊拉克战争爆发，新闻后的统一新闻很快被打上了呼唤和平的标志。播放这则广告之后，2003 年上半年，壳牌统一润滑油销售额同比增长 100%，高端产品更是同比激增 300%。

随着汽车市场的不断膨胀，润滑油市场的潜力被不断地开发。2009 年 10 月，壳牌统一润滑油在央视推出品牌形象广告"润滑的力量"。这则广告是统一润滑油历经三年变革，主品牌价值主张的首次亮相。从内容到形式都给人以耳目一新的感觉，特别是"润滑的力量"为统一润滑油赋予了新的品牌内涵，也为广大观众传递出一种新的和谐价值观。具体创意如下：

主题：润滑的力量

画面内容：

镜头一：灰暗的画面，一列火车吱嘎作响，生涩地前行。

镜头二：灰暗的画面中火车中的乘客随着车身晃动。所有人脸上都是冷漠的表情。

镜头三：车轮生涩地转动。（特写）

镜头四：灰色的街道，汽车迟钝地移动。

镜头五：鸟瞰城市的街道，立交桥和街道组成了血管，车辆像血

图 2-9

液，一顿一顿地前行。（配音）你能想象没有润滑的世界吗？

镜头六：干涩的齿轮，困难地转动。

镜头七：统一润滑油被从瓶中倒出。

镜头八：齿轮受到润滑，灵活地运转起来，镜头拉出，圆形的机械结构形成了地球，闪白之后出现统一润滑油的产品。（配音）润滑的力量，让世界更顺畅

镜头九：标版统一商标。（配音）统一润滑油

六、电视商品广告的内容

每一则具体的电视商品广告表现的内容各异，这些内容是由电视广告制作前期的市场调研人员、广告传播策划人员和具体创意人员经过科学的市场调研分析、创造性的市场广告策略构思和别出心裁的广告创意而最终确定的。

电视商品广告的表现内容大致有如下类型：

1. 产品制造商

如果生产产品或提供服务的厂商知名度、美誉度极佳，且有一定的市场接受力，则通过广告表明商品或服务的提供者、制造商，是一种很好的广告内容，受众可以根据回忆自己原有的对商品厂商的认知，迅速构建起对这种产品的认知度。

例如，别克车的广告'99版广告中的广告主题是：别克，来自上海通用汽车。

美国通用（GE），一个享誉全球的汽车制造商，其上海分公司的产品——别克汽车，质量一定不错。

2. 产品原理

专题型电视商品大多表现产品作用原理，特别是科技含量高的商品广告，大多通过对产品作用原理的介绍来进行广告传播。

3. 历史渊源

一种商品的历史渊源，是这种商品被消费者接受的历史见证，这种历史渊源越有内涵，表明这种产品或这种服务的优越性越被人们所长期接受，能长期接受考验的商品，就表明其质量、品牌、信誉好。

张裕葡萄酒做过一则关于中国葡萄酒发展历史的广告：从1892年中国葡萄酒工业在烟台张裕起步，到张裕创始人张弼士、早期厂房、第一代酿酒师以及当时的葡萄酒产品代表中国参加世博会。广告记录了中国葡萄酒发展的过程就是张裕葡萄酒发展的过程，表明了其历史的渊源、在中国酿酒历史上的地位及其工艺的精湛（见图2-10）。

张裕第一任酿酒师 也称男爵 奥地利
任期 1896年—1914年

图2-10

4. 工艺流程

具有不可思议的生产过程的商品，其产生的过程就是一个很好的商品广告表现题材。例如在中国创造经典商品广告案例的广东乐百氏纯净水 27 层净化广告。27 层净化在纯净水制造行业内可能是一个必备的工艺流程，但其对于一般消费者来说，绝对是一个不可思议的震撼。

5. 产品功用

这是一种最直接的商品广告形式，直接将商品本身的功用表达出来，让需要这种功用的受众直接取其所需。用产品功用作为广告内容，具有直接有效、受众准确的特点。

例如，苹果公司的 iPhone4S 电视广告，就是以展示其手机功能，以及 Siri 语音控制系统的使用效果，观众可以明了直接地学会产品的使用方法。

图 2 - 11

6. 消费者满足

不管是把商品制造商、商品的历史渊源、商品的工艺流程，还是商品功用作为电视广告的表现内容，都是展现与消费生活有一定隔阂的东西，这是一种表达产品自身的广告沟通方式。广告的内容还可以直接从消费者角度来进行内容挖掘，可以将消费者从使用商品中得到的心理满足作为电视商品广告的表达内容。比如，脑白金广告语"今年过年不收礼，收礼只收脑白金"，就是让消费者对其产品产生明确的心理定位——最好的礼品，大家都很喜欢。轻快的节奏，以及广告动画不同风格的舞蹈，让广告语朗朗上口，加深了消费者的印象，突出了保健品带来的愉快感觉。

表现消费者心理满足内容的电视商品广告一般采用相通性的表现策略。

绿箭无糖薄荷糖

主题：让口气清新到底

创意说明：本则广告要创造出清新、自信的感觉。

画面简述：

镜头一：老板在看表，会议已经开始了。

镜头二：准备参加会议的男孩。（配音）要保持好印象

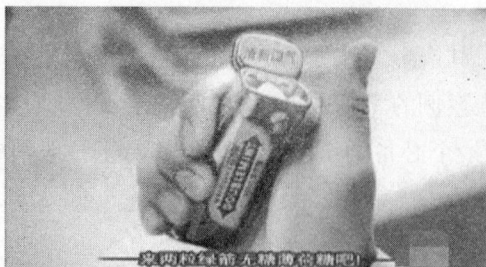

图 2 - 12

镜头三：大拇指推开绿箭无糖薄荷糖的瓶盖，一股清新的气息涌出。（配音）来两粒绿箭无糖薄荷糖吧

镜头四：男孩手里捏着两粒薄荷糖，摆出 ok 的手势，展示产品。

镜头五：男孩将薄荷糖抛向空中。（配音）小小薄荷糖

镜头六：男孩走出办公室，随着呼吸喷出霜雾以及薄荷叶。（配音）让你彻底清新

镜头七—十一：自信地走在办公室里，背后出现乐队，轻快、有力的音乐，自信的笑容，飞舞的薄荷叶，都展示出使用产品后的感觉，清新、自信、活力。

镜头十二：走进会议室，举手投足都有薄荷叶飘出。

镜头十三：在同事的目光中，带着绿叶走过。

镜头十四：坐下，老板问："怎么这么晚？"

镜头十五：自信地回答："好主意永远不怕迟！"薄荷叶随着说话飞出。

镜头十六：老板露出欣慰的笑容。

镜头十七：开会时意气风发的手势。

镜头十八：标版绿箭无糖薄荷糖效果图。（配音）绿箭无糖薄荷糖，让口气清新到底

7. 地域风情

随着改革开放的不断深入，人民物质生活的富裕，一种新的休闲消费方式——旅游日益盛行。人们之所以离开自己生活的地方，到别处游山玩水，是因为那里有别于自己家乡的地域风情。所以，许多旅游广告片都把展示当地地域风情作为广告的内容。

随着经济流通的日益全国化、国际化，一些具有地域特色的土著商品正走出原有地域，走向全国，走向世界，所有把展示地域风情作为电视商品广告内容的做法被证明也是有效的。

每一滴农夫山泉都有它的源头

图 2 - 13

比如农夫山泉电视广告水源篇，在介绍农夫山泉的三大理念时，以水源地取水，完全天然水资源为产品特质。在介绍水源地时，拍摄了水源地的自然风光，动用航拍技术，把美丽纯洁的水源地自然景象展示给观众。这种地域风光展示，强调了农夫山泉的纯天然性（见图 2 – 13）。

8. 产品外形

在当今后工业时代，商品造型、商品外包装的视觉形象日益重要，它是商品流行起来，引导消费时尚的关键。在商品功用大致相同的时候，决定商品销量的因素最重要的就是价格和产品外形了。产品外形对于同质化商品的市场成败具有决定性因素。如果一种产品具有超出竞争对手美感的外观造型，这本身就是一个很好的广告卖点，把产品外形作为电视商品广告的表现内容，也会起到巨大的市场效果。

佳能相机的 IXUS 炫彩系列，一直以时尚、多彩的外形作为其主要卖点。在两则 IXUS 的广告中，除了其代言人莫文蔚的展示之外，还运用不同风格的舞蹈或者不同风格的模特，配合每一种外壳的色彩风格，形成鲜明的对比，加上"你好色彩"的广告语，把这一系列相机的外观特性突出殆尽。

图 2 – 14

9. 悬念内容

2000 年年初，中央电视台黄金时段出现一则无标版电视广告"中国 2000 年悉尼奥运会体育代表团指定专用水是什么？"连续播放一个月。

观众都知道这是一家饮用水产品电视广告，但大家都在猜测，是哪个品牌呢？当答案公布之后，农夫山泉自然水声名鹊起，当年从全国纯净水市场的老七跃居市场占有率第三名。

10. 无厘头

"无厘头"是香港影星周星驰电影的典型风格，它的情节突破常规，无律可遵，大量运用反向思维和发散思维手法，但对观众冲击力极强。

例如，可口可乐公司的广告爽动美味之爽煞五味楼，就讲了在一个叫五味楼的酒店中，两个武林门派谈判，争斗中酒店老板娘用现代武器发射的可口可乐成

图 2 - 16

为两大门派和解的原因。从互相争斗到开始跳舞，最后还原现实画面。整体广告非常具有喜感，冲击力很强，让人看后印象深刻。对于已经具有相当知名度的可口可乐公司，又让观众多了一个话题。

这种将商品无厘头地运用到假设计情节中，也是一个很好的电视商品广告表现内容。

电视商品广告的广告内容定无章法，这是由广告的性质决定的。每一则广告都承载着广告主的极大期望，所有的广告主都不希望自己的广告被淹没在芸芸无限的广告海洋中，所以每一则广告都要求突破常规而又诉求更新、更有效，所以，商品广告表现内容是不断被挖掘、被拓展的。

以上本节罗列的电视商品广告表现内容，应被看作是对目前电视商品广告内容的总结，而不应被看作是不可更改的教条。随着电视商品广告的发展，新的表现内容会不断涌现，这是广告业进步的一个必然规律。

七、电视商品广告的表现形式

电视广告的表现符号丰富多彩，体现在表现形式上也多种多样。

1. 直截了当式

也叫"直陈式"，是由播音员出镜或不出镜直接介绍产品特点。这种形式是电视广告最古老、最简单的表达方式，摄制费用较低。

2. 难题解决式

首先把消费者经常遇到的难题或尴尬，用夸张的手法呈现出来，然后切入消费者使用商品的过程，使难题得以解决。这是目前最普遍采用的表现形式。运用这种形式，要注意商品、服务的特性与难题要有直接而有效的关系，夸张要不失真实性，难题解决的过程要清晰易懂。

3. 故事式

通过戏剧化的故事情节，表达商品、服务等与人之间的关系，确认接受广告诉求能得到的好处。运用这种形式要求情节与商品、服务等有关联，真实可信，简单明了，前后连贯且有一个故事发展的高潮，使感染力得到集中渲染。

箭牌公司的产品益达无糖口香糖，在 2011 年推出了一系列电视广告"酸甜苦辣篇"。广告共有五个部分，可以完整地组合成一个故事：

图 2 - 16

　　一个加油站的女孩工作时邂逅了一个骑摩托车旅行的男孩，并决定跟他一起去旅行。在历经了酸甜苦辣四个故事之后，女孩选择为这段没有结果的感情画上句号，悄然离去。

故事围绕着益达口香糖的广告语"关爱牙齿，更关心你"展开，用鲜活的人物和生动的故事，让观众对产品留下了深刻的印象。

4. 示范式

示范式也叫"纪实式"、"演示式"、"实证式"，是通过电视画面展示商品的特性，使消费者对商品的质量、功能等一目了然，说服力强。运用这种形式要有趣味性，吸引消费者的注意力，对示范动作及效果要用特写予以突出展现，同时不要忘记对品牌、商标的强调。

例如鹏锦洗衣粉的广告，就是在紧扣"用鹏锦，我放心"的广告语时，对衣物面临的各种污渍，使用鹏锦洗衣粉——得以解决，对洗衣粉对顽固污渍的清洁作用作出示范，以加强观众对产品性能的认可。

5. 生活片段式

通过日常生活中的某个片段，把商品或服务同人联系起来，经过他人的介绍，使消费者感到真实亲切，产生带入感。运用这种形式要选择真实、常见的生活场景。

试体会"慢严舒柠冲剂"的电视广告：

在公交车上，一个年轻人给一个老人让座，说话时不断地干咳，

图 2 - 17

老人告诉他得了慢性咽炎，其他的乘客开始和他交流症状。最后老人给他推荐了慢严舒柠牌清喉利咽颗粒，专业治疗慢性咽炎的药物。

6. 人物推荐式

通过知名、权威人士或普通消费者之口，对商品或服务等进行评价、推荐，借人物之影响力，使消费者深信而购买。运用这种形式一定要注意真实性，人物与推荐的商品、服务等要有一致性，最好是亲自使用过该商品，接受过该项服务。另外需要注意的是，名人的选择一定要谨慎，因为名人如果身败名裂，被社会所唾弃，他（她）所推荐过的商品或服务等也将随之蒙受不白之冤。

试体会"可口可乐公司雪碧饮料"的电视广告：

图 2 - 18

周杰伦在舞台上唱歌，下面有很多歌迷。周杰伦看到了在对面球场上打篮球的科比，就请科比上台表演。科比很为难，观众都在起哄，这时科比打开了一瓶雪碧，喝下去就有了灵感，上台进行了表演。

对于消费群体青年化的碳酸饮料产品，无论是周杰伦在中国的人气，还是科比在篮球迷群体中的声望，都让雪碧饮料受益颇多。

7. 动画式

这是用卡通、木偶和电脑等动画技术来表现较为复杂、夸张的题材，对儿童具有特殊的魅力。动画式广告制作费用高，运用时要注意创意新颖，情节精练，富有情趣。

It's smarter to travel in groups

图 2 - 19

试体会电视公益广告"组队出行更安全"。

镜头一：一群螃蟹在沙滩上行走，一只海鸥从天上飞过。

镜头二：海鸥盘旋回来。

镜头三：一只螃蟹发现了海鸥，很吃惊。

镜头四：海鸥想吃掉这只螃蟹，咽了咽口水准备俯冲。

镜头五：螃蟹敲了敲夹子。

镜头六：其他的螃蟹聚集在它身边。

镜头七：海鸥高速俯冲。

镜头八：所有螃蟹举起了夹子。

镜头九：海鸥吃惊，想要停下已经来不及了。

镜头十：海鸥被螃蟹们剪掉了所有的羽毛。（字幕）It's smarter to travel in groups.（组队出行更安全）

8. 生活方式式

通过使用商品者现代生活方式的满足，来衬托商品是现代文明生活的象征，对青年人有极好的效果，适用于日常生活用品、社交性用品、同类商品多而差别甚微的商品等。运用这种形式时要注意将使用者的生活方式戏剧化，使环境、商品、生活方式、使用者的精神面貌呈现出愉悦的情景。

"金利来"系列电视广告就是一个典型的实例，如"金利来（领带）——男人的世界"；"金利来（真皮皮包）——女士专美的世界"。

9. 音乐式

音乐式也叫"歌唱式"、"歌谣式"，是通过歌唱或歌舞的方式传达广告信息，通常是把品牌、商品功能、广告语等编成歌词。

本节思考与练习题

1. 以本节提供的十种电视商品广告内容为创意思路，为某种品牌的酒类广告编写十个短小、生动的广告故事。

2. 以本节提供的电视商品广告表现形式为思路，为九种品牌的商品设计电视广告表现形式。

第3节

电视节目广告

一、电视节目广告界定

在电视媒体每天播放的大量广告信息中，从其版权所有者的不同和宣传内容的不同，可分为两部分：一部分是电视机构以外的厂商或社会团体、个人付费发布的，一部分是电视机构本身为传播自身产品——电视栏目内容或为塑造自身形象而发布的，前者为商业广告，后者为媒体自身广告。

电视商业广告可以分为传播具体商品或服务信息的电视商品广告及抽象塑造商家企业形象广告两部分。同样，电视媒体自身的广告也可以分为两大类：一类是传播电视机构自身某些具体栏目或电视机构某些具体服务的，被称为电视节目广告；另一类是电视机构为塑造自身媒体形象而发布的自身形象广告，这一类广告被称为媒体形象广告。

电视台播放的公益广告从某种程度上可以归结为媒体形象广告，因为电视台播放公益广告可以在观众中塑造自己关注社会、回报社会、体贴民生的情怀，增加与观众的亲和力。

二、电视节目广告分类

电视节目广告按其承担的诉求主题的不同，可以分为节目预告、栏目宣传广告、栏目片头三部分。

1. 节目预告

电视台的栏目时段安排是具有一定规律性的，这种规律性表现在几乎所有的电视栏目都安排在每周的固定时段播出。比如，中央电视台新闻综合频道（CCTV–1）某阶段一天的节目时间表为：

07–13　星期五

00：27　电视剧：红娘子 16/47

01：18　动物世界

01：53　寻宝

02：43　远方的家

03：28　天天饮食

03：49　魅力纪录

04：39　天天饮食

04：59　新闻联播

05：29　人与自然：探秘自然

06：00　朝闻天下

08：35　电视剧：西游记－续 10/15

09：26　电视剧：西游记－续 11/15

10：17　电视剧：西游记－续 12/15

11：08　电视剧：西游记－续 13/15

午间节目

12：00　新闻30分

12：35　今日说法：以案说法

13：13　电视剧：欢天喜地七仙女 17/38

14：03　电视剧：欢天喜地七仙女 18/38

14：53　电视剧：欢天喜地七仙女 19/38

15：45　电视剧：欢天喜地七仙女 20/38

16：35　第一动画乐园

17：05　第一动画乐园

晚间节目

18：03　远方的家

18：52　生活提示

19：00　新闻联播

19：38　焦点访谈：用事实说话

19：55　身边的感动 547（身边的感动）

20：00　电视剧：前情提要《我们的法兰西岁月》29/31

20：05　电视剧：我们的法兰西岁月 29/31

20：57　电视剧：前情提要《我们的法兰西岁月》30/31

21：02　电视剧：我们的法兰西岁月 30/31

22：00   晚间新闻

22：40   魅力纪录

23：36   电视剧：红娘子 17/47

从早晨的《朝闻天下》、中午的《新闻30分》到下午的《第一动画乐园》以及《午夜剧场》，每天都在固定的时段播出，这是由电视媒体的性质决定的。

电视媒体属国民经济的第三产业，从本质上讲是服务类产业，它是为大众服务的，它每天的栏目安排必须符合大众的作息规律、收视习惯。只有符合大众作息规律，按照不同人群的收视习惯，策略性地安排每天播放的具体节目内容，才能使每一个有具体服务指向的栏目最大限度地发挥自己的作用，最大限度地有效传达自己的信息内容。

比如，将具有面向所有人群，包含新闻、人物、服务内容的《朝闻天下》安排在无差别人群收视较为集中的早上。而将主要面向儿童的节目《第一动画乐园》安排在幼儿园、小学生放学后的下午时段，这一时段的青年人、中年人工作学习还没有结束，而老年人要准备晚餐，都无暇收看电视。

在所有人都劳累了一天，需要调节休闲的晚上8：00-9：00，中央台会播放一些全国观众都喜爱的电视剧。

每一家电视台在安排自己电视节目时都会考虑到观众的具体要求，这样才能在最大限度上发挥电视信息资源的优势，更好地服务观众，提高收视率。

电视台按照固定的时段安排电视节目，虽然在极大程度上方便了不同观众，但同时也给电视台带来了另外一些问题。

比如一个老年观众，每天在早上8点30分固定时间收看中央十套科教频道的《夕阳红》节目，但他有时也喜欢看一些电视剧，或其他一些在晚上播出的节目，但不是喜欢看所有属于晚间时段的节目，那么怎样才能满足老人希望对晚上节目预知的信息要求呢？

现在电视台的做法是每天在不同时段播放大量特定时段特定栏目的节目预告。

比如，凤凰卫视中文台每天中午的《锵锵三人行》谈话节目在整个播出的30分钟时间，被分割成三个小单元，每一单元之间插播商业广告和节目预告片，每次用15-30秒的时间告知观众晚上播出节目的名称、内容简介等信息。

在中央电视台电影频道的广告时段，经常会对近期将要播出的电影进行预告。

电视节目预告对于目前的电视媒体极为重要。现在，电视观众一般可以收看到近四十个频道的节目，观众又不愿把自己的时间浪费在通过翻看《广播电视报》

寻找自己喜欢的电视节目，而更愿意通过收看电视节目预告来安排自己的收视计划。统计数据表明，约有62.7%的观众通过收看节目预告来决定自己的收视计划。

台湾 CINEMAX 电影台影片间节目编排

一部电影→CINEMAX 电影台节目预告→下一影片预告→形象宣传片/周日明星→近期影片预告→荧屏幕后/好莱坞内幕→台标→一部电影

2. 栏目宣传片

电视台的节目预告是对将要播出的栏目的具体内容进行预告，比如对《周日剧场》中将要播出的具体影片的片名、梗概介绍，或对《百家讲坛》下一期的题目、主要内容的介绍。

同时，在电视台针对自身栏目播放的广告宣传片，还有一类只对栏目的整体风格、改版情况、典型特色、服务对象进行宣传的，我们称之为电视栏目宣传片。电视栏目宣传片多用栏目主持人作为画面主角，把栏目的制作理念作为片子的创意核心，甚至直接把栏目的制作理念作为片子的广告语。

3. 栏目片头

电视台在固定时段播放的每一个栏目都可分为三部分，即栏目片头、栏目内容和栏目片尾。

每一个栏目的片头都是固定的，它一般在栏目起始时段用 15 – 30 秒的时间用各种音画方式将栏目的片名推出。一般情况下，栏目片头并不承担表明栏目内容的作用，而仅仅是一段视听独特的音画内容，它在电视节目整个流程中起到过渡作用，告知观众一个特定栏目的开始。

片尾在整个电视栏目中一般承担表现演职参与人员及本栏目相关背景内容（比如联系方式、地址等）和版权作用。

按照栏目片头的技术制作原理，一般可分三种类型，即三维动画型、平面（二维）动画型和实拍镜头剪辑型。

本节思考与练习题

1. 录制一期中央电视台的《焦点访谈》，并设计本期《焦点访谈》节目预告。

2. 为本地最有影响的一个电视新闻栏目设计一种栏目宣传片。

3. 为本地电视台策划一个全新的电视栏目，并拿出本栏目片头的完整设计方案。

第4节

电视公益广告

一、电视公益广告界定

电视是一种大众媒体，它对公众的日常消费获取信息、生活观念的形成有巨大的引导作用。在电视媒体经营日益商业化的今天，电视仍然承担着巨大的社会教化责任，因此，各家电视台经常播放大量的公益广告来影响受众，促进社会文明的进步、人际关系的和谐。

电视公益广告从其含有的"公益"二字，就可以知道其内容是对公众行为进行有益引导的，但这并不能从根本上区分开公益和非公益广告的差别。因为每一则合乎国家法规，合乎社会需求的商业广告，也同样是对公众有益的。

二、公益广告与商业广告的区别

公益广告与商业广告的根本不同也就在于其表达内容上，并不是有意地引导受众对广告发布者，即广告主本身进行回报，而是旨在修善社会上某些群体间的不和谐。

比如，某条电视商品广告的目的是引导观众购买此种产品，而电视栏目自身的广告是劝说观众看某一频道的电视节，但公益广告则不同。请看下列一则电视广告：

第五次人口普查15秒电视广告创意

主题：知国情，而后富国。

创意说明：

全国第五次人口普查的对象：（农村和城市的）婴儿、少年、青年、中年、老年，所有的人都是。本片通过展现美好生活着的所有年龄的共和国公民，体现人口普查的涉及面，也表达出了人口普查的意义——为了共和国更美好的明天，人口普查，人人有责。

（特写）在护士的怀抱中，一个刚刚出生的婴儿缓缓睁开眼睛，观望这个崭新的世界。

几名天真烂漫的儿童在一片广阔无垠的草坪上种树，他们围着一棵小树苗，用自己稚嫩的双手捧起泥土，细心地围在小树苗周围。

在满山的红叶中，几位少男少女微笑着，指点祖国的大好河山。（画面在相机"咔嚓"声中定格）

（画面1-3字幕）全国第五次人口普查

生机勃勃的一片玉米田，几位年轻的农村姑娘爽朗欢笑，她们随手掰下硕大的玉米棒子。

一对新人婚庆场面，大家谈笑风生，相互庆贺，新郎新娘在众人的包围中，满脸欢笑。（画面在相机"咔嚓"声中定格）

一个白发苍苍的老人，用自己淳朴、善良、慈爱的眼光看着镜头，画面推近。（画面在相机"咔嚓"声中定格）

（画面4-6字幕）标准登记时间

由前几幅照片组成的中国地图形状收缩成"人"字延续到下一个画面。

标版字幕： 2000年11月1日零时

知国情而后富国

此则电视公益广告是告知电视观众一项国家举措，告诉人们全国第五次人口普查的意义。

三、电视公益广告的发布者

电视公益广告发布的主体或者说电视公益广告的倡导者，一般有如下四种：

1. 政府或政府部门

因为观念的原因，在以前，我国的政府部门一般不在电视媒体上发布公益广告，而是通过电视新闻或电视专题的形式将国家某项政策、举措和政府意图传播出去。随着改革开放的深入和人们对电视媒体传播规律认识的深入，政府也认识到公益广告对受众的影响更为直接、更为有效，也更易被接受，从而政府利用电视媒体发布公益广告的行为也日益增多。

在欧美发达国家，政府进行政策告知性公益电视广告早就盛行。在美国，国家大事，包括总统竞选、税制改革、裁军扩军、外交举措，都可以采用电视公益广告的形式。请看2011年公安部交通管理局发布的一则公益广告：

杜绝酒驾印记篇

图 2-20

创意简述：

怀旧的黄色画面：一幅儿时的图画，一张录取通知书，一张明信片，一张结婚照，一张出生证明，一封请柬，一张合影，代表着人生的一个个印记，在干杯声中，随着刹车声的响起，玻璃相框像挡风玻璃一样碎裂，照片上的人物面目全非。

标版： 别让酒驾毁了你的幸福。关爱生命，文明出行。

此则广告是配合中国政府交通部门 2011 年修订的新交通法中对严禁酒后驾车的规定，前后通过温馨与惨痛的对比，相框的碎裂、相片人物的变化，让人对酒后驾车所付出的代价有更加深入的认识，把酒后驾车行为的危害和后果清晰地表达给观众。

2. 社会团体或国际组织

社会团体或国际组织一般是非盈利性的，它一般是由社会进步人士发起成立的，其作用是为保护一些行业利益或一些特殊人群利益的。社会团体一般是通过自己的活动或播放公益广告来呼吁一般民众对特殊人群或特殊非盈利性事业的关注。

在美国，电视公益广告是社会团体向公众表达自己意愿式主张的主要途径。美国保护残疾人基金会曾播放如下一则电视公益广告：

电视公益广告"残疾人需要您的帮助"

主题：残疾人需要您的帮助

具体广告表述

早晨，一位失去双臂独居的少女开始了自己一天的生活。

她用牙打开水龙头，向水壶中注满水，将水壶放在火炉上，用牙齿咬住火炉的旋柄，开始烧水。

她用嘴将小盆放在地上，然后用自己的下颌夹起一枚鸡蛋，然后站立着，将鸡蛋丢入地下盆中，鸡蛋被打开。

她再用嘴将盆移回桌上，用牙咬起打蛋器将蛋壳拨出，然后将鸡蛋倒入杯子中。

开水烧滚后，她再用嘴噙起壶柄，将开水倒入杯子中，与鸡蛋混合，她的早餐做成了。

这就是这位少女的早餐。

标版：残疾人需要您的帮助。

相信每一位亲眼看到这则公益广告的人都会为这位少女的艰辛生存感到心酸，会毫不犹豫地伸出自己的双手，为她和更多的残疾人做一些自己力所能及的事。

虽然在国外社会团体进行电视公益广告宣传久已存在，但国内社会团体由于资金、观念的制约，进行公益广告宣传的并不多。

3. 特殊行业的厂商

有一些行业，比如烟草，因为其行业本身的特殊性，国家广告法规规定其不得进行商业广告。但是由于利润的驱动，或者说是由于竞争和发展需要，它们也需要社会知名度，需要公众告知，出于经营策略的考虑，它们一般会选择进行一些电视公益广告宣传。

2000 年，云南红塔集团（著名的香烟制造商）曾在中央电视台发布一则以保护环境（展现云南某地人与自然的和谐相处）为主题的电视公益广告。

4. 一般厂商

公益广告的目的是对人们日常生活的一种劝诫和引导，所以能激起公众的好感，商家从塑造自身社会形象的角度考虑，愿意投资制作、发布一些电视公益广告，以期增加与公众的亲和力。

内蒙古蒙牛乳业集团投资制作了公益广告"保护生态草原"。画面对草原的美景和自然生态进行了

中国生态草原

珍爱中国生态草原，我们生长的天与地，演绎和谐的大自然

图 2－21

展示，通过字幕的方式对草原的生态作用进行了介绍，并宣传了蒙牛携手全国绿化委员会、国家林业局、中国绿化基金会共同建设生态草原的公益活动。

又如海航集团的"光明行"公益广告，记录了海航集团全球性的白内障公益治疗活动。

目前，公益广告的投放主体一般就是上面罗列的几种，公益广告的内容却可以五花八门。一般情况下，公益广告是时代社会主流声音的反映，它总是在鼓动和宣传一种文明向上、有益的社会潮流和主张。

本节思考与练习题

1. 寻找一个公益广告的选题，并拿出完整的表现方案。
2. 以四种公益广告发布者的身份，分别创意一个公益广告。

第5节

电视形象广告

一、电视形象广告的界定

电视机构向公众播放的形象类广告有电视机构自身的形象广告和企业形象广告两大类。

形象广告是相对于具体的商品广告和具体的电视栏目广告而言，有别于具体只宣传商家或电视机构的某些具体产品和服务，而只采用隐喻、暗示、通感的手法，表现企业总体或媒体总体的形象的电视广告。

也可以这么说，电视商品广告和电视栏目广告都是诉求微观、局部、准确的信息。而电视形象广告是表示企业或电视台整体、宏观和气质上的信息。

人们对于事物的认识有这样一个规律："先整体，后局部，先直觉，后科学"。比如面对一个陌生人，我们会首观其整体外形，而后了解其更为具体的处事方式、言语能力、生活习惯等。并且认识人时，第一感觉会决定我们对某个人的好恶，整体感受会决定我们对此人具体处事方式的认同与否定。

对一个企业、一家电视机构的认识在某种程度上也存在这样的规律,如果一家企业能给消费者带来高科技、现代化的感觉,则其产品的销量就会提升;同样,如果一家电视机构能从整体上给人带来一种丰富多彩的感觉,则具体节目的收视率(或者说尝试收看率)就会较高,反之亦然。

现代商家和电视机构本身都十分重视利用电视形象广告来塑造自己的品牌亲和力。

二、企业形象广告

在现代商品经济社会里,销售(马克思称之为从商品到货币的惊人一跃)是每一家企业的最终市场目的。销售是指企业商品的售出。为了使企业的商品能够被消费者所认知、被购买,企业往往通过媒体发布各种创意独特的广告,其中大部分商业广告往往是对商家产品或服务的技巧性兜售,每一则广告往往是以落实到具体的产品上为结束。但有一些商业广告自始至终不会提及广告主的具体产品和服务,而是将广告主(商家)自身的信息向公众披露,这就是企业形象广告。

比如中国移动的企业形象广告"母女篇"。讲述了女儿常年在外不能回家,给母亲买了一部手机,每天都要给母亲打电话。母亲有一天外出没有带手机,女儿很着急,母亲回到家后与女儿通电话,母亲说:"女儿离开手机就不能活了?"女儿告诉母亲,不是离不开手机,而是

图 2 - 22

离不开你。整篇广告没有提到中国移动的任何产品,是典型的企业形象广告。

企业形象广告的市场作用:

1. 利于企业品牌延伸

品牌延伸是企业市场营销的一种战略,它是指当一个企业在消费者心中拥有良好的企业形象之后,会拥有一定的品牌忠诚支持者,这些支持者会对企业新推出的产品抱有与企业老产品一样的信赖感,从而接受企业的新产品。

TCL 集团在 1995 年以前是一家只生产彩电和家电电工类产品的企业,但经过多年的品牌宣传,使当时的消费者对 TCL 品牌有了一定的忠诚度,于是,TCL集团从 1995 年开始实施了品牌延伸战略,新开发生产了包括电脑、手机、空调

在内的许多家电产品，并取得了成功，使 TCL 不再只是一家彩电企业，而成为一家电气、信息产品制造商。

品牌延伸是许多企业走上规模化经营的必由之路，进行品牌延伸的一个重要条件就是企业形象为消费者所接受，企业实力得到消费者认可。

企业形象广告是塑造企业形象，形成品牌忠诚度的重要手段。

2. 有利于企业产品销售

企业通过适量的企业形象电视广告的投放，可能提高消费者对企业的认知度、亲和力和信任感，从而激发消费者对企业产品和服务的购买。有一些企业，比如商业银行和烟草制造商，由于其自身行业的一些经营规律，使其必须通过企业形象广告的形式来推动企业产品或服务的销售。

3. 有利于企业公共关系的谐调

严格按照现代企业制度组建的现代化企业，日常发生公共关系的对象包括投资人（股东）、债权人（银行等）、政府部门、一般消费者等等。企业要搞好与各个公共关系对象之间的关系，必须拥有良好的企业形象。拥有良好企业形象的企业可以较容易取得银行的信贷支持，取得政府部门的政策支持，以及股东和消费者的信任及资金支持。

三、企业形象广告的一般表现内容

企业形象电视广告在目前中国的发展程度不高，表现内容相对狭隘，经常被用作企业形象电视广告表现内容的有下面几种：

1. 企业理念

企业理念可被认为是企业做"人"的准则、做"人"的理想，它是企业奋斗精神和凝聚力的源泉，所有企业的企业精神都是指引企业走向更辉煌明天的灯塔。

健康、积极向上，有利于社会的企业精神，可以尽可能引起消费者的认同和共鸣，把企业理念作为企业形象广告的表达内容，极易取得公众的认可。

图 2-23

例如，台湾大众银行在 2011 年的除夕之夜，发布了由台湾奥美广告公司制作的广告片《梦骑士》。广告片由真人真事改编，讲述了五个台湾人平均年龄 81 岁，六个月准备，环岛 13 天，1139 公里，骑摩托车环游台湾岛的故事，并追问观众：人为什么活着？并以"梦"作为结尾和答案，感人至深。这则广告片并没有提及任何关于大众银行提供产品或服务的理性诉求，仅仅在最后提及了"不平凡的平凡大众"这一广告语，但这则广告的成功性不言而喻。

2. 企业行为准则

在消费者和合作伙伴眼里，商家永远是利益、利润的追逐者，有俗话曰"无奸不商，无商不奸"。如果商家能把自己的光明磊落的经营原则通过电视广告传播出去，也可以树立企业的形象。

2011 年，淘宝支付宝播出了一则名为"郑棒棒的故事"的形象广告。

2011 年年初，以挑担为生的"棒棒"郑定祥，在重庆万州城里帮人挑了两大包货物。结果挑货途中，货主不幸走失了，遗落两袋价值万元的羽绒服货物。当时，郑定祥正面临巨大的困境：妻子病发住院，急需用钱。但面对这笔意外之财，郑定祥丝毫没有动心。他全心

图 2-24

全意地守护着这批货物。严寒天里，他顶着感冒，发着高烧，冒着雪雨日夜苦寻货主。没有收入，他只能连夜赶赴老家借钱，陪老伴做完手术，又返回万州寻找货主……直至 14 天后，两担货物的主人终于找到，压在郑定祥心中的大石头才落下。

广告最后的"托付"，就是支付宝的品牌口号。这样用一个故事去诠释自己企业的行为准则，更能打动观众。

3. 企业公益行为

将企业进行的有益性质的社会行为通过电视广告传播出去，就是一则很好的企业形象广告。

海航集团于 2004 年开始开展"海航—青藏高原十年光明行动"，计划在 2004—2013 年间，出资五

天地之间 皆为用心之处

图 2-25

百万元，为两千名白内障患者购买人造晶体，并由北京同仁医院和全国防盲技术指导组为白内障患者治疗，使他们重见光明。

这一公益活动成为了海航形象宣传片的主题，紧扣企业口号：天地之间，皆为用心之处。树立了企业的公众形象（见图 2－25）。

4. 企业资信状况、科技实力

消费者相信"好的商家能提供好的商品"，评价商家好坏的等级标准主要包括其资信状况和科技实力。如果商家把企业的资信状况、科技实力作为形象广告的主题内容，对于塑造企业形象也是十分有益的。

四、媒体形象广告

媒体形象广告是一种较为概括的说法，它的具体表现形式多种多样，现简单罗列几种：

1. 常规台标

常规台标也称版权台标。它经常出现的位置是在电视栏目的结束部分，以表明播出节目的电视机构。

2. 非常规台标

非常规台标是指在电视台广告时段插播的，趣味性极强的台标出现形式。比如 Channel（V）音乐台有如下一则非常规台标广告：

健美男子，穿时尚酷装，做各种 pose，其最后一个动作为侧展二头肌，画面显示其刺有文身图案的臂膊，画面闪黑，只留下文身臂膀的特写，并在特写臂膀的左右加上〔〕号，形成 Channel（V）的非常规台标。

3. 频道宣传片

现在有线电视网络发送的每一个电视频道都有其独特的个性，用有感染力的频道宣传片在较短的时间里向观众集中表达频道自身的定位、风格、服务对象等信息，可以使观众在最短的时间里对电视频道有一个总体的感性认识，并决定喜爱还是放弃它，是现代媒体传播的一个典型特性。请看凤凰卫视电影台的频道宣传片"大戏统天下"、健康卫视宣传片、凤凰卫视咨询台开播十周年宣传片（见图 2－26）。

图 2－26

4. 频道呼号片

电视节目日渐非常多彩，电视频道也越办越多，为了不使观众在茫茫的电视节目海洋中迷失选择，有必要时时提醒电视观众"您现在正在收看的是××电视台。"

频道呼号片的表达内容相对单一，表达形式相对固定，一般做法为：

（1）画面一般是频道标志（台标）做三维、艺术化变形或表现本频道总体风格的一些实拍、剪接画面。

（2）音乐一般固定不变且听觉识别力强。

（3）标版为电视台（频道名称）。

（4）广告语为：您现在收看的是×××电视台××频道（比如，您现在收看的是河南电视台都市频道）。

作为电视频道重要识别标志的频道呼号片和频道宣传片，两者的区分并不是十分明显，两者是可以以融合的形式出现的。比如北京卫视宣传片《一草一木都是情》。

5. 地域宣传片

把在电视台播放的地域宣传片归为媒体形象广告，是基于中国目前的电视媒体经营体系的地域化分。目前，一般是各省一家卫视，卫视节目是向全国发射，不同省份的卫视代表着所在省市的地域形象。所以，各省卫视甚至包括一些地方电视台都会播出一些具有宣传地域文化、风物特色的形象宣传片。

河南卫视形象宣传片文案

主题：我形

镜头描述：

古剑，红绸。

长河落日，余晖满天，暗云浮动。

金色的黄河水，在夕阳下缓缓地流淌。

【字幕】：我形

洛阳龙门全景。

石壁上，洞窟眼眼。

镜头推近，卢舍那大佛，伟仪端庄，眼神安详，注视着芸芸众生。

一群儿童，手举印有河南电视台标志的小旗，奔跑于石窟前的平台上。

（画面前景为老人、直升机）

【字幕】：我容

少林古柏林。

绿荫如盖，光影斑离，寂若无声。

儿童，手举印有河南电视台标志的小旗，奔跑于少林石阶上。

一少女自如屹立于林间，与古柏作邻，手竖耳边，做倾听状。

【音效，清澈笛音】

【字幕】：我音

一碗烩面，色、香、味俱全，做工精细，用具考究。

（镜头后拉，渐现中景）一青年，坐于桌边，面含微笑，拿起了筷子。

（镜头升起，大全景）古香古色的中式餐厅内，人声鼎沸，食客如云。

【字幕】：我品

（小浪底）工程脚手架的顶端，一建筑工人面向太阳迎风挺立，衣襟飘浮。阳光将其轮廓清澈勾勒。

他宛如飞天的雄鹰。

少年放飞鸽子。

【字幕】：我梦

标版（黑屏，红色字体）：　　　　　我 爱 我 中 原

（强冲击力音效）　　　　　　　中国河南电视台

本节思考与练习题

1. 到本地一个正在发展中的企业调查采访，以这个企业的理念、行为准则、公益行为、资信状况、科技实力等方面为创意思路，设计五种企业形象广告，并与这个企业的有关负责人讨论你的设计方案。

2. 为中央电视台电视剧频道设计一个频道宣传片。

3. 为当地一家你所喜爱的电视台设计一个台标和一个地域宣传片，力图把台标与地域宣传片有机结合。

本章思考与练习题

1. 从某届戛纳国际广告节获奖的电视广告中，选出一个电视商品广告和一个电视公益广告，加以分析，并在它们的基础上创意一个类似的广告故事，要求有所创新。

2. 七八个同学组成一组，开一个集思广益的电视广告策划会，为当地一家电视台全面包装策划出一个完整的方案。

本章小结

我们从电视广告信息内容的功能上，把电视广告分成不同的体裁。

电视商品广告在电视广告中处于主体的地位。电视商品广告和其他各类商品广告（例如报纸广告）一样，承载着广告主所期望的市场营销作用，广告主想通过电视商品广告的投放，使自身的品牌知名度、美誉度得到提高，并能从心理上鼓动消费者采取购买行动。为了完整、准确、清晰而又技巧性强的在电视商品广告中表达一种商品的广告信息，需要根据电视商品广告的表现特点，采用针对性强的表现策略。

本书从电视广告的广义概念出发，把电视节目广告归结为电视广告的一种体裁。其实电视节目是电视媒体营销的一种商品，那么按其承担的诉求主题的不同，可以分为节目预告、栏目宣传广告、栏目片头三部分。

公益广告与商业广告的根本不同也就在于其表达内容上，并不是有意地引导受众对广告发布者，即广告主本身进行回报，而是旨在修善社会上某些群体间的不和谐。其发布的主体，一般是政府或政府部门、社会团体或国际组织、特殊行业的厂商、一般厂商。

电视机构向公众播放的形象类广告有电视机构自身的形象广告和企业形象广告两大类。电视形象广告表达企业或电视媒体整体、宏观和气质上的信息。电视企业形象广告有利于企业品牌延伸、产品销售、公共关系的谐调。企业理念、行为准则、公益行为、资信状况、科技实力一般是企业形象广告表达的内容。媒体形象广告常常以常规台标、非常规台标、频道宣传片、频道呼号片、地域宣传片等方面为表现形式。相信随着电视事业的发展，技术的进步，电视形象广告的表现内容、表现形式也会有新的形式出现。

第三章

电视广告的
策划与创意

本章内容提要

◎广告策划首先要确定广告目标。

◎确立广告创意策略首先要制定广告计划，后者又必须以收集、整理、分析资料开始。

◎产品及其概念是奠定广告策划的基础。

◎电视广告离不开创意与灵感，创意的方法又多种多样。

◎好的创意必须有好的创作大纲，并且要寻找主要的卖点。

◎只有把握好广告的感性诉求和理性诉求，并恰当地将诉求表现出来，才能制作出好的电视广告作品。

第 1 节

电视广告的目标、策略及产品定位

一、电视广告目标及其分类

1. 电视广告的目标

广告目标是什么呢？全国广告主协会（ANA，Association of National Advertisers）的定义是："广告目标是在一定的时期，对特定的对象（听众、观众、读者）实行交流传达任务。"在何种市场环境中，面对怎样的竞争对手，以什么姿态来展开市场营销战役，最基本的是必须要明白广告策略，并且要决定广告表现的方向。从这个意义上来看，最能明确表示广告目标的无疑是广告的词与句所组成的创意作品。

2. 广告目标的分类

我们在进行广告创意时，需要正确地认识和理解的是为什么要使用这些创意，创意人员首先需要正确把握广告目标。

在创意构思阶段，"首先必须留意的不是怎么说而是说什么"。从这个意义上来说，广告目标不是"怎么决定"，而是"决定什么"。广告是活的东西，想去套用广告的类型和过去的成功例子是徒劳的，要寻找合适的东西。广告目标必须找准合适的诉求对象和招徕顾客的路线和方向，必须认识到广告目标是广告系统和广告路线的核心。

"一个虚弱的消极的人的话语一点也不值得回味。但是，一个健康充满活力的、精力充沛的人说同样一句话可以震撼世界。"这是罗曼·罗兰的名言。具有明确目标的广告，让人联想起"健康有活力"的劝导者。

决定广告目标不仅是创意人员的工作，而是整个广告战役的核心。创意人员在决定广告目标的讨论会上，要给予最强烈的关心，同时一定要具备有关广告目

标的所有知识。

广告目标可以是多种多样的，大致可分为如下几点：

- 品牌形象的提升；
- 商品知名度的提高；
- 商品认知率的提高；
- 商品知识的普及；
- 商品概念的转换；
- 商品和企业活动（服务等）的通告；
- 即时性的销售额增加；
- 流行的创造；
- 企业形象的提高以及形象的转变；
- 舆论高涨和制造舆论；
- 消除抵触，增加对企业活动的理解；
- 新生活方式的提示；
- 其他。

还可将广告目标作如下细分：

（1）心理性目标

- 将产品新的使用途径或服务以及新的构思传达给消费者；
- 产品必须与消费者能得到的最大便利联系起来；
- 告诉消费者，使用该产品的话不会产生任何厌烦；
- 将产品与消费者广泛认可的人物或符号联系起来；
- 将产品与消费者共有的心愿或理想联系起来；
- 将产品与一种独特的东西联系起来；
- 促使消费者回想起先前有过的经验；
- 表明该产品或服务如何满足基本需求；
- 利用消费者的潜意识需求；
- 要改变消费者原有的态度。

（2）行动性目标

- 鼓励消费者增加使用的次数；
- 鼓励消费者增加更换产品的频率；
- 劝说消费者购买非时令产品；

- 鼓励消费者试用某一产品的代用品；

- 感动一个人，让这个人影响其他人来购买该产品；

- 向消费者推荐试用品；

- 让消费者前去点名购买该产品；

- 采取试样和其他形式的咨询；

- 欢迎消费者来商店浏览。

（3）企业的目标

- 表明公司赋有公众意识；

- 搞好内部员工之间的关系；

- 增加股东对公司的信赖；

- 使大众理解公司是行业中的先锋；

- 吸引从业人员进公司；

- 表明公司的产品和服务范围广泛。

（4）营销的目标

- 刺激对该产品的基础性需求；

- 确立对该产品的选择性需求；

- 使本公司的推销员热情高涨；

- 鼓励商家扩大销售本公司产品；

- 扩大本公司产品的零售网络。

二、电视广告策略与创意策略

现在的创意活动，首先必须从清楚地认识广告目标开始。但是，广告撰稿人如果不清晰地了解以广告目标为中心的广告计划大纲，就出不了好的作品。在这里，我们阐述一下有关创意活动不可或缺的广告整体计划。它包括收集信息、制订广告目标、制订创意策略和媒介策略等步骤。

确立广告计划必须先从信息的收集整理开始，文稿工作同样也是如此。只有依靠尽可能多的资料，正确的广告计划才成为可能。广告计划所必要的信息如下：

1. 市场信息

- 行业的规模有多大？

- 商品的购买者是谁，规模有多大？

- 消费者的特性如何？

- 地域和季节的特性怎样？
- 该类产品特有的市场倾向如何？
- 潜在消费者的规模及其显现的可能性？
- 竞争对手的数量和竞争状况、市场份额如何？

2. 商品信息

- 商品的特性如何？
- 商品是怎样使用的？
- 商品知名度达到什么程度？
- 售价、包装、销售途径如何？
- 商品形象如何？
- 商品的历史和企业产品组合中的位置是什么？
- 商品的技术开发特点如何？
- 商品的生命周期正处于哪个阶段？
- 商品的普及度？
- 竞争对手同类商品的优点和缺点在哪里？

3. 消费者信息

- 消费者的购买理由、购买动机如何？
- 消费者生活意识和使用习惯如何？
- 消费者的属性及其生活方式如何？
- 商品的特点和消费者的满足度如何？
- 消费者的购买、使用、所有状况如何？
- 消费者的商品知识达到什么程度？
- 消费者的理解和嗜好如何？
- 消费者的媒体接触状况如何？
- 潜在消费者是怎样的规模？
- 与竞争对手的消费者相比有何区别？

4. 环境信息

- 企业的内部环境怎样？
- 是否有与政治动向的关系？
- 与经济的社会的环境关系如何？
- 与自然环境的关系如何？

- 与生活环境的关系如何？

5. 广告信息

- 营销目标和广告目标是什么？其关系如何？
- 广告投入量与销售额的比例如何？
- 产品概念和创意的特点如何？
- 媒体组合和选择的特点如何？
- 广告目标及其特点如何？
- 公关对策怎样？
- 公共与促销的关系如何？

6. 企业信息

- 企业的历史和规模怎样？
- 经营者的经营理念和企业方针是什么？
- 企业的社会存在价值和定位如何？
- 技术开发力达到何种程度？
- 产品的品种、数量及其特点、市场占有率如何？
- 企业形象有何优点和缺点？
- 企业的眼光和其未来发展目标怎样？

分析了这种种信息，确定广告所需解决的问题，为了解决这些问题，找出广告宣传的机会点，然后制订广告目标。广告目标当然应该在可能的范围内以效果测定为前提来决定。那么在这里，能够便于广告效果测定的广告目标是什么呢？

"广告目标与效果测定从广告计划阶段开始就应该是相互紧密结合的"。这是最基本的想法，为更顺利平稳地展开其过程，以下六点是必需条件：

（1）目标要尽可能明确地陈述在市场营销作业中相互交叉的各细分市场；

（2）目标要用具体文字来表述；

（3）目标应该由创意阶段和评估阶段两方面的作业人员来检验：

（4）目标必须基于市场环境和购买动机；

（5）可能的话效果测定要确定基准点；

（6）效果测定的方法与目标设定需同时予以明确。

遵照这些原则，按各阶段的顺序，集中广告目标的焦点。集中目标焦点的工具被称为 6M 核对目录，即为明确广告目标而制定的信息收集清单。这些与先前介绍的信息收集几乎完全相同，但效果测定的科学手段很重要。而且其重点是在

文稿信息的测定上。

6M 是指：

商品（Merchandise）——商品或服务的重要卖点是什么？

市场（Markets）——诉求对象是何人？

动机（Motives）——消费者的购买心理？

信息（Messages）——广告传达的主要概念、信息、企业形象怎样？

媒体（Media）——传达文稿的载体是什么？

测定（Measurements）——如何测定文稿传递到消费者？

这些项目中所集中的设定的信息，可以成为实施效果测定的广告目标（事先评价）。比较广告发布前后的评价，根据差异来进行广告效果的测定。这些广告目标被确定后，才可以说进入了广告计划的第二个阶段——核心创意策略和媒体策略的决定。创意策略是根据广告目标制订的创意构思及其实施方法，其最终成为具体的报纸、杂志、广播、电视等各种各样的广告作品，被送至一般大众面前。

广告目标对于创意者来说，限制创意构思是事实。威廉·伯恩巴克（William Bernbach）在《商业周刊》（*Business Week*）杂志上曾经说过："广告创意的乐趣是在众多的限制条件中制作出富有效果的广告。"也可以说，突破限制的创造是创意者的使命。

另外，广告目标可以说是广告宣传成功的保障。未来广告计划的设定将更系统地进行。一方面，广告目标对创意策略的提议、要求更具敏锐性。另一方面，在媒体策略中，依据广告目标，为更有效地发挥创意作品的功能，科学地选择和决定具体的媒体组合（Media Mix）。在这两个战略中，决定"诉说什么"的创意战略应优先，媒体据此而定。但各企业的情况是极其复杂的，而且企业的媒体购买也构筑在各种各样的原因之上，所以也不能一概地说创意战略必须优先，两者主要是相互依存关系。最近，广告和促销策略的联系日趋密切，今后，也要充分考虑改善流通部门和广告活动的关系，并制定出计划。

三、产品概念及其定位

创意策略始终以产品概念为中心展开构思。通常产品概念要与消费者的利益相联系，具有多种特性，那就是诉求点（又称 SP）。

从诉求占领中选择最重要的东西，并从中产生构思是比较一般的做法。今天的广告已不再是那么单纯的东西了，这是因为消费者正以前所未有的程度在变化着。

1. 产品意义

厂商"制造产品"是手段，借"销售产品"来满足消费者欲望，以增进企业利润才是目的，故行销人员必须将了解"产品意义"作为第一要务。

产品意义可分为：

（1）实体生产品：可直接提供给购买者的产品实体或服务，如电子计算机、药等，亦称"正式产品"。

（2）核心产品：指消费者购买产品所欲追求的基本利益。如购买化妆品，虽取得各式化妆品，但主要在获取"希望、美丽"。

（3）引申性产品：指含有一连串服务的实体性产品，如消费者在取得实体性产品过程中，尚包括有付款服务、送货服务、品质保证、教育训练、操作服务等。

以肥皂产品而言，"象牙肥皂"向来以"便宜而划算"的广告方案，打开销路，市场占有率也相当高。可是，那只是昙花一现，不多久，销路渐差，该公司设法找出原因，却一直查不出结果。他们就请来心理学家对这件事进行探究。心理学家采用的方法是派出一大群调查员，调查消费者使用象牙肥皂时，到底抱着怎样的期待。

回答中最多的项目是：

＊工作完毕之后，用象牙肥皂洗澡，使身心俱爽，如同换了一个人。

＊约会之前，使用象牙肥皂洗澡，使自己变得更具魅力。

换句话说，多数人对化妆用肥皂的期待，并不是"便宜而划算"，而是希望使自己变得"有魅力"或"一干二净"。于是，该公司就停止以前所用的广告文案，把文案改为："象牙肥皂使你更具魅力"。这么一改之后，象牙肥皂的销路复又见好，而且一直持续下去。这就是将"产品"的宣传诉求锁定在它的"核心产品"，诉求"客户心目中的希望"，以打动客户的心。

纽约的某家百货公司，由于廉价钢琴滞销而大为头痛。为了早日销出这种钢琴，他们登出这样的广告：

这种钢琴的特色是：音色甚佳，外表美观，价钱低廉。

打了一阵子广告，效果几乎等于零。广告部门只好被迫改变策略。他们从全然不同的角度，想出了这样的广告文案，广告诉求主标题：

为了把府上的小姐送进社交界……

文案下面附了下列的说明：

音乐,是提高教养不可缺少的东西。会弹钢琴,是社交最重要的一种手段……

这广告,正好说中了多数人向往的目标,因此广告出现后,短短几天之内,百货公司的钢琴就销售一空。

又例如消费者购买各式各样的化妆品,其实是想满足本身的"漂亮"、"更有魅力"等心理,实务运作的成功经验,证明这种行销手法常有满意收获。

2. 产品分类与行销重点

依照购买习惯,产品可区分为消费性产品、工业性产品,其产品特性与行销重点如下:

(1) 消费性产品

便利品——消费者在购买时通常都很迅速,花费在"比较"上的精力非常少。

选购品——消费者在选择过程中,通常都会依据舒适程度、功能、品质、价格及形式等特性加以比较。

特殊品——通常具有明显的品牌形象,以致某类消费群体乐意花费特殊的购买努力来购买该产品。

(2) 工业性产品

原料品——即制成成品所用之原料,大都是天然未经处理的可用资源,如铁砂、棉花、木材。

制造原料、配料——指供制造某产品之原料和配件,如塑胶粉、塑胶粒等。

设备——指工业用户制造产品所需使用的机器设备。

附属设备——指一切辅助生产行业之工具,但不成为成品的一部分,如化验设备。

营业用品——系工业市场上的便利品,产品大多标准化。

消费产品特性和行销重点

行销重点 \ 产品分类	便利品	选购品	特殊品
1 通路长短	长（强调间接销售至一般零售店）	短（直接销售或营业所）	很短（直接销售点）
2 零售店的重要性	任何零售店皆可	任何零售店皆可	特定零售店
3 广告归属（由谁负责）	制造商	制造商和零售店	零售商和专卖店
4 广告影响力	很大	大	一般

续表

行销重点 ＼ 产品分类	产品分类		
	便利品	选购品	特殊品
5　促销活动重要性	很重要	一般	不重要
6　品牌忠诚度	很低	高	很高
7　陈列产品数目	可能多	少	多
8　存货周转率	很快	慢	很慢
9　产品销售毛利	低	高	很高
10　店头陈列	很重要	一般	不重要
11　品牌	注重品牌	注重零售店	两者都重要
12　包装	很重要	不重要	不重要
13　广告影响力	一般	重视	重视
14　使用者和购买者的一致性	不一致	一致	不一定

工业产品特性和行销重点

行销重点 ＼ 工业产品分类	工业产品分类				
	原料品	制造物料配件	设备	附属设备	营业用处
1. 通路长短	直接销售	直接销售或由营业所代理	直接销售或专卖店	代理商或专卖店	零售店
2. 购买方式	契约	契约	议价或招标	议价或招标	直接销售
3. 购买数量	大	大	很小	小	小
4. 购买次数	频繁	不多	很少	中等	经常
5. 人员推销	不重要	一般	很重要	重要	不重要
6. 广告	不重要	不重要	重要	重要	很重要
7. 售前、售后服务	不重要	重要	很重要	不重要	不重要
8. 品牌偏好	没有	没有	高	高	低
9. 谈判议价期间	不一定	中等	长	低	短
10. 对价格之敏感度	高	高	不高	低	高
11. 品牌重要性	不重要（某些例外）	不重要	重要	不重要	一般
12. 技术服务	一般	重要	很重要	不重要	不重要
13. 毛利	低	低	高	中	中

3. 产品概念

产品欲寻求销售利益,必须实行严谨的调查分析,设法在商品概念、产品定位、对象设定方面把握正确的方向,在目标市场区域与消费者心目中,建立良好的产品形象,以从事市场活动。

（1）无形的商品概念

商品是有形的,而商品概念是无形的,行销学对商品的贩卖方式是以市场导向为前提,决定"当作什么来贩卖",而后决定"怎么卖"。

例如,番茄汁可当作"解渴饮料"来卖,也可当作"保健饮料"来卖。但喝酒后,可当作解酒之保健饮料。牛奶要卖给孩童,可强调"营养食品";若欲卖给中年人,因中年人开始发胖,体重超重,故可强调"维持健康"而且"不发胖"。

（2）商品概念的设定

商品概念的设定方法,可分为:

①商品的实质效用:商品本身在功能上、用途上,能带给消费者何种"实际的好处";

②商品的感觉性效用:商品本身在功能上、用途上,能带给消费者"五官感觉上的效果";

③商品的心理效用:当拥有该商品本身或使用该商品时,可能获得社会地位或心理上的"满足感"。

4. 产品定位

企业欲成功,必先成功定位;同样道理,产品定位先要"定位成功",才有销售飞黄腾达的机会。

企业经过妥当的规划,获得该产品之概念,要先寻求适当的产品定位;其次是寻求该产品在市场上的定位,此"市场定位",不只要符合厂商的期许,而且更要令消费者接受,否则所谓"市场定位"将只是一厢情愿。

（1）产品定位的重要性

在实务运作上,"定位"过程应由产品本身开始,要先产生出"产品定位",其次,才创造出这个产品在市场上的"市场定位"。市场定位成功后,经过若干时间,社会上便会对拥有该"产品"的企业形成"企业认知"。

有些企业"想把马车放在马匹的前面",甚至在尚未推出产品时,就想获得市场认知与企业形象。

由于没有一个产品可以满足所有市场上之客户，故产品定位的意义，就是将产品品牌定位在具有先天竞争优势的地带内，借着此"产品定位"，可轻易地告知客户该产品与竞争品牌之差异性。

产品要定位，商店也要定位。例如，屈臣氏商店定位在专为 18 岁到 30 岁左右年轻女性服务的专用商店；而各国产品给予一般人士的联想，德国产品会联想到"工程水准"（engineering），意大利产品会联想到"流行"（fashion），日本产品则是"品质"（quality）。

（2）产品定位的方法

适当的区隔产品特性，以便产品定位，其方法至少有下列几种：

① 以产品的属性、特色或顾客追求的效益来定位。例如，冷气机可定位在"静音"或"省电"上；

② 以价格与品质的高低来定位；

③ 以产品的用途来定位。例如，脚踏车可定位为"交通工具"或"休闲器材"；

④ 以产品使用者的身份来定位。例如，汽车可定位为"上班族"用，洗发精可定位为"婴儿"使用；

⑤ 以产品群的相对性来定位。例如，将品牌定位为"通信"产品，而非仅"电话"产品。如"长荣"定位为"交通运输"产品，而非仅"航运"或"空运"；

⑥ 以竞争厂商的相对性来定位。例如，美国"汉堡王"将自己定位为与"麦当劳"、"温娣"同级，租车业"艾维思"定位为与"赫兹"同级。

（3）商品定位的步骤

产品欲寻求商品利益，必须实行严谨的调查分析，借着商品定位、对象设定，设法将商品概念根植于目标市场区域与消费者心目中，建立良好产品形象，以从事市场活动。

① 以"商品概念"来贩卖商品。商品是有形的，而商品概念是无形的，行销学对商品的贩卖方式，是以市场导向为前提，决定"当作什么来贩卖"，而后决定"怎么卖"；

② 了解本牌商品之"概念"后，进行市场研究，了解令顾客感兴趣的全部因素；

③ 过滤上述因素后，了解有哪些令消费者特别喜爱之特点；

④ 根据第二点资料，绘制产品特性空间图；

⑤ 根据消费者形象调查，现有厂牌所处的"产品特性空间图"；

⑥ 寻求现有品牌在此区域市场中，因服务不周所构成的销售介入机会；

⑦ 分析此区域化市场的大小与价值；

⑧ 了解此区域化市场具有的相关特性，以使本牌产品成功定位于此。

例如，啤酒产品的市场定位，透过市场调查，了解消费者追求"色泽稀淡，口味略温和的啤酒"，故目标市场定位于此，产品设计、宣传、市场定位均设定于此目标内。

（4）商品定位策略

① 针对别人尚未占有的市场而定位；

② 针对某种具有竞争性的产品而定位；

③ 必要时产品要"重新定位"。

（5）产品的重新定位

当竞争层面发生变化、原先定位错误、消费偏好转移、公司经营策略改变等种种异动时，企业为求生存，必须尽快进行"产品重新定位"策略。

例如，苹果以往为探望病人必携带的水果，如今随着人们生活水平的提高，在水果种类过多的状态下，要将苹果重新定位为"健康水果"，每日吃一个苹果，常保身体健康。又例如，"脚踏车"以往为交通工具，如今机车、汽车满街跑，甚少人会因为"交通"理由而购买脚踏车，因此，厂商有必要重新定位，将其重新定位为"休闲器材"的产品。

产品的重新定位，其策略有：

① 将产品重新定位在新的用途上；

② 针对新的客户群进行重新定位；

③ 针对原有的客户群，但改变"产品定位"，以新的定位加以出现。

本节思考与练习题

1. 结合某一具体产品，试进行心理性目标分析。

2. 你能回答出什么是6M吗？

3. 完整的产品概念包括几个层次？

第2节

电视广告创意的构思及其手法

一、创意与灵感

广告创意人不能把一块香皂仅仅看作是洗涤用的简单的植物性脂肪的固体。他必须能看到，这块香皂其中蕴含着的生产厂家的荣耀经历，看到过去使用这种香皂的一长串美丽妇女，和将来使用这种香皂的人们新嫩美丽的肤色。

在人类历史上，从未像今天这样强烈地呼唤创造性思维的人才。在新产品开发中，不管是生产领域，还是流通领域，"创造性的思维"是成功的重要特点。特别在广告界，这几年来，创造性的语言到处都在使用，并基于此确立广告作品生命力的坐标。而且围绕创造性的研究和争论也逐渐活跃起来，从心理学、手掌、艺术、物理学等各个方面展开研究。

在今天的广告界，创意正成为最重要的课题。广告公司的竞争，使创意愈加成为左右产业界生存和发展的重要因素。这样的创造性，在企业、研究、调查、生产、流通、广告、销售、推销等领域已经成为不可或缺的因素。特别在广告公司中，创意的作用越来越受到重视。

下面我们就将围绕这些问题讨论有关创意与灵感。

首先，什么是创造性？创造性是用新的方法来看至今未被提及的故事、事物，面对问题找到新的解决方法。

那么什么是灵感呢？灵感是在现实中，长时间慢慢培养成的东西。当旧的东西与新的东西碰撞的时候，在潜意识中开始进行再整理，那简直像天穹的星星闪烁一样敏捷，没有预期地突然得到了调和。

展望一下我们人类的历史，伟大的科学家、伟大的艺术家根据自身的灵感生发出光辉照耀了科学和文化的进步。在病榻上发现了相对论的爱因斯坦，在马车中发现适者生存的进化论的达尔文，还有建立起心理学新领域的弗洛伊德，他们

都根据灵感发现了各自研究领域的基本性的理论。

爱因斯坦认为，灵感是纯粹的归纳推理，它重视经验性的观察，被观察到的现象深处潜在的东西，理解与观察对象之间的相互关系。虽然灵感至今仍被理解为是与分析和思考相对立的东西，但事实上，灵感是与科学共存的，灵感作为科学，只有在充分认识后，才具有现代性的价值。

著名广告大师李奥贝纳（Leo Burnett）认为："广告撰稿人有各种经验、各种类型的人，但其中我认为作为广告撰稿人最重要的资质是敏锐的灵感，汇编已知的事实，能够创造出新的东西。"

创意的产生有七个阶段：

- 导向阶段（Orientation）——事实的发现、问题点的提出；
- 准备阶段（Preparation）——收集贴切的资料；
- 分析阶段（Analysis）——关联素材的分析；
- 假说阶段（Hypothesis）——为了最终选出最佳构思，准备几个假说；
- 孵化阶段（Incubation）——为了模仿头脑中灵感产生的过程，将各种知识事先储存起来；
- 综合阶段（Comprehension）——综合各种知识的片段；
- 决定阶段（Decision）——判定作为结果道德的构思。

有的学者则将这一过程分为四个阶段：第一，准备阶段。创意在这一阶段，必须具有无法挑剔的接受能力；第二，孵化阶段。创意人认识阶段；第三，解明阶段。这阶段人的潜意识不断流畅的瞬间，是新的创意形成的时候；第四，完成阶段。是接近完成的最费神的阶段，是将灵感客观化的最终阶段。

上述创意过程虽有不同，但都具有共同点。下面我们将对构思电视广告创意的具体过程进行展示。

二、电视广告创意的创作过程

广告创作最好被视为一个过程，而且当一些组织化的方法被运用时，创作更容易成功。

目前最流行的一个创作方法是由智威汤逊（J. Walter Thompson）广告代理公司前创作副总裁詹姆斯·韦伯·杨（James Webb Young）提出的。詹姆斯·韦伯·杨说："创意的产生是一个像福特汽车的生产一样确定的过程；创意的产生也像流水线作业一样地运行；在此生产过程中，思维采取了一种能够学习并控制的操作技术；思维的有效使用是一种与有效使用任何工具一样的实践。"他的创作过程模型包括以下五步：

（1）入迷（Immersion）——通过背景研究搜集原始材料和信息，使你自己对该问题入迷。

（2）理解（Digestion）——整理信息，分析信息，对其好好进行斟酌。

（3）酝酿（Incubation）——将该问题从你有意识的思维中抛开，用潜意识工作。

（4）启发（Illumination）——创意的诞生——"我想出来了！我找到了！"

（5）现实或确认（Reality or Verification）——研究该创意，使它看起来是否出色或是否能解决问题，然后将该思想塑造成形。

创作过程模型对那些从事广告创作工作的人员是有价值的，因为它们提供了一种解决广告问题的有组织的方法。准备或搜集背景信息是创作过程的第一步。

1. 创作过程的准备、酝酿和启发

（1）背景研究

只有最愚蠢的创作人员或创作小组才会在对客户的产品或服务、目标市场、竞争状况及其他相关的背景信息还没有充分了解的情况下便想完成任务。创作专家还应熟悉整体趋势、环境、市场的发展，研究可能有效的、特别的广告方法和技术。创作专家能从许多渠道获得背景信息。常用的数据收集方法有：

●阅读与产品或市场有关的材料。书、行业出版物、普遍感兴趣的文章、调研报告，等等。

●询问与产品有关的每一个人。设计者、工程师、销售人员、消费者。

●倾听人们在谈论什么。去商店、大型超市、餐馆甚至自助餐厅都可以使你得到原始资料。倾听顾客诉说特别有价值，因为他们最了解产品和市场。

●使用产品或服务，并熟悉它。你使用的产品越多，你知道的越多，你能讲的也越多。

●学习客户的业务。这样会更了解你要接触的人群。

为了在准备（Preparation）、酝酿（Incubation）、启发（Illumination）阶段提供帮助，许多公司都为创作人员提供总体的和特定产品的预计投入。创作计划的总体信息投入（general preplanning）包括书、期刊、行业出版物、学术杂志、图片和剪辑服务，这些投入有收集和整理产品、市场和竞争状况方面的报纸杂志文章，包括最新的广告。这些投入也可以从客户、广告代理公司、媒体等所做的调研结果中获得。

另一个对创作计划很有帮助的总体信息投入就是市场的趋势、发展和发生的事情。

信息可以从不同方面获得，包括政府的第二手调研资料，各种行业协会及广告和媒体杂志。例如，广告业团体和媒体组织公布的研究报告和时事通讯，这些报告和通讯提供市场趋势和发展及它们如何影响消费者的信息。

（2）特定产品/服务研究

除了总体的背景研究和信息投入外，创作人员还要研究特定产品/服务预计投入。一般这种信息来自于对产品（或服务）、目标受众或两者兼有的特别研究。特定产品/服务预计投入的例子有：定性和定量的消费者研究（如态度研究），市场结构和定位研究（如知觉影射和生活方式研究），专题组座谈，特定产品、服务、品牌用户的人口统计和心理调查。

许多对创作小组有帮助的特定产品或服务的研究都是由客户或广告代理公司进行的。美国 BBDO 广告代理公司开发了一种发现创意的方法，围绕此创意，创作战略可以以问题检测为基础。此研究技术是询问熟悉产品（或服务）的消费者，让他们写出一个困扰他们，或者他们在用产品（或服务）时遇到的问题的详细清单。消费者按重要性程度给这些问题打分，与每个问题联系，评价各种品牌。问题检测研究可以为产品改进、产品再造或新产品开发提供有价值的投入。它也可以为创作人员提供确认产品重要属性或特征的创意，并且为创作人员提供新品牌或已有品牌定位的指导。

一些创作机构每年都进行心理研究，它们也进行产品（或服务）用户的详细的心理或生活方式调研，使创作人员更加了解其开发的广告所面对的目标受众。

（3）定性研究投入

除了各种定量研究以外，定性研究方法（如深入访谈或专题组座谈）也能在创作过程的开始阶段给创作小组提供有价值的线索。专题组座谈是一种调研方法，通常是引导来自目标市场的消费者（一般 10～12 人）讨论一个特定的主题。通过专题组座谈能了解消费者为什么使用某种产品或服务，他们怎么使用，在他们选择特定品牌时什么因素对他们最重要，他们喜欢（或不喜欢）各种产品或服务的什么地方，以及他们也许还未得到满足的特殊需要。一个专题组座谈会议为了使用或评价各种公司的广告，也可能包括对广告诉求类型的讨论。

专题组座谈使创作人员和其他与创作战略开发有关的人员接触到消费者。倾听专题组座谈可能使广告文案撰写人员、艺术总监和其他创作专家更好地感觉到谁是目标受众，这些受众有什么特征，创作一则广告信息需要何人动笔，何人来设计或者何人来导演。专题组座谈也能用于评价正处于考虑中的不同创作方法，并用于建议所追求的最佳方向。

一般创作人员欢迎任何能帮助他们更好地理解其客户的目标市场和指导创作过程的研究或信息。

下面是一广告公司运用定量和定性研究为一美国牛奶制造商委员会开发流行的"喝过牛奶了吗?"广告运动。

IMC 展望：对人们如何真正饮用牛奶的理解导致了一个有创意的广告运动。

假如你与大多数消费者一样，在口渴时，你就可能去找一瓶软饮料、一杯果汁、一杯冰茶或仅仅一杯白开水。然而，当一块带果仁的黄油果冻夹心三明治、一块巧克力夹心饼干或一块胡桃巧克力小方饼摆在你面前，或者你准备吃一碗麦片粥时，你真的只有一个选择：要杯牛奶。其他任何东西都不管用。

那就是隐含在"喝牛奶了吗（Got Milk）?"广告运动后面的创意，该广告运动是西尔弗斯坦及其伙伴（Goodby Silverstein & Partners）为加州牛奶制造商委员会制作的。

牛奶的消费量在最近三十年里持续下降，在加州下降得尤其快，从 20 世纪 80 年代初期开始，加州牛奶消费量平均每年下降二至三个百分点。由于此趋势的警告，加州牛奶制造商在 1993 年成立了专门委员会，聘请执行董事杰夫·曼宁（Jeff Manning）开发一套营销计划来增加牛奶消费量，并给他三年时间来扭转这种颓势。当曼宁聘请西尔弗斯坦（Goodby Silverstein）时，他清楚地指出此次广告运动的目的是增加牛奶销量，而不是提高形象。

曼宁有一种强烈的预感，此预感后来被证明异常准确。在原先的广告中，牛奶是作为一种单独消费的饮料出现的。但曼宁认为，大多数人是在吃其他食物的同时饮用牛奶："假如你问人们什么时候牛奶是必不可少的，他们会告诉你是在他们吃碗里的麦片粥时或嘴里嚼着饼干时。驱动力不是牛奶，而是食物。"曼宁的假设成为开发广告运动时实施定性和定量研究的指导。该小组决定以已经是牛奶饮用者的人群为目标受众，鼓励他们多喝，而不是力图说服非饮者。

在加州进行的一项对 11 岁以上的人进行电话访谈式的调研表明，88% 的牛奶是在家里消费的，而且通常是和食物一块儿消费的。调研还表明，这些食物中最常见的是麦片粥，其他常见的食物还有：饼干、糕点、胡桃巧克力小方饼、果仁果冻夹心三明治。尽管定量研究信息对于确定在广告中最好的食物特征是有价值的，但广告代理公司还想找出什么情况下最需要牛奶，以及在这些情况下没有

牛奶人们有什么感受。

为了观察"缺乏牛奶（milk deprivation）"的影响，广告代理公司给专题组增加了一个特别的难题。在对专题组成员支付了一笔额外的费用之后，参加座谈的每个人都同意他们将一周不喝牛奶，并且对这一周中食用的食物或饮用的饮料作一个日记。结果这些参加者都发现，这说起来容易做起来难。有个参加者描述了当他早上7点起床，倒了一碗麦片粥，但不能在冰箱找到牛奶时不舒服的感受。其他人也写出了类似的困难。其中一个人说："太糟了，你甚至想从你孩子那里偷牛奶喝。"另一个参加者着重指出："别说从你的孩子那儿了，你都急得简直想偷喝你家猫的牛奶了。"

专题组的故事形成了一系列幽默的电视商业广告的基础，这些广告强调那种没有牛奶喝的人的极度痛苦。有一个镜头表现了一个没有牛奶喝的男士痛苦地面对着一碗麦片粥，心中暗想是去抢他婴儿的奶瓶呢，还是去抢他宠物的碗。在一个表现圣诞节的镜头中，圣诞老人走进一户人家，吃糕点时，发现竟没有牛奶，于是很生气地将他的圣诞礼物带走了。每个镜头都以广告口号"喝牛奶了吗？（Got Milk）"作为结束。

电视广告是广告运动中最大和最可视的部分，一个完整的整合营销战略一直是围绕"喝牛奶了吗？"的广告口号而展开的。收音机广告提醒人们在回家的路上停下来喝点牛奶。广告牌战略性地排列在超市、杂货店、便利店周围。POP广告展示设置在有饼干、麦片粥和其他类似食物的货架过道上方。还有一些诸如雀巢、通用面粉和纳贝斯克的食品公司加入了促销行列。

广告运动"喝牛奶了吗？"由于其出色的创意得到了广泛的认同，而且看起来也的确增加了牛奶的销量。在这次广告运动的第一年里，牛奶销量比前一年增加了约一个百分点，在1996年，销量又比1995年增加了约一个百分点。而且这些增加是在牛奶价格上涨和加州经济大滑坡的情况下实现的。这次广告运动另一个重要的结果就是，牛奶在1994年至1996年间人均消费量一直稳定在23加仑。牛奶制造商委员会决定在1998年推广这个广告运动，让其扩大到美国其他区域。

2. 电视广告创作过程的验证和修正

创作过程的验证和修正阶段评价说明阶段产生的创意，剔除不适当的创意，对余下的创意进行提炼和润色，然后给出最终的表达。在此阶段常运用到以下技术：对创作观念、创意或主题进行评估的、有指导的专题组座谈，信息沟通调研，抽样测试，评估（如观众反应的抽样调查）。

在创作过程的这一阶段，可能要请大量的目标受众来评价创作安排，指出他们从广告中看出的含义，他们对创作表现有什么想法以及他们对广告口号或主题的反应如何。通过让大量目标受众评价故事板形式的广告，创作小组能获得对电视商业广告应该如何传播其信息的启发。故事板是一系列图片，这些图片被用来展示一个商业广告提案的可视计划或安排。它由一系列速写图片构成，这些速写图片是一些关键性的画面或镜头，每个镜头都有文字和可视部分。

测试一则故事板形式的商业广告可能有些困难，因为故事板对于许多消费者来说太抽象，不易理解。为了使创作安排更接近现实和更易于被评价，广告代理公司也许会制作一个动画，即一盘有声音的故事板录像。故事板和动画可用于研究目的，也可用于将创作思想展示给广告代理公司的其他人员或客户，以便得到他们的认同。在创作过程的这一阶段，创作小组总是力求在添加广告运动口号和进行广告的实际制作之前找到最佳的创作方法或表现方式。在最终决策作出之前，验证/评价过程可能也会经过更正式的、更大范围的前测。

三、电视广告创意五方法

1. 头脑风暴法 (Brainstorming)

创意人使用最多的创意方法是 Brainstorming，即头脑风暴法。头脑风暴法是靠互补的思考的个性的集合而产生的构思的创造方法。是基于几个成员共同来产生和选取构思，然后再将其向更高立场推动的工作状态。

头脑风暴法本意是"向头脑发起冲击"，BBDO 的亚历克斯·奥斯本（Alex Osborn）担任该公司副总裁四十多年来，多次解释了头脑风暴法的必要性，并努力将其付诸实施，取得了很大的成就。

头脑风暴法最大限度地活用，发挥了小组成员思考的连锁反应作用，鼓励个人自由地思考，并使其源源不断地生发下去。通过这样的方法产生的构思，不管是数量还是质量，都有望得到几何级数的开发。头脑风暴法尽管也有各种问题存在，但是现在的广告界里一直被频繁地使用，并且取得了诸多的成果。

那么，头脑风暴法有什么特点呢？

（1）通过复数来做的工作。不是一个而是通过诸多成员来实施的，这是头脑风暴法的最重要特点。

（2）利用思考的连锁反应。通过利用小组成员潜意识的连锁反应产生构思。

（3）不点评构思。在头脑风暴法中，各成员提出的构思全都不做点评。点评会中止构思的飞跃。点评和反驳只能在头脑风暴法结束后，或在其他场合中进行。

（4）构思的数量不限制。头脑风暴法中的构思数量是无限制的。随便想起的、浮现在脑海中的、潜意识来的直感都可以原封不动地、自由地、无限制地发表出来。

（5）构思的质量也不做规定。头脑风暴法不要求决定一个最终的构思，即使是不可能被采用的构思，也可以刺激其他的潜意识，有助于产生进一步飞跃。

以上是头脑风暴法的主要特点。通过这种方法产生的构思，可以被有效地利用，并成为产生绝妙创意的基础。

同时，有关头脑风暴法的批评之声也很强烈。批评的焦点集中在它阻碍了具有独创性广告撰稿人的创意力量，迫使优秀的撰稿人去迎合其他创造力欠缺的成员提出的构思。

但是不管怎样，头脑风暴法只不过是构思发展的附加工具而已，我们不是仅仅依靠这种方法而是把它作为有效方法的一种来加以利用。一方面，头脑风暴法在中等程度创意能力的人中间非常起作用；另一方面，对于那些有高水平创造力的人，自己一个人来做可能更佳。

2. Gordon 法

此方法的创始人是戈登（W. J. J. Gordon）。该方法的特点是组建一个与广告课题有关联的小组，从中选出一个主持人，小组成员按照所给予的题目，连续、自由地表达意见，通过成员相互联想刺激，从而产生诸多有关联性的构思。该方法与头脑风暴法很相似，但最大的差异在于出题方法。与尽量具体地提出问题的头脑风暴法不同，Gordon 法只是以抽象化的形式提出问题，使各个成员表达思想更无拘束。

例如，某个化妆品制造厂要开发新的包装而实施 Gordon 法时，除了主持人，其他人只知道"包装"这个大题目。由于小组成员不知道具体的要求，就可能从几乎所有角度来提出构思，有时会产生意想不到的效果。另一方面，主持人的责任和任务就很重大，他必须将成员想出的各种各样的创意很好地加以归纳。有时，为顺利起见，也将具体要求预先通知除了主持人之外的几个工作人员。

3. KJ 法

（1）什么是 KJ 法

与头脑风暴法相比，KJ 法也很盛行。KJ 法是研究地理学和文化人类学的川喜二郎教授设计出的创造性思维方法，KJ 就是川喜多二郎教授名字的字首。综合分析实地采访所得到的和观察到的丰富资料，激发人创造性的思维能力，"用资料使人领悟，是 KJ 法的本质"。

在这里简要介绍一下川喜多二郎教授的 KJ 法。

我们研究事物的科学性程序通常被认为有以下步骤：

- 提出问题；

- 现象收集；

- 整理、分类、保存；

- 归纳；

- 综合；

- 副产品的处理；

- 形势判断；

- 决定；

- 结构计划；

- 次序计划；

- 实施；

- 结果。

以上程序中，川喜多二郎教授认为，综合是最重要的，"综合"用一句话来说，就是归纳散乱的资料，从中得出一个真理，即把杂乱的不同质的东西和只出现一次的东西组合搭配起来，综合研究出崭新的构思。

（2）KJ 法的程序

第一阶段，首先必须明确"什么是问题的主体"。采用头脑风暴法或自由讨论的形式提出与中心"有关系的东西"以及"似乎有关系的东西"。

参加讨论的全体成员必须合力提出有助于解决问题的必要的事实、信息和见解等。在这个程序中，关键是要有一个把参加人员陈述的意见全部记录在案的人。而且记录者要把每个人的发言内容压缩成"一句话标题"写在名片大小的卡片上。如果一行归纳不下，也不要局限于一个单位，可以进一步分割成几个"一句话标题"。因此，KJ 法的记录者一定要集中思想领会每个发言者的精髓，另外在做"一句话标题"的记录时，不要过度抽象化，尽量使用具体柔和的语言抓住发言的要点。

第二阶段是编制卡片小组。把内容或某些意见接近的一些卡片集中起来，数枚卡片一组，尽量考虑"这些卡片为什么有接近性"。然后，将这些卡片之间的关系进行压缩，制成"一句话标题"，用与以前不同颜色的笔写下来（这样做为后面的程序带来便利）。"一句话标题"再按照以上程序，继续进行分类组合，

再制成"一句话标题"。如此循环，卡片小组的数量就逐渐减少下来。余下的标题就成了讨论的主题。

在这里要注意以下两点：第一，不要组成庞大的卡片队伍，卡片小组的意见要具体，否则，便扼杀了KJ法寻找独特构思的意义。在此，不要带有主观独断的框架，必须具备遵从事实的谦虚态度。第二，编卡片时，哪个小组都放不进的标题有时会剩下来，不要勉强把其塞进某个小组里去。

第三阶段，小组卡片编成后，KJ法进一步提供了以下三种方法：

① 根据卡片小组，进行图解化的方法；

② 根据卡片小组，进行文章化的方法；

③ 根据卡片小组，进行图解化，然后再进行文章化的方法。

图解化的方法是把已经完成编组的卡片挑出来，考虑一下"这些卡片怎样排列，在理论上才可理解"？可以说是把各张卡片之间的相互关系构画出空间上的联系。这样配置完成后，将其抄写在白纸上，可用圈圈也可用线把各关联的要点相连，原本杂乱无章的各种意见就可用图解化的方式作出理论上的清晰描写了。

下一阶段当然是文章化，把图解化时使用的卡片按图解得出的顺序来排列的话，就容易得多了。这是KJ法的最大特点，在诉诸文字时，循着图解化圈圈线线的路线，把围绕重要结论的一组卡片同时考虑进去，可以给文章化带来极大的便利。为什么？因为这种简单的直观描写可以直接为创意服务。

像这样不太复杂、有某种程度的亲近感的不同的资料结合，常常成为产生自然和新鲜的构思的源泉。文章化成了一种强烈的刺激，在文章化过程中累积的新的构思成了思维迸发出的火花。

总而言之，一方面，图解化帮助理解事实和材料的全部结构，把握问题实质；另一方面，文章化使关联的性质和强弱关系明确了，新的构思就会自然而然地浮现出来了。

（3）KJ法的应用

正确地把握KJ法，在产业界常常被利用来决定复杂的分工，可以迅速无误地理解自己在哪个部分处于什么位置，从事什么工作。另外在会议上，对提高效率，加深相互的理解也有明显的效果。最后是与时间、经费的节约有关，内容再复杂的书籍和理论，通过KJ法的图解化也能顺利又快速地得以理解。可见，KJ法对解决问题和创造性地处理事务有很大的帮助。

4. NM法

NM法出自中山正和所提出的构思技巧。根据他的著作《构思的理想》一书所说，NM 法着眼于人类具有的记忆本领，通过记忆的展开，可以了解自由联想性的构思具有哪些特色。记忆分为线性记忆和点性记忆。线性记忆是以意志、理论为契机产生的关系性联想。点性记忆是在断断续续中联想出意想不到的结果。

NM 法通过对第一信号体系的"线性记忆"展开构思的构思。这其中有线性联想丰富的场合和不丰富的场合两种展开法。前者称为 T 型展开（具有比较抽象的特点），后者是适合于线索清晰、逻辑性较强的构思法，被称作 H 型展开。

（1）T 型展开

① 需要了解有关问题。设定一个关键词以易于进行类比和联想，关键词不用名词，而用动词和形容词，然后再写在卡片上。从该关键词开始询问"联想什么？""比如像什么一样"一类的问题。

② 将被问者得出的类比和联想记在卡片上，排列在关键词的下面。接着再对其中的一个成员发问："在那里发生了什么？""那个怎么样了？"这一阶段提出的问题没必要一个一个做笔记。

③ 对联想产生的回答发问："那回答对问题意味着什么？"不要固执于一个问题，如没有材料就按顺序对下一个记录进行同样的处理。

④ 把自由的线性联想产生的这些构思的卡片弄乱，然后，依靠想象力重新组合，引入到明确构思的道路上来。

以上是 T 型展开。此手法就是用一个关键词，然后用类比或者联想手法，进行阶段性的构思展开活动。

（2）H 型展开

H 型展开是"从逻辑性、理论性的记忆"中引出资料。

① 明确需要了解的问题，将其记录在一张卡片上，放置在右面。

② 有关这一问题设立几个关键词。这些按逻辑产生的提示，能够激起类比和联想。把这些排列在问题的左面。

③ 针对这些被排列出来的卡片，要求进行类比和联想，将类比和联想的结果排列在各张卡片的下面。

④ 对类比与现实问题的关系加以分析。这能作为深一步探索的线索。

⑤ 分析后将现实性构思和可能性联想排列在下面。这样集中起来的构思，依据中山正和的第二信号体系，是以意志的理论性的记忆来处理的。

NM 法并不是经验性的东西，而是从信号模型中产生的方法，它不仅补充了 KJ 法中没能包括进去的"记忆检索"现象，而且考虑到了作为"被检索的记

忆"的信息组合。因此,撰稿人在构思过程中 KJ 法和 NM 法两种手法同时使用,确实能对问题解决有很大的作用。

5. 水平思考法

我们在解决问题时,理论性地有条理地按顺序寻找其解决方案是很平常的,那就是垂直性的思考。与此相对,完全不同的思考方法就是剑桥大学爱德华·德·博诺(Edward De Bone)博士提出的"水平思考法"(Lateral Thinking)理论。

在广告构思的开发中,水平思考法不仅在解决问题时,而且在产生与创意有关的新的构思时具有重要作用。

深入的观察、移动的视点和不受固有观念拘束的有宽度的领会方法,是水平思考的特点。但是,如果仅仅提出毫无目的的众多构思,或是在某个大潮流中,盯着问题却不加联系的话,这样提出的诸多构思往往会无的放矢。

因而水平思考时,不要急于拿出答案,而是把浮想出来的点子暂时作为解决策略(尽管认为该方法是不可能的)试着写出来。然后对一个个策略,从上下左右、前前后后等所有角度来加以检讨,重要的是搜寻通往解决问题的道路,也就是说,试着让该问题碰壁。德·博诺博士主张的水平思考法可以归纳成这样几条原则:

(1)找到支配性的构思;

(2)寻求各种各样的看法;

(3)从垂直性思考的强烈习惯束缚中挣脱出来;

(4)有效地利用偶发性的机遇。

水平思考法第一个原则是先找到支配性的构思,然后逃离其影响。在这里,必须认清支配性的构思不是便利的手段,而是障碍。为此,运用水平思考的技术,有意识地抽取掉支配现状的构思。明确后,再来批判其弱点。

第二个原则是把重点从明晰的看法转换到其他尚不明确的看法上去。通过经验积累,这渐渐地会成为可能。为此,可以参照以下几条有效的方法:

(1)事先决定对事物的看法,并有意识地形成数个不同范围的看法;

(2)有意识地把事物的关系颠转过来;

(3)把着眼点从一个问题的某个部分转移到别的部分上去。

第三个原则是要知道,不仅垂直思考本质上很难产生清新的构思,而且具有抑制构思产生的副作用。德·博诺博士说,人们常常"接收现成的理论,并受其束缚,否定了混沌之中隐藏着的可能性"。

第四个原则是利用偶然因素创造新的构思。头脑风暴法也是在偶然的相互作用中促成构思的一种方法，把自己放在完全不着边际的现象中和充满刺激的场合下，或者把浮现在头脑中的每个意识流，有意识地联系起来，这也是产生新的构思有效的方法。

美国麻省理工学院的阿诺德教授列举了构思障碍的三个模块：第一是认识块，包括错误认识问题、不注意问题自身、知识缺乏等。第二是文化块，用老一套的思考方法，过分偏于理论性，知识过于复杂。第三是感情块，包括没有自信，动机定位不贴切，太介意周围等。此外作为构思开发的重要阻碍还有：太急于问题的解决而不愿从多方面来产生构思，满足于最后产生的点子，急于进行评价决定，不能从原来的解决策略和自身狭窄的经验框架中挣脱出来；撰稿人不注意保持身心的健康。

可见，今后的撰稿人在工作中掌握各种构思方法进行实践的同时，重要的是要把自己经常放置在易于冒出创意的环境里。

本节思考与练习题

1. 你知道创作过程需要经历哪几个步骤吗？
2. 结合某一具体商品，用 KJ 法进行创意。

第3节

电视广告诉求与表现方式

一、电视广告诉求

数百种不同的广告诉求可以用作广告讯息的基础，从广义上来讲，这些方式

通常分为两类：理性诉求和感性诉求。在这一部分，我们着重论述将理性诉求和感性诉求作为战略组成部分的几种方法，我们也将考察理性诉求和感性诉求在广告讯息的形成中是如何有机地结合起来的。

1. 理性诉求

理性诉求强调消费者对产品或服务实际的、功能性的或实用的需求，并且强调产品或服务的特征和消费者对产品拥有或使用某一具体品牌的好处或原因。这些讯息的内容强调了事实、认识和说服的逻辑性。鉴于理性诉求倾向于信息化，使用理性诉求的广告创意者通常都试图向消费者证明他们的产品或服务有特别的属性或提供了满足消费者需求的具体用途，他们的目标是说服目标受众购买这种品牌，其理由是该产品是现有最好的或者该产品能最大限度地满足消费者。

许多理性动机都能用作广告诉求的基础，这些动机包括舒适、方便、经济、健康以及诸如触觉、味觉和嗅觉等感官上的好处。广告中常用的其他理性动机或购买标准还有质量、依赖度、耐久性、效率、功效和使用情况。通常对消费者有价值的且能作为理性诉求基础的那些具体的特征、用途或有价值的标准，不仅随着各种细分市场的不同而不同，而且还随着产品或服务种类的不同而不同。

理性方式有如下几种类型的广告诉求，包括产品特征、竞争优势、诱人的价格、新闻、产品/服务普及性（popularity）诉求。

采用产品特征诉求的广告强调产品或服务的优势特征，而这些特征会引起人们对产品的好感，并能作为理性购买决策的基础。技术性产品和具有高度参与性的产品常常使用这种广告方式。同时，这种类型的诉求也可用于服务业。

当采用竞争优势诉求时，广告主一般直接或间接地将其品牌同另一种品牌（或另一些品牌）进行对比，并声称自己的品牌在一种特征或多种特性方面占据优势。

诱人的价格诉求以价格作为讯息的焦点。价格诉求广告经常被零售商用来宣传销售、特殊产品或服务或者较低的每日价格。价格诉求广告还常在萧条时期被全国性的广告主们采用。许多快餐连锁店通过促销手段以及"价值菜单"或较低的整体价格，而使价格成为他们营销战略的重要组成部分，并且设计广告战略来传播这一讯息。许多其他类型的广告主们也采用价格诉求。

新闻诉求是指可以突出广告优势的，关于产品、服务或公司的某种新闻或宣传。这种诉求可用于新型的产品或服务，或者用于把重大的改进或改良告知消费者。当公司获得了它想向其目标市场传播的重要新闻时，这种诉求是最有效的。

产品/服务普及性诉求是通过指出使用某一品牌的消费者数量、从使用其他品牌转换为使用该品牌的消费者数量或该品牌在市场中的领先地位，强调产品或服务的普及性。这种广告诉求的要点是通过展示该品牌的广泛使用，证明它的优良品质或价值以及说服其他消费者使用它。

2. 感性诉求

感性诉求与消费者购买产品或服务的社会和心理需求有关。许多消费者支持其购买决策的动机都是感性的，在进行购买决策时，他们对某一品牌的感觉可能比对这种品牌的特征或属性的了解更为重要。许多产品和服务的广告主们都认为，理性诉求是单调乏味的，在销售那些与竞争品牌无重大差异的品牌时，既然理性的差异难于辨认，那么吸引消费者情感方面的诉求就会起到更好的作用。

许多感受或需求都可以作为广告诉求的基础，并在某一情感层面上影响消费者。这些诉求基于自我的心理状态或感觉（诸如快乐或激动），也基于社会定位（social orientation）的心理状态或感觉（诸如地位或认同）。这类广告的目标是要唤起一种积极的情感反应（如骄傲或伤感），进而将这种反应转移到产品上来。

广告部门在他们的创作战略中的许多方面都能够运用感性诉求。商业广告常常依靠情感整合的观念，借此来描绘广告中的人物通过使用产品或服务而得到情感上的利益或收获。使用幽默、性爱或其他令人愉快、刺激或激动的广告，能够影响消费者的情感，并将其置于一种赞同的心理状态；同时，许多电视广告主们也采用令人辛酸的广告来使观众回忆起痛楚的经历。柯达和麦当劳常常制作这类商业广告，从而激发消费者温暖的感觉、思乡的感觉或伤感之情。

营销人员也运用感性诉求，希望感性诉求激起的积极感觉会转移到品牌上。研究表明，广告所创造的积极的心理状态能够给消费者对产品的评价带来有利的影响。研究还表明，感性广告比非感性广告更容易被观众和听众记住。

使用感性诉求的另一原因是要影响消费者对产品使用经历的解释，这种做法的方式之一是运用所谓转换性广告。转换性广告（transformational ad）指一种将使用（或消费）广告中品牌的经历与一套独特的心理特征联系起来的广告，如果不接触广告的话，这种心理特征一般是不会与品牌使用者经历联系到那样一种程度的。

转换性广告创造了与产品或服务相关的感觉、形象、含义和信仰，当消费者使用产品或服务时，它们便被激发起来，从而形成了他们对使用经历的阐释。转换性广告有两个特征：

（1）它必须使采用这一产品的经历比仅仅来自于广告品牌的客观描述要更加丰富、温暖、令人激动或更加愉快；

（2）它必须把广告的经历与使用品牌的经历紧密地联系起来，因为消费者如果不能回忆起广告所带来的经历，他们也就不能记起这一品牌。

转换性广告通过使消费者的经历更加愉快来制造产品或服务的差异性。AT&T 使用多年的"打电话与他人联系"的广告运动，鼓励消费者与家人、朋友用电话优质联系，这就是转换性广告成功使用的例子之一。麦当劳也非常有效地使用转换性广告，把它自己定位成一家父母（或祖父母）能与孩子们一道享受温暖、愉快的经历的快餐连锁店。

3. 理性与感性诉求相结合

在许多广告环境下，创作专家们所面临的决策并不是应该采用感性还是理性诉求，而是决定如何将这两者结合起来。

几乎没有一种购买行为是完全基于理性原因的。即使是一种纯粹的功能性产品（如洗衣粉），也可以提供那种所谓的情感利益，比如看到穿着靓丽洁净衣服的孩子们时的满足感。而且有些品类的产品，其理性因素很少，这些产品包括软饮料、啤酒、化妆品、某些个人保健用品及许多老式产品。难道会有谁在购买一部新车时未曾经历过兴奋如潮的感觉？

消费者购买决策常常是在感性和理性两种动机之上作出的，因此，在制作有效的广告时，这两种因素都必须予以足够的关注。

广告研究人员和广告代理公司对消费者做决策时理性与感性动机之间的关系以及广告如何对两者产生影响这两方面赋予了大量的思考。麦肯世界集团（Mc-Cann - Eeickson Worldwide）和广告教授迈克尔雷（Michael Ray）共同开发了一种名为"情感式捆绑"（emotional binding）的专利研究技术。这一技术评价了消费者对品牌的感觉及他们对品牌所产生的任何感性的属性，这种属性是同消费者与产品品类相联系的理性情感状态相比较而得来的。

情感式捆绑的基本观念是消费者逐步发展的、与品牌相关的三个阶段，如图3-1 所示。图 3-1 中最基本的关系表明了消费者是如何考虑与产品利益相关的品牌，这会在最大程度上通过一个理性的认识过程来实现，并且通过广告传播的产品信息进行测量。这一阶段的消费者不是完全的品牌忠诚者，品牌转换是经常发生的。

接着，消费者赋予品牌个性。例如，品牌可以被认为是自信的、有进取心的、有冒险精神的，或者是与此相反的顺从的和怯懦的。消费者对品牌的判断已超出了品牌自身的属性和产品（服务）的用途。在大多数情况下，消费者是基于产品广告中所发现的显性或隐性提示的评价基础来判断品牌个性的。

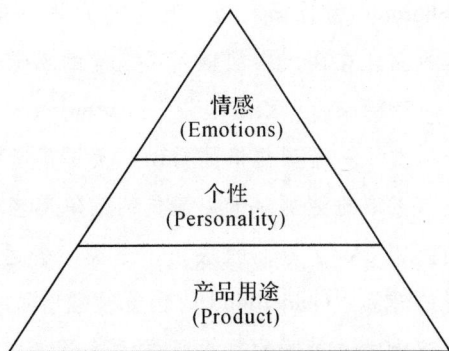

图3-1　与品牌相关的发展阶段

麦肯公司研究人员认为，品牌与消费者之间最牢固的关系是基于对品牌的感觉或情感。消费者发展了与某些品牌的情感式捆绑关系，它引导消费者朝着有利于品牌的方向而进行各种心理活动。营销人员的目标是开发其品牌与消费者之间最强的感情纽带。麦肯公司认为，广告能够开发并丰富消费者与品牌之间的情感联系。麦肯和他的下属广告代理公司使用情感式捆绑研究，将思想融入到广告创作过程中，并确定广告与消费者之间的沟通。下面论述了麦肯公司如何采用这一方法为 Taster's Choice 速溶咖啡开发流行的长期广告运动。

案例：一直运用浪漫格调在全世界范围内销售咖啡

1990 年，雀巢公司和它的广告代理公司麦肯正在为 Taster's Choice 速溶咖啡寻找一种新的广告方式。二十多年来，这一品牌的广告主要强调了产品，把 Taster's Choice 定位于"酿制的最新鲜的口味"。但后来麦肯公司注意到美国消费者正在将咖啡视为一种普通商品，对雀巢公司建议抛弃原来的产品定位广告，开发一种更注重以情感为导向的广告运动。麦肯对速溶咖啡饮用者进行了情感式捆绑的研究，发现 Taster's Choice 的典型饮用者都具有辨别能力强、自信和老练的特征。这些个性特征与 Taster's Choice 的形象非常相配。麦肯广告代理公司建议采用一种能把消费者的情感融入广告和品牌的广告运动。一些竞争者（如通用食品公司的咖啡）已经在使用感性诉求了，但在咖啡广告中还缺乏一个层面，那就是浪漫的感觉加入到品牌形象中去。

一般情况下，此时广告代理公司应该开始考虑要如何表现这一创作战略。然而，麦肯的伦敦分部已为雀巢 Gold Blend 品牌速溶咖啡在英国创作了一项广告运

动，它与美国 Taster's Choice 所选择的创作战略极其吻合。这一广告运动基于一系列连续剧风格的商业广告，以两个互相心仪的男女邻居托尼（Tony）和莎伦（Sharon）为特征人物，使他们的关系在每一部剧中都有所发展。咖啡作为一个陪衬角色在两人中间融入了浪漫的感觉。

1987 年，"酝酿浪漫"（brewing romance）的广告运动在英国推出之后，迅速引发了一系列热情的行动。英国的小报按时间顺序报道了这些连续剧，观众们写信索取扮演那对情侣演员的亲笔签名，甚至寄来一些建议。雀巢公司最后让全国人都参加了他们的婚礼。这次广告运动历时六年，共播出了 12 部剧，随着浪漫的升温，Gold Blend 的销售额猛增了 40%，使这一品牌成为英国排名第二位的速溶咖啡。英国的这次广告运动最终在 1993 年以莎伦和托尼幸福地驾着车消失在夕阳之中结束。

接着，麦肯广告代理公司用一个三角恋爱关系扩展了英国的广告运动，其主角是一个拘谨的年轻人的女朋友，她住在莎伦原来的公寓里，被一位年轻美术家吸引住了。这一广告带到了美国、加拿大、智利、奥地利、新西兰和日本。雀巢公司从 1991 年开始在美国采用这一广告运动，消费者最终的反应几乎和英国一样热烈。头两次商业广告带来了比雀巢公司历史上任何一次广告运动都多的积极的信件和电话。每一部新剧的上映都成为一次主要的媒体事件，这些广告常常在诸如美国广播公司（ABC）的《美国你早》的网络节目中首播。到 1997 年为止，酝酿浪漫的 13 部剧都已在美国播出。这对情侣经历了关于兄弟的误解，分享了巴黎的初吻，经受住了莎伦儿子和前夫出人意料的来访，并且继续他们的故事，看起来比一壶咖啡还来得火热。

许多美国人，还有许多其他国家的观众，都在热切地期待着托尼和莎伦能够最终有个结果，然而，只要这次广告运动抓住了消费者的兴趣和期待，并且销售咖啡，雀巢公司就会让这个故事缓慢地进行下去。这次广告运动使 Taster's Choice 赢得了美国的千金市场份额，成为最受欢迎的电视广告运动之一。

但是到 1996 年为止，有迹象表明，消费者可能正在逐渐对浪漫失去兴趣，麦肯公司的创作指导坚持认为，问题不是情节缺乏吸引力，而是已被削减的媒体预算。他认为，应当加入新的曲折的情节，如果增加预算向观众表明这对情侣之间的新动向，广告运动依然能够引起人们的激动。如果这次广告运动在其他国家也像在英国和美国一样成功的话，雀巢公司就可能在全世界范围内将浪漫的酝酿保持相当长一段时间。

4. 其他类型的诉求

并非每个广告都非常明确地属于理性诉求或者感性诉求。提醒式广告没有凭借任何一种具体的类型的诉求，它唯一的目标是使读者将这一品牌名称牢记在心中。著名品牌和市场领先者常常使用提醒式广告，尤其是那些具有季节性消费的产品和服务。

引进新产品的广告主们常常采用挑逗式广告（teaser advertising），此类广告常常是仅仅提到品牌，但并不完全表现出来，从而增强人们对产品或品牌的好奇、兴趣和兴奋。挑逗式广告常用在新的电影或电视节目以及主要产品推出的时候。当汽车广告主们推出新型轿车或在某一车型内进行了重大变动时，采用这种广告是很流行的做法。例如，梅赛德斯－奔驰公司便采用了一系列挑逗式广告来推出它的 SLK 敞篷跑车。这些挑逗式广告是轻松的和诙谐的，有助于品牌的市场定位。

挑逗式广告也被营销人员用来引起人们对即将开始的广告运动的关注，使它们产生公开宣传效应。例如，2011 年可口可乐公司为旗下的饮料产品"雪碧"制作了挑逗式广告，邀请中国著名流行音乐人周杰伦与美国职业篮球巨星科比共同代言。2011 年 2 月 20 日，在美国职业篮球赛全明星周末，可口可乐公司中国大区市场总监潘乃昌与 NBA 球星科比·布莱恩特在洛杉矶斯台普斯体育中心，共同推出了由周杰伦作曲，科比和周杰伦共同演唱的雪碧篮球主题曲《天地一斗》。2 月 21 日，可口可乐公司为雪碧饮料推出了周杰伦和科比联袂出演的广告首映，广告中周杰伦以秀灵感的方式，回应了科比在篮球场上的挑战。这一切都是为了 2011 年的雪碧篮球明星挑战赛进行宣传。在 2011 年的夏天，碳酸饮料的销售旺季，雪碧成功举行了"炫灵感篮球明星赛"，最终比赛由周杰伦率领的明星队获胜。

2012 年上半年，雪碧又推出了"炫灵感"的新广告，这次是科比巧妙地化解了周杰伦的音乐挑战。并且关于 2012 年的雪碧明星篮球赛，双方的领军人物也推出了新的宣传广告，广告中科比利用自己的身高调侃了

图 3-2

周杰伦一把，让2012年的比赛赚足了观众的目光。可口可乐公司趁热打铁，推出了新的活动"真我飞扬篮球汇"，这是对2011年雪碧篮球活动的全面升级，所有人都可以参与，与球友、歌友、粉丝一同切磋。雪碧希望通过这样一种自由、技巧、高参与度并存的比赛，鼓励青少年突破自我束缚，尽情表达真我。在2012年夏天，科比和周杰伦分别率领"心飞扬黄队"和"透心凉绿队"，再次掀起了雪碧的篮球狂潮，并走访了全国的各大专院校，参与"真我飞扬篮球汇"的活动。雪碧借势荣登2012年大学生最喜欢的碳酸汽水饮料品牌榜首。

挑逗广告运动能激发消费者对新产品的兴趣，但广告主必须注意不要使它们存在太长时间，否则它们就会失效。

另外，有许多广告并非设计来销售产品或服务，而是为了提高公司形象或者满足诸如吸引投资或招募新员工之类的其他公司目标的。这些广告通常被称为公司形象广告。

二、电视广告的表现形式

广告，就像麦克卢汉所说，是一种"艺术，被完全否定时的一个巨大的艺术形式"。其含义是"让商品自身来扮演主人公，优美地、有意义地、直截了当地解决了广告含混不清的难题。电视广告真正的艺术性，不是制作了一出微型戏剧，而是将产品物理性的特征演绎为纯粹的真实感人的价值。电视广告不需要看不见硬件的空洞说辞，而是要把产品硬件转变为一种情绪"。

在这里，为了更有效地理解电视广告的创意，把现有的电视广告分为几种表现形式，并将各自的特性加以说明。

1. 直接式（Straight CM）

这是有关产品内容的直接诉求的方法，主要采用 说明文格式的文稿。直接式可作为电视广告最基本的表现形式，这种形式被接受者错误地理解诉求点的危险也比较少。但是，因为文稿内容比较单调，表现上缺少魅力，这一点必须注意。另外，这种形式起用名人的话，一定不要忘记要充分考虑名人与产品的联系。

2. 证明式（Testimonial CM）

证明式使用名人来说明商品，显示喜爱之处，进而向受众推荐。这依赖该名人的知名度的成分很大，以名人和商品的一体化为目标，来提高商品的名气。但是，必须注意名人和名人的丑闻、死亡等会给商品和企业造成很大的不利影响。所以在人选方面必须周全考虑。

3. 实证式（Demonstrate CM）

这是使用商品后，实际证明使用状况的方法。商品自身具备鲜明的特点是实证式的首要条件，这种形式对新产品和特殊商品而言，比起其他表现手法更有说服力。但是，这种实证形式如果不让受众感到趣味，交流就不成立，仅仅以广告策划者的自我满足而结束。曾经有这样一个圆珠笔厂家，拍摄了将圆珠笔装填进枪管发射的电视广告。圆珠笔扎进厚厚的木板拔出来后居然没损坏，照样很流畅地书写文字。这便是实证形式的典型例子。

4. 虚构式（Fiction CM）

这是不歪曲商品内容和事实，在非现实性的故事基础上采用虚构的手法来传达商品信息。用新奇、夸张、空想等吸引受众，加深印象是其主要的目的。但是，不管用何种表现手法，夸大、虚伪和被误解的表现都是严格禁止的。

5. 实际生活式（Life Style CM）

原本商品是使用后才看得出其价值的，这种形式正是将商品置于实际生活的场景来领会。"生活切片（Slice of Life）"的想法，曾经是在纽约艺术总监俱乐部的年会上提出来的创意手法。这种实际生活式其实很简单，就是"描写生活水平的一个切面与商品相互之间的密切关系"。这种广告追求人与日常生活的关系，是实际生活中不会有的虚构。为什么这么说？是因为任意编造的话会导致受众反感，招致反驳。商品在日常生活中的定位情况，常常在若无其事不引人注意的关系中可看出来。

6. 纪录片式（Documentary CM）

纪录片式有类似实际生活式的场景，但是，在这里是以现场报道风格来领会商品的使用状况的方法。纪录片式电视广告需寻找出与商品有关系的各种各样的素材，在其原有的状态下来领会，尽管没有表演的生动魅力，却有很大的说服力。一般用这种形式时不编造故事，而是采用写实手法来表达商品与人的关系。

7. 形象式（Image CM）

在今天这样的流行化导向的时代，与以功能和品质来诉求相比，商品所具有的附加价值和形象往往更具有吸引力。何况商品之间没有根本性的差异时，形象式更成了习以为常的表现手法。这种积极地树立商品的形象，并将其当作销售上的武器的策略，使用起来的话，商品的形象设定是重要的决定性步骤。但是，切忌与商品相差悬殊的形象，不但没有广告效果，而且，将被看作是一种虚伪的广告。虚伪广告给生活者以错误的形象，最终很难达到鼓励购买的目的。

8. 象征式（Symbol CM）

比较式将商品特性和商品形象作为电视广告的诉求点来表现时，把其转化为

象征的符号的方法就是象征式。象征符号一般使用人们熟知的动物和花卉等较多。电视中也常常使用神话故事的主人公和虚构的人物角色等。这类广告也与形象式的情况相同，必须在充分研讨后再考虑向象征符号转化。

9. 比较式（Comparison CM）

比较式即指比较广告的形式，是一种在与其他竞争商品等比较的基础上，诉求本公司商品的优秀性的方法。如果把比较变成挑战的话，就容易成为诽谤其他商品的广告，有违反规则的危险。因此这一点尤需注意。比较式的优势在于，对于受众来说，能对商品之间的优劣进行比较得出结论。但是，由于有国民性的差异，因而这种形式在广告中所占的地位就不一样。

除与竞争对手的商品作比较以外，还有本公司商品间的比较和商品使用前、使用后的比较等形式的比较广告。总之，对该商品来说，找准比较的诉求点，需要相当地谨慎，当然也一定要根据客观实际情况而提出。

10. 惊人场面式（Spectacle CM）

这种形式不是常见的广告手法，而是通过新奇的拍摄装置给予受众以强烈的冲击的广告。例如，乘热气球在空中飞翔，驾驶滑翔机的冒险等，在意外性和壮观场面中，确定商品的位置。这是一种以追求惊人视觉效果为目的，突出商品形象和功能的方法，但做法过头，就有成为夸大广告令观众生厌的危险。

以上概述了电视广告的常用形式。但是，今后的电视广告必须注意的是作品中常常没有对现状的分析与批评，这样很难得到受众的共鸣。这样说，也并不是要求所有的电视广告都应该将现代的社会问题作为题目。

最主要的是，不管是洗涤剂的共鸣还是牙膏的共鸣，只有这一商品具备了存在于这个世界的足够理由，才能有效地与社会各个层面展开交流，并以附加在该商品上的新概念为武器，对既有商品和观念习惯等提出批评。

通过服饰，超越民族的、人种的界限，向人类打开回归自然大门的马里·匡德，通过新艺术（New Art）形式把社会方式教给青年的彼得·马克斯，进一步让世界青年发现共通的喜悦和兴奋的甲壳虫，他们的思想和行动可以为文稿撰稿人提供借鉴。批评精神难道不是与创意精神一脉相通的吗？出色的批评是新生活和文明的价值观的创造。就应该从这种观点出发来制作优秀的电视广告，这样的话，广告会是一种先导文化。

在德国理性主义基础上产生的大众汽车广告登陆美国而发起的广告运动，间接而尖锐地批判了美国社会大肆浪费文明成果的现象。结果，坚持不做外形改变的大众汽车在美国市场人气旺盛，销售额大增，直至现在还很有名。这也是广告具有"批判眼"的好例子。

今天，从各企业不断产生的新产品作为对旧产品的批评而出现，需要有前所未有的受消费者欢迎的新概念。今后的电视广告也需要把对固有的习惯和想法，对生活和社会的尖锐批评精神根植在作品深处，在一种探索的气氛下进行创作。为此，撰稿人在考虑创意与表现形式时，必须有认真探索的思想准备。

本节思考与练习题

1. 何为理性诉求和感性诉求？
2. 广告表现的方式有哪些？

第4节

基本电视广告策划、创意模型

基本的电视广告策划、创意模型是多种多样的，按其诉诸对象的不同，可以区分为价值的、规范的、习惯的、身份的和情感的五大类型。

一、诉诸价值的电视广告策划、创意模型

成功品牌的成就证明，一种产品打开市场销路越来越少地取决于它事实上的质量，更经常地取决于消费者感知的"潜在的"质量。人们早已熟知如何去推广产品事实上的优点。在这里，我们集中探讨如何为一种品牌建立"潜在的"优点。

我们首先来澄清两者的区别：事实上的质量是指能为诸如商品测试基金会技术程序所验证的质量。潜在的质量是指消费者对一种品牌的主观评价。

潜在的质量优势到底有多强大？事实上，不断出现一些令人大惊失色的例子，

证明潜在的价值可以比事实存在的价值更大。让我们来看以下不寻常的实例：

在从1885年至1985年长达百年的时间里，可口可乐在世界上尽享"正宗"可乐这种潜在优势，百事可乐（Pepsi）却始终屈居第二。一天，百事可乐的市场研究专家发现，他们位居第二把交椅有失公道，因为在盲饮测试中，消费者认为百事可乐比可口可乐喝起来味道更佳。这是两者生死战的开始：在城市的步行区和购物中心，上百万的消费者应邀一尝百事可乐，他们罩上眼睛来尝试不同品种的可乐饮料。这种活动的口号是："只有你的口味决定一切。"大多数消费者惊奇地发现，百事可乐的味道更好一些。通过让品尝人戴眼罩的方式，百事可乐化解了可口可乐的潜在质量优势，逼迫消费者只相信自己的口味。结果百事可乐在250亿美元的美国饮料市场上，成功地将百年老大赶到了第二位。可口可乐的经理们只好背水一战。他们不再仰仗其产品的潜在优势（即所谓"正宗"可乐），决定改进产品配方。于是，可口可乐变得更甜了，在口味上接近了百事可乐。这一举措如同搬起石头砸了自己的脚。消费者坐不住了，反对改变配方的呼声此起彼伏，不论花费任何代价，他们都希望可口可乐恢复其"原汁原味"，他们整箱整箱地买进原来的可口可乐，贮存在家里。新配方的可口可乐味道更好的事实被人视而不见。因为潜在的价值（"原汁原味"）远比口感更重要。当可口可乐的经理们发现他们的错误之后，就把味道更好的产品从市场上收回来，重新供应"原汁原味"的可口可乐。新的广告宣传活动呼吁消费者不要以一种"仿冒产品"为满足。此广告使得可口可乐生意比以前更兴旺。潜在的价值终于战胜了竞争产品事实上的口味优势。

在艺术领域，潜在的质量更是魅力无穷。有时候，一些天才临摹的伪冒品可以假乱真，即使是专家，若不借助复杂的技术手段亦难辨真伪。尽管如此，原作明显地比仿冒品更值钱，因为原作的潜在的优势是不可动摇的。人们可以想象一下：一个名不见经传的艺术家将其仿冒品当作毕加索下落不明的"真迹"抛到艺术世界中会是什么样子。可想而知，只要这种骗局不被识破，仿冒品就能赚取天文数字的金钱，不管它质量如何。文化艺术界的尺度是：人们头脑中的潜在的质量观是决定性的标准。在艺术领域是否的确存在事实上的质量，这个问题还有待商榷。

再举一个来自现实的例子。1989年柏林墙倒塌。几个月之后，人们在边界上可以看到一种滑稽的现象：一边是原联邦德国农民叫卖用高能电池催生的个儿小颜色浅的鸡蛋，另一边是原民主德国农民叫卖其自养鸡下的亮光光的大鸡蛋。但是，前者的生意却好过后者。主要来自原民主德国的顾客显然看到了原联邦德国鸡蛋的潜在优点，这种优点大大弥补了它们外观上的缺陷（个儿小、颜色浅）。

我们坚信，潜在的价值至少可以像实际的质量优势那样巩固产品在市场上的独特地位。即便在较长的时间里，它亦能给予消费者同样大的满足感。

潜在的价值给实践带来什么改变呢？在当今的市场营销与广告实践中，大多数品牌都是从事实的产品质量直接派生出来的。这些战略虽说十分稳定，但越来越经常地造成失误，因为所宣传的"硬性"的产品事实上对消费者的购买决定并不重要。例如，一种手机宣传其独有的、可以验证的产品特点，如外面看不见的内置无线。这是一种"硬性的"、有根有据的广告，但对大多数消费者来说却并不重要。

未来无疑属于那些"潜在的"价值战略。为了开发这些战略，关键问题不再是"我的产品与竞争产品有何区别？"而是"什么是消费者头脑中尚未铭记的最重要的潜在价值？"在这里，情感的、个人的和社会的价值均被予以检验。假如市场推广专家有勇气最终告别事实上的产品优点，义无反顾地奉行一种潜在的价值战略，当今许多品牌或许会有更大的成功。

潜在的价值战略有足够的本钱吗？

潜在的价值战略很容易被误解为没有根基的"气球"，甚至被误解为是欺骗。但这却是一个误解。我们可以用三个论据来论证潜在的价值战略的根基。

（1）自然的、生物的成长

我们举一个小孩的例子。他从小到大多年都在食用核桃杏仁蜜（Null－Nougat－Creme）。这种品牌自然而然有其潜在的优点，是同质的竞争产品不可比拟的。也就是说，在缺乏事实区别的地方，注重潜在的区别是人的本性。潜在的质量区别是大自然的发明，而并非现代市场营销的创造。

（2）真正的、持续的满足

我们以啤酒为例。即使是那些铁杆的啤酒鬼在盲饮测试中也辨认不出"他们的"啤酒品牌，尽管他们坚定不移地认为"他们的"品牌味道最佳。潜在的价值才是"最有味道的"。

（3）消费者的高度认同

试想有这样一个国家，他废除产品的潜在区别。为此，所有可替换质量的产品包装相同、标记相同，不允许做品牌广告。只有赤裸裸的事实说了算数。这样的国家太可怕了！每一个超级市场是那么索然无味！每一次购物都会是那么无聊！这就剥夺了消费者作出最佳购买决定后的美妙感觉。他将被迫去考虑那些干巴巴的质量事实。试想，有哪位消费者愿意生存在这样的国度之中？

潜在的价值如何得到分量？

对潜在的价值可要认真对待，就像对待事实的价值一样。潜在的价值必须是：独特的；重要的（对购买决定）；可信的；独立的（相对于竞争产品）。

这些听起来有些空洞，但在实践中却极少被顾及，太多的不具有实际质量优势的品牌，没有全心全意地为自己占据一种潜在的价值。反之，他们或者空话连篇（例如，质量更佳，资格更老，经验更多，创意更多，更具未来，等等），或者泛泛承诺（例如，宣传一种手机品牌，说该手机在旅途中随时备用），或者自欺欺人（例如，品牌名声在外，用户更加喜欢），等等。

为了建立潜在的价值，成功品牌主要采用以下四种基本广告战略模型：

1. 诉诸需求的广告战略

其原理是：消费者的某种需求受到越多的刺激，他就会越迫切地满足这一需要。

我们越是感到饥渴，就越有兴趣去享用食物和饮料。每个人都知道，胃口是可以有目的地激发起来。例如，新烘烤的面点或是新煮的咖啡的香浓气味都可以刺激食欲。

与此类似，刺激消费者对某种产品的需要也是可能的。这与伦理学的基本原则有矛盾吗？其实关键在于人们如何应用需求广告战略这个工具。如果将它用于孩子，例如用牙线增加他们对口腔卫生的兴趣，人们对此就不会抱怨。

成功品牌使用哪些经过考验的战略手段来刺激它的消费者的需求呢？

（1）树敌手段

图 3-3

其原理是：给你们公司的品牌最擅长对付的难题赋予一个可怕的面貌，或者起一个可怕的名字，或者以最糟糕的形式将它展示在众人面前。

成功案例：舒肤佳香皂

舒肤佳香皂一直以"保护家人健康"作为产品的理念，相比于其他品牌的香皂，舒肤佳能够更有效地清除细菌，并抑制细菌再生。但是，就香皂的使用目的而言，主要在于产品的清洁作用，至于细菌残留和再生，往往是被人忽视的。舒肤佳的广告为了突出产品的功用，强调了细菌残留和再生的危害。针对的人群往往是家庭当中的小孩子，这些残留在皮肤上的细菌，给儿童的健康带来了极大的隐患。广告采用实验的方式，对比了普通香皂和舒肤佳香皂在清洁能力上的差异，用数据向观众强调，用普通香皂清洗后三小时，细菌将繁殖一百倍。

于是，看似无害的清洁问题就变得面目丑陋了。问题严重了，其解决办法自然是购买舒肤佳香皂。使用舒肤佳香皂可以有效地抑制细菌的再生，为家人提供更好的保护，它根本用不着向消费者证明它在清洁方面真的好在什么地方。

成功要素：

① "敌人"的危险性。被选择的敌人给消费者带来多大的恐惧感？

② 可战胜性。只有在消费者相信产品能够可靠地解决问题时，唤起恐惧才起作用。否则，这个战略就是自讨苦吃。消费者会拒绝该产品。社会心理学者称这种现象为"逆反心理"。

③ 产品特征的支持。如果产品有其独特的外表特征（例如名称、颜色或外形），从其特征又可以推论可以战胜所树之敌，那么这种树敌手段的效果最好。

（2）后期效应手段

其原理是：假如消费者无法解决一个表面无危险的问题，那么你去将他必然陷入的处境戏剧化。

成功案例：保丽净假牙清洁片

从 1935 年保丽净假牙清洁片在美国上市以来，75 年间，保丽净已畅销全球76 个国家，在口腔健康领域占有稳定的市场。2011 年，保丽净进入中国市场。

中国 55 岁以上人口约为 2.6 亿，其中四分之一佩戴假牙，但是长久以来，假牙清洁存在着很大的误区，调查发现，88.1% 的假牙佩戴者不能有效地清洁假牙，76% 的假牙佩戴者使用牙膏刷洗假牙。这些正是公众口腔护理观念薄弱，对不洁假牙威胁健康没有认知的表现。在这种情况下，就要把假牙清洁带来的健康问题解释为一个危险的敌人。第一

图 3－4

步使用树敌手段，介绍假牙清洁不完善所残留的细菌种类，以及所引起的各种病症。第二步后期效应，显微镜下观察假牙上残留的细菌，正是应了"病从口入"的观念，使口腔卫生成为影响人身体健康的大敌。这时候，使用保丽净假牙清洁片可以杀灭99%的细菌，通过数据的震撼，改变中国人传统的清洁习惯。

成功要素：

① 后期效应的危险性。恐惧的提醒越戏剧化，战略潜力就越大。

② 可信度。消费者是否同意后期效应是从初看并不重要的问题中产生而来，如果回答是肯定的话，那么消费者如何判断后期效应真出现的概率？

③ 解决的能力。若用一种可感知的产品特征标明该品牌所具有的特殊的解决问题的能力，后期效应手段的效果就最好。独特的外表（如名称、颜色、外形等等）已足以说明问题。

（3）社会惩罚手段

其原理是：假如消费者不能（很快地）解决他的问题，那你就把他所面对的重要的社会后果戏剧化。

成功案例：海飞丝洗发水

海飞丝是一种去除头屑的特殊的洗发水，临床上已证实了它的效果。然而，几年前头屑对消费者来说并不算什么大问题，只要头屑不是大块大块地散落到肩膀上就行。既然消费者对头屑不以为然，似乎就没有必要绘声绘色地向他宣传产品的优点。那么该如何去刺激对去除头屑洗发液的需求呢？如何使消费者像消灭虱子或跳蚤那样坚决地消灭头屑呢？海飞丝的广告语是："你不会有第二次机会给人留下第一个印象。"（You never get a second chance to leave a first impression.）此话听来悦耳，实际上暗藏杀机：谁要是不去消灭他的头屑，可能葬送一生的事业。在日本播放的电视广告上，一位豆蔻年华的戏剧专业女生在决定性的入学考试前夕遭到头屑的侵袭。"我的前途完了，"女生认命地说。这时候，海飞丝从天而降，拯救了她的职业生涯。也就是说，海飞丝不仅可以消灭头屑，还可以为人生指点迷津。因此，谁如果不去消灭头屑，那么社会上等着他的倒霉事情还多着呢。

成功要素：

① 社会惩罚的重要性。如果消费者不能解决他们的问题，他们会多么不愉快地感到随之而来的社会惩罚呢？最好在极端的情形中把它戏剧性地表现出来：从同情、出丑、失去友谊直到事业失败。

② 可信度。关键不在于用动听的故事来取悦目标顾客，而是给他们描绘一

幅现实社会的恐怖景象。所表现的特征和景象应尽可能地跳出目标顾客的生活圈子。

③ 解决问题的能力。必须让消费者相信，品牌有能力解决问题。否则就会适得其反，消费者会因此回避制造恐怖的品牌。

（4）问题类比手段

其原理是：进行类比，参照物最好来自大自然，给看似无害的问题带来一个戏剧性的转折点。

成功因素：

① 自然的类比。自然的类比使你很快地赢得消费者的信任。一切自然之物都享有某种"神化的"原始信任，这种信任足以软化消费者的批判理智。（拿熟透的番茄的皮与健康的齿龈相比较，显然迄今还没有人表示抗议。）

② 产品特征的支持。如果产品至少有一个外部特征能加强潜在的价值，这一手段就获得了深度。

小结：

我们先介绍了四种行之有效的手段，成功品牌特别擅长运用这些手段来激发消费者的需求。值得注意的是，仅仅使用将问题严重化的需求广告战略就能取得市场推广的成功。由此可以得出结论：如果一种品牌将某一问题据为己有，消费者就会自动地相信它有解决问题的能力，无须提供真正的证明。也就是说，我们通过问题这个桥梁间接地制造一种潜在的独家地位，消费者根本不会对它提出质疑。

人们用以间接地建立潜在的质量优势的需求战略就讲这么多。在以下行之有效的基本战略模型，我们想直接地达到目的。

2. 诉诸指标的广告战略

其原理是：从产品的产生、发展或使用范围提炼出一个特别的特征（指标）加以宣传，让消费者从中得出你们公司的产品质量优异的结论。

每当消费者在可替代产品之间作出取舍选择时，总是目标明确地去寻找那些使他感到作出了最好的购买决定的指标。

消费者若没有指标，如同待在两满袋草饲料之间的驴子，因不知道该吃哪一袋草料而活活饿死。

哪些外在的指标适于达到一种潜在的质量优势呢？

（1）使用者的有效认定（鉴定）。如果专家们优先选择某种产品，那么消费者就会把专家的看法作为产品质量好的一种认定指标。总的来说，对于专家的鉴定亦应小心，因为其可信度近年来已大打折扣。每个消费者都知道，那些做广告的名流都有上百万的进账。

（2）产地。有时候产地是质量的指标，例如莫斯科牌伏特加酒（Wodka Moskovskaya）。广告上说，其他伏特加酒也有一个俄罗斯的名字，但莫斯科伏特加却有俄罗斯的灵魂。基于其"真正俄罗斯"产地，莫斯科伏特加就将所有竞争产品均打入"仿冒品"行列，即使它们的味道、质量更佳。

（3）制造方法。试想一下，你必须在饮料商那里在两瓶烧酒之间作出选择，两种烧酒的价位又相同。酒商告诉你，其中的一瓶酒曾装在古老而昂贵的挪威酒桶中，经过四五个月的航行，穿越赤道抵达澳大利亚，然后才又被运回欧洲。另一瓶酒的味道可能同样好，甚至更好，但在试饮时，仍不能超过前一瓶潜在的味道优势。

以下成功案例将告诉你使用哪种战略创意行得通。

成功案例：五粮液酒

图3-5

五粮液作为中国传统白酒行业的龙头企业，坚持传统酿酒工艺和现代化生产的结合，并且将产品的质量和产地的优良环境联系起来。五粮液集团拥有全球规模最大、全国生态环境最佳、古老与现代完美结合的酿酒圣地等头衔。从五粮液的广告中，可以看出这种诉诸指标的广告理念，比如五粮液广告《爱到春潮滚滚来》、《仙林青梅》都带有很强的中国传统色彩，这从一个侧面向消费者强调了，五粮液代表着中国传统酒文化的典范。五粮液广告中经常出现扮演的传统手工酿酒的过程，在机器化生产的现代社会，传统手工生产对于中高端白酒来说，给消费者传递了产品的优质信息。还有，五粮液集团的广告拍摄景色优美、风光宜人，这是企业所坚持的产地环境优良、水资源天然健康的生产理念。

其实，中国的传统白酒行业有很多具有竞争力的公司，比如茅台、剑南春、古井贡酒等。在中高端白酒市场竞争中，对消费者诉诸产品指标的广告方式，使五粮液走在了其他同类产品的前面。

成功要素:

(1)指标的说服力。一种指标在消费者的头脑中轰然引起质量优越的联想时,其效果最好。如一定要解释这种关联,指标就不管用。

(2)指标的戏剧化。指标必须成为广告的中心,所有其他的信息都从属于它。

强有力的诉诸指标广告战略经常是与产品范围,即它的产生、发展和使用范围打交道的结果。同产品开发者、研究者、供应商和消费者谈话往往会出人意料地促成"正确的"指标出台,它产生一种潜在的价值,并最终促进销售。应该强调的是,诉诸指标广告战略享有很高的可信度。因为消费者自己在指标的基础上得出了产品质量优异的结论,而无需品牌明白无误地说出。也就是说,消费者自己说服自己。一种品牌不可能企求比这更高的可信度了。

3. 诉诸情感的广告战略

其原理是:向消费者说明,直接使用你们公司的产品能产生积极的情感作用。

情感作用的重点可能是个人的,也可能是社会的。

个人情感价值往往许诺:舒适、轻松;自信、独立、冷静;(对现在或未来的)安全感。

社会的情感价值通常关系到:与拍档、家庭、孩子和朋友(甚至是与宠物)之间的关系;男女之间性的吸引力;社会认可、事业生涯、新的朋友和社会圈子。

成功案例:中国移动形象广告(母女篇)

中国移动作为中国三大电信运营商之一,始终面临着不小的市场挑战。早在1997年,中国移动就推出了一部以母女亲情为主题的广告,表现了一个跳芭蕾的女孩,从小在母亲的教导下勤学苦练舞技,在离开家乡去参加演出的路上,回想起和母亲之间的点点滴滴,最终在舞台上获得成功,给母亲打电话报喜。广告迎合当时中国移动的广告语"沟通从心开始",为开拓市场起了很大的作用。

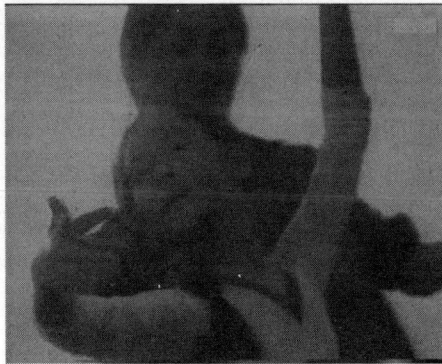

图 3 - 5

时隔 12 年，2009 年，中国移动再次推出情感广告，为企业形象再作宣传。这则广告讲了一个因为工作很少回家的女儿，给远在家乡的母亲买了一部手机，每天都和母亲通电话，有一次母亲出门没带手机，女儿打不通电话很着急，母亲说她："离开手机就不能活啦。"女儿回答："不是离不开手机，是我离不开你。"这则广告同样是把企业形象和服务诉诸情感，在大家被母女亲情所感动的同时，又看到了中国移动的广告语"移动改变生活"，对中国移动的手机业务自然而然就留下了良好的印象，坚定了现有的消费者，影响了潜在的消费者。

这两则广告都没有把产品特性作为广告的焦点，而是呈现给观众一种情感，这情感在中国移动业务构成的平台上表现出来，在从感性上打动观众内心的同时，使企业的产品、服务甚至是理念顺隙而入，这种感情价值因为其真挚、鲜明的特点更容易被观众接受。

如今有无数的可替代产品想用情感价值战略一试运气。但大多数都败下阵来，因为它们忽视了这种战略的成功要素。

成功要素：

（1）明确的承诺。仅想"占据"某种情感并不够。情感必须变成真正的承诺，其格言是："谁使用这个产品，就自然而然地享受那种情感。"如果给一种汽水品牌添上一层"开心情感"，但却不作出具体而认真的承诺，那就大错特错了。

（2）解决问题的程式。如果把情感价值作为个人和社会问题的解决方案来宣传，情感价值的作用就更强大。例如雅可布斯咖啡广告，如果事先没有表现带有威胁性的"半杯效应"，就不可能得到社会的承认：客人们在稍停片刻之后就会拢腿告辞，因为主人给他们上错了咖啡。

（3）可信度。产品的情感价值越直接、越可信地出自其基本价值，就越好。先举正面的例子。一块干的尿布可以使婴儿感到舒服，一个洗碗机可以使生活更方便。再举反面的例子。一瓶汽水可以结交许多新的朋友，一个小吃店可以把无聊时的聚会变成令人陶醉的节日，一部手机可以帮助一个人开展事业，一块植物奶油可以营造家庭早餐桌上的祥和气氛。

（4）独特性。真正的情感与陈词滥调是格格不入的。一种品牌必须把它承诺的情感（如性吸引力）转换成自己的图像世界和品牌世界，并且尽可能与顽固的陈词滥调划清界限。

4. 诉诸引导的广告战略

其原理是：把所有的广告表现元素（图像、声音、风格和语言）调动起来，以引导出唯一的、对购买决定特别重要的广告论点。

恰恰是对诉诸引导战略，一些人表示怀疑，不是说它们太"软"，就是说它们没料，或者说操作起来过于肤浅。然而这些说法都是错的。有足够多的成功品牌单靠引导的力量一跃成为市场的领先者。

"引导"这个概念总带有一些不真实的、暂时性的和神秘的色彩。人们很少相信"引导的"战略对顾客行为能发挥杠杆作用。安慰剂（Placebos）的例子可以很形象地说明引导的力量。安慰剂是一种没有疗效的假药，它对患者作用极大，甚至是重病患者。在一次实验中，科学家给试验对象一种兴奋剂，但假称之为镇静剂。结果表明，引导的作用大于医学上的作用。安慰剂的效果还取决于药片的外形和性状。很大或很小的药丸要比不大不小的作用更大。谁都知道，苦口的是良药。而颜色也很重要：绿色的明显对恐惧症有疗效，黄色的对抑郁症有疗效，红色的对关节炎有疗效。

引导战略的有效性在于它有特别高的可信度。有意识的诉诸消费者理性的说法常常失去作用，因为聪明的消费者都会用理智想个明白。"品牌技巧之父"多米兹拉夫早在20世纪30年代就认识到："一旦消费者关心起广告手段，也即以批判的眼光阻止对其下意识进行无法控制的影响，他就揭穿了那些广告手段的把戏。"

在日常生活中，我们也能看到引导的力量。特别明显的"名片效果"：你给一位参试者一张他不熟悉的公司的名片，顺便问他下列问题：这家公司是当地的，地区性的，全国性的，还是国际性的公司？这家公司的营业额有多少？这家公司是何时成立的？这家公司雇请了多少员工？这家公司可靠吗？产品质量标准如何？令人惊异的是，原则上你可以得到对所有这些问题的明确回答。若把名片依次给一组参试者，从所有人那里得到的是完全相似的回答。名片上当然没有公司介绍，所有的特性都通过引导因素介绍出来。

（1）纯粹引导手段

原则：用所有的表现因素（如图像、风格、语言和声音世界）有目的地引导出一个唯一的价值承诺，这一承诺对作出购买决定极为重要。

成功案例：沃尔斯坦啤酒（Warsteiner Pilsner）

沃尔斯坦的品牌战略是如此简单，以至于用三个词就可以概括出来：优质、优质、优质。沃尔斯坦啤酒标榜优质，无需多说，无需证明。对买啤酒的人来说，决定性的是优质，至关重要。沃尔斯坦啤酒如何鼓吹"优质"二字呢？

——色彩世界：高贵的黑色背景，古典舞台的灯光艺术；

——图画世界：产品作为明星出现在台前，骄傲地放弃吸引部分注意力的布景；

——声音世界：喜气洋洋，古典韵味，精选佳品，声音深厚，讲话规范；

——风格世界：精华抽象，艺术归纳，谈笑风生。

明显的证明是：沃尔斯坦啤酒自 1988 年起在德国啤酒市场上独占鳌头，在这个市场上有十家可替代啤酒品牌在厮杀。尽管如此，沃尔斯坦啤酒的销量从 1980 年至 1990 年增长了三倍，仅 1989 年至 1990 年该品牌就取得 24.9% 的增长。

只有很少的品牌像沃尔斯坦啤酒那样，把广告宣传活动完全建立在使用纯粹引导手段的基础上。

引导战略的高超艺术在于反论的应用。这就是说，引导的信息与诉诸理性的口头表达正好相反。

成功要素：

① 引导特性的重要性。许多产品都有适用于引导战略的特征（例如，淋浴喷洒的喷水性等），但关键问题是，这个特征是否真的是最重要的价值承诺之一？

② 焦点。每个附加的信息都会削弱引导的力量。因此所有表现成分都应尽可能有的放矢地引导所希望的价值承诺。

③ 独特性。重要的是避免用陈旧的方式来表达引导的价值。以沃尔斯坦啤酒为例，就是突显其高贵而经典的优良的质地。或者是一种充满诗意的浪漫色彩的优良质地。其标准就是：什么最适合这个产品？在林林总总的产品之中，是什么给予我们的产品以最大的独特性？

如果被介绍的产品价值能够吸引消费者的批评，那么引导战略就收到了最大的效果。在理智表达层面，这种价值的承诺机会很少。

或者想象一下，一种优质啤酒品牌标榜自己比竞争产品更具自然性。消费者有充分理由指出，所有的啤酒都是一样的：相同的配料，相同的酿造，怎么能说一种啤酒比其他啤酒更具自然性呢？尽管如此，不同的啤酒仍然可用引导手段成功地许诺更多的自然性，而不致引起消费者的抗拒。

（2）黄金标准手段

其原理是：让你们公司的品牌占据最好的产品性能这一关键形象（即黄金标准），从而引导一种优越的质量标准。

黄金标准就是一根测量标杆假定的顶点，即消费者所想要的最好的东西。一种成功地具有黄金标准的品牌对于竞争者的挑战会刀枪不入，尽管黄金标准只是一种潜在的优势。

黄金标准手段并不局限于少数明显的选择，而是给战略创意一个广阔的天地。下面的例子足以证明这一论断。

成功案例：马自达 6 睿翼轿车

马自达 6 睿翼轿车的广告，采用的就是建立黄金标准的广告手段，广告聘请了美国著名游泳运动员菲尔普斯进行拍摄。广告中马自达 6 和菲尔普斯同场竞技，通过电视特效把公路和泳道合二为一，菲尔普斯和马自达汽车齐头并进，最终马

图 3 - 6

自达汽车稍胜一筹，广告语"技高一筹，为赢而生"，完全凸显了马自达汽车的黄金标准。众所周知，菲尔普斯是 15 个奥运冠军获得者，是公认的游泳奇才，世界上最伟大的运动员之一。这则广告告诉观众：马自达汽车在公路上的表现，就像菲尔普斯在泳池里的表现一样好！这就证明了马自达汽车的优异品质，通过一个其他领域的成功者，给自己的产品设立黄金标准。

成功要素：

①焦点。黄金标准必须自觉地进入广告的中心。如果品牌把黄金标准视为半心半意的认识或者害羞的幌子，消费者就会立即察觉。只有态度认真，全力以赴，黄金标准的手段才能保证最大的成功。

②可信度。黄金标准尽管原则上说并不能实际达到，但是至少可以为消费者廓清品级。

③技术成熟性。黄金标准手段仅适用于那些成熟的产品，否则再过几年就会走进死胡同，因为未来产品改进后，人们就再也找不到令人信服的赞美之词了。

（3）超常测试手段

其原理是：在极端状态下表现产品的功能，即可引导优越的质量。现举例说明：

帕特克斯即粘胶（Pattex）

一个电视广告讲了一位年轻的卡车司机的故事：这位年轻的卡车司机用帕特克斯在拖车上粘样小东西。当他再上车时，那瓶胶水从口袋里掉到了马路上。他发动车子后，车胎碾碎了胶水瓶，车子立刻停住了：即粘胶把车子和沥青路面牢牢地粘在了一起。这一广告宣传使帕特克斯成为小包装胶水中的市场领先者。

成功要素：

① 极端情形的戏剧性。所表现的情形越紧张、越不寻常，潜在的优点就越能深入目标顾客的意识。尤其是要把戏剧性和问题解决之间的高潮作为品牌令人过目不忘的关键图像（或称大图像）。

② 产品作为主人公。必须清楚地看到，极端情形只有通过产品才可克服。

（4）夸张手段

其原理是：以自我讥讽的眼光把产品夸张到怪异离奇的程度，从而引导优越的质量。现举例如下：

成功案例：联想 ThinkPad 笔记本电脑

图 3-7

联想作为中国品牌，想要进入国外市场，首先要面对一个质疑：质量过不过关？在这则广告中，一个老奶奶用联想笔记本当菜板，切了番茄、蘑菇、肉，还用水洗了笔记本电脑，在笔记本电脑上和面，甚至把笔记本电脑放进了烤箱，最后给自己的孙子做了一个比萨饼。男孩非常紧张，打开笔记本电脑，完好无损，依然可以使用。

联想笔记本电脑经过了刀砍、水淹、火烧依然能保持完好无损，这当然是夸张的宣传，但是这种戏剧效果，则让消费者，特别是对中国制造带有偏见的消费者，能够重新认识联想的品质。

成功要素：

① 夸张的戏剧性。夸张是否给人印象深刻，决定着戏剧性效果。值得推荐的是，把戏剧性的高潮集中在关键性的图像（大图像）中，该图像可以获得品牌标志的地位。

②　自我嘲讽。用眨眼睛的自我嘲讽来表演夸张就可达到很高的可信度，以此避免消费者对你们的引导许诺进行批判性的思考。

（5）隐匿承诺手段

其原理是：将优越的价值当作普通的特性隐匿起来，而不明确地指向你们公司的产品，这样就能引导优越的价值。您不要承诺"我的植物油令你身材苗条"，而是"身材苗条不好吗?"在第二种情况中，您把同样的承诺已经包括进去了，但您并没有说出来。通过这种方式，进攻性的信息就避开了消费者质疑的理解，从而展开引导效果。

成功案例：舒适达速效抗敏牙膏

顾名思义，速效抗敏牙膏是一种快速见效的缓解牙齿敏感的牙膏产品。这是一种独特的清晰定位，但当初这种定位并未触及消费者的重要需求。消费者想要防治的首先是龋齿，此外还有牙周病或者牙垢，而牙齿敏感往往被误认为是人的自然反应。每个人都知道冷热酸等刺激性味道会引起牙齿敏感性的疼痛，但是很少有人把敏感当成一

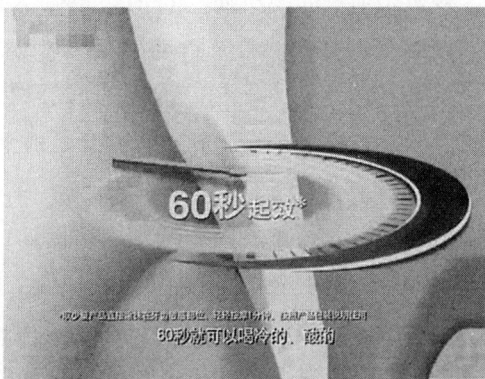

图3-8

种牙科疾病，因为这种牙痛转瞬即逝，来得快去得也快。在舒适达速效抗敏牙膏的广告中，以专家的角度，对牙齿过敏所引起的疼痛进行了介绍。为了展示跟其他的抗敏牙膏产品的不同，做了这样的一个实验，把舒适达速效抗敏牙膏涂在牙齿过敏的地方，60 秒之后用酸、冷、热等刺激，直接感受舒适达的最大特点——速效。这就提升了用户使用舒适达牙膏解决这种一瞬间疼痛症状的信心。

成功要素：

①　针对性。隐匿承诺必须说到点子上，并且指明潜在的优点。光是重复诸如质量、信任、能力之类的老话，并不能令消费者动心。

②　重要性。对购买决定来说，引导特性越重要，这一战略就越会成功。

5. 结论

现在把最重要的观点再回顾一次：

（1）潜在的价值对一个品牌的促销来说越来越重要。

（2）可替代产品可以通过一个纯粹潜在的质量优势成为成功品牌。

（3）潜在的价值甚至比一个产品事实上的优点更"硬气"、更稳定、更牢固。产品事实上的优点只有克服了消费者的疑虑之后才会发挥影响作用。潜在的价值则相反，它可以避开消费者的理解，并在其下意识中扎根。

二、诉诸规范的电视广告策划、创意模型

核心论断：消费者之所以优先选购你们公司的产品，是为了消除或避免与其规范和价值相左的内心冲突。

所谓规范，是指我们头脑中所有道德行为规则的总和，这些规则操纵着我们很大一部分的日常行为方式。

规范是前一问题所述"价值"的强大道德对手。我们在作出可能给自己带来"价值"或好处的日常行动决定时，总是要考察它是否与某一社会规范相违背。规范具体地表达了我们抽象的价值观。我们之所以常做一些与己无益的事情，甚至故意牺牲个人的利益，完全是由于社会规范在后面发挥了作用。

规范对消费者行为有何影响呢？消费者作出购买或不购买某一品牌的决定时，规范可以是最重要的影响因素。例如，贝纳通（Benetton）公司用浑身是血的士兵和垂死挣扎的艾滋病患者做广告主题，消费者深感震惊，不能接受。于是，他们决定抵制这个公司的产品：从1993年到1995年仅德国就有一百家商店因抵制而倒闭，其余的商店也遭受高达30%的销量损失。这类例子还有很多。

不同行业和国家的无数成功品牌在社会规范的权威基础上，构建了自己的广告战略。具体包括：

1. 合乎规范的广告战略

其原理是：向消费者证明，你们公司的产品非常符合对他十分重要的规范和价值。

成功案例：海航集团

海航集团是以航空运输业为主体的综合企业，产业覆盖航空运输、旅游服务、机场管理、物流、酒店管理、金融服务、地产、商贸零售、航空食品和其他相关产业。那么如何使用一则广告对海航集团的整体形象作出宣传呢？海航集团策划并实施了一个合乎规范的广告活动——海航光明行。

海航集团的核心竞争力源自海南航空的运输业，这个行业的竞争主要在服务与价格两方面进行对抗，所以广告如果单纯宣传服务、价格这两方面的内容，所起的效果并不太大。因此海航集团就根据其企业的公益活动，创作了合乎规范的

广告战略。海航光明行旨在为中国偏远地区的白内障患者提供免费的治疗帮助，广告也采用了实地拍摄的形式，把海航光明行活动的帮助对象和救助过程都记录下来。并且广告语非常具有感染力和冲击力："让越来越多的人重新看见世界，我们只是借了神的光"、"海航集团，始终以感恩之心，尽自己所能，让更多的人感受生活之美"、"天地之间皆为用心之处"。

通过这一系列的广告宣传，海航集团给消费者留下了"良心企业"、"责任企业"的形象，这对以服务性质为主的集团业务是巨大的帮助和形象的提升。

成功要素：

（1）规范的相关性。合乎规范广告战略呼唤迫切需要的规范时，成功机会较大。

（2）产品的适应性。产品能在多大程度上合乎广告所诉求的规范？在消费者眼中，现有品牌与竞争品牌的对比越鲜明，畅销市场的机会就越多。

本战略最适合用来宣传对环境特别友好的产品及与良好用途相关的品牌。

2. 良心广告战略

其原理是：戏剧性地渲染消费者如何借助你们公司的产品来消除对他人的内疚或不安。

良心广告战略与规范有什么关联？

每个人的头脑中都储存了一些期望（或规范），这些期望（或规范）告诉他在别人面前应该如何行动。这里并不是表面地期望某种实际好处，而是期望更深层次的东西，如社会义务感、责任感、信守诺言等。

当一个人发现自己在他人面前不符合其内在的规范要求时，就会感到惴惴不安。如果现在有一个品牌能够帮助消费者重拾良好的感觉，它就提供了一个诱人的购买动机。

成功案例：儿童套餐

如何推销一种袋装儿童套餐？这无疑是一个巨大的挑战。工作忙碌的职业母亲们本来就因为没有时间照顾小孩而感到内疚。每日的午餐（也称为"狗仔袋"）都是匆匆忙忙地赶制出来，根本来不及倾注爱心。不难想象，用机器封装的、包装在塑料袋中的熟食儿童套餐甚至会强化母亲内心业已存在的不安。不管该产品多么诱人多么方便，一个严格的规范仍拦在销售路途："你应该细心照顾你的孩子（不应该给他吃机制快餐）！"毫不奇怪，儿童套餐的销售额连续18个月下降。但从1994年春起，儿童套餐公司的经理们决定采用一种良心广告战略。

电视广告上，一位可爱的小男孩面对母亲匆忙做出的午间套餐，明亮的眼睛里充满了失望与忧伤。（电视机前的）职业母亲们看到这里不由产生强烈的内疚感。这时我们的儿童套餐隆重登场，它分多种口味类型，品质始终如一，可供负责任的、有爱心的母亲们自由选择。这样的儿童套餐不会让母亲感到内疚，相反倒会令她们心安理得。于是，其销量在一年内上升了41%。

成功要素：

（1）内疚感的强度。你在消费者心中唤起的内疚感有多深？他对谁感到内疚？通常令他感到内疚的人是爱人、孩子、朋友、熟人、邻居或宠物。原则上讲，他越可爱、越无辜，就越应该得到我们更多的呵护。

（2）可信度。你如何向消费者"证明"你们公司的产品更适于履行对他人的义务？请找出一个恰当的指标，如某种产品特征或价格水平。

（3）三部曲策略。行之有效的故事情节总是三部曲：首先，我们看到一个人因对他人感到内疚而备受煎熬。接着，产品英雄般地闪亮登场，将内疚感一扫而光。最后，我们看到人们为解决方案而满心欢喜。

3. 惩罚广告战略

其原理是：戏剧性地渲染目标顾客只有使用你们公司的产品，才能达到他们对自己提出的较高要求（呼唤自豪感、自尊心和虚荣心）。

成功案例：施瓦陶高级果子酱

施瓦陶是一种果子酱，多年来它通过独一无二的品质承诺发展壮大起来。然而到了20世纪80年代末，其发展似乎达到了一个不可逾越的极限。忠诚的老顾客的潜力挖掘殆尽，而潜在的消费群又不准备多掏一些钱买品质更好的果子酱。

作为一个令人自豪的传统品牌，施瓦陶果子酱如何才能走出困境？应耗资百万，继续高唱质量之歌吗？但消费者早已相信了你的质量，还有什么必要继续让他信服呢？或者应该降低售价？但这又会危及利润率。

施瓦陶果子酱发现，它最大的市场潜力不是在价值领域，而是在规范领域。于是他们发起一轮推销攻势，其主题是："施瓦陶果子酱与三芬尼小钱。"能说会道的播音员祝贺听众作出了"正确"的决定：每天早餐不用施瓦陶果子酱，一次可以节约三芬尼。播音员用激动的声音宣布："一次三芬尼，一周就可以节约二十多芬尼……"其嘲讽之意不言自明。广告嘲讽的对象是那些过于节约的消费者，他们省吃俭用，却只省下来数十芬尼的小钱。这样就触动了消费者的自尊心：我有必要为每周二十芬尼而放弃食用施瓦陶高级果子酱吗？虽然广告投入极少，惩罚广告战略还是达到了目的：从 1990 年到 1993 年其销量上升了 23%。

成功要素：

（1）行使惩罚的机构。由谁来惩罚消费者的规范？通常是由品牌或广告中的人物来行使惩罚。

（2）触动的力度。在多种可能的惩罚形式中，哪一种对消费者的冲击最大？惩罚对消费者触动越大，他将来改变行为的可能性就越高。

（3）可信度。惩罚需要一个客观的基础，否则就变成了随意的仇恨。施瓦陶果子酱的说法比较简单：每天早餐刻意节约三芬尼的人不是守财奴又是什么？此说法站得住脚，没有人会予以反驳。

4. 不和谐广告战略

其原理是：向目标顾客传递一种不安的感觉，让他们感到其行动与个人的规范和价值观尖锐对立。每个人都力求自己的生活与个人的规范和价值观协调一致。如果有人让我们注意到不和谐，我们就会内心不安，而不安感可以令我们改变（购买）行为。

不和谐广告战略主要不是用于品牌商品的宣传，而是用于公益广告。公益广告旨在将居民的行为导向某一既定的方向，例如，宣传使用避孕套、儿童免疫疫苗、反对虐待儿童等公益广告。

成功要素：

（1）不和谐的产生。原则上讲，广告所提示的不和谐必须挑衅目标顾客，使他们感到震惊，甚至在道德上折磨他们。但是弦绷得太紧，则可能产生反面效果。为了避免出现这种情况，策划人员应该与目标顾客紧密合作，共同开发咄咄逼人的不和谐广告战略。

（2）适当的解决办法。如果运用不和谐广告战略，在消费者内心中引起强烈的不安感觉，必须同时提出一个适当的、消费者能够接受的解决办法（亦即告诉他们该如何改变其行为）。

5. 冲破常规广告战略

其原理是：以咄咄逼人的方式向目标顾客说明，你们公司的产品只是一个普通的生活用品，以此消除附着在产品身上的社会禁忌。

有一些产品遇到很大的购买障碍，因为人们"忌讳"购买它们。

虽然潜在消费者认可产品的价值，但因担心（定期）购买时遭遇尴尬而退避三舍。规范告诉他："别人不是这样！"或者因为他自己觉得，被人看见自己

拿着该产品就太尴尬了。

哪些产品需要冲破常规呢？首先是性爱用品（如避孕套、壮阳药等）、私密产品（如妇女卫生巾、成人尿布等）以及一些治疗药物（如痔疮膏）。当然，所有这些产品都有人用。然而羞耻感影响消费者更经常地使用它们。

成功要素：

（1）禁忌的强度。产品身上附着的禁忌越强，冲破常规广告战略能取得的市场成就则越多。

（2）禁忌的破除。禁忌越是以令人意外的、引人注目的和咄咄逼人的方式打破，广告宣传就越有说服力。

破除禁忌可以从三方面入手：

（1）情景。表现一个极端的情景，在这个情景中使用产品可能带来很大的尴尬，例如在饭馆里谈论便秘。

（2）人物。表现被认为最不可能认同禁忌产品的人物，例如，让大腕明星充当广告模特，让他们平静如常地谈论自己戴了助听器。

（3）表现方式。运用象征平常无害的艺术风格。

6. 结论

规范不仅决定着我们在日常生活中的行为，而且还影响着我们的购买决策。从结果上看，规范对人们的影响力甚至大于价值。虽然人们很难放弃价值，但更不可能故意违背自己心中的规范。

三、消费习惯的电视广告策划、创意模型

核心论断：消费者之所以优先选购你们公司的产品，是因为他们不自觉中形成了这样的消费习惯。

一提起"习惯"这个概念，大多数人不由联想到俄罗斯生理学家巴甫洛夫做的那个实验：他每次将食物放在狗面前的时候，都要摇响铃铛。如此反复多次之后，一个当时令人称奇的效果出现了，即只要他摇响铃声，狗的嘴里就口水盈盈，即使未让它得到食物。

习惯的作用不可低估，与价值相比，习惯对人的行为的决定作用通常要大得多。尤其是在日常生活中，常常是那些我们根本无法解释的潜移默化的固定行为方式起着决定性作用。

人从早到晚几乎在不间断地行动着，一辈子都在行动。假如要求他的每一个行动都实现最大的价值，那他实际上无法进行任何行动。试想一下在超级市场购物的情景吧：我们必须在三万种商品中进行选择，是我们的购物习惯才使我们能够把数不胜数的可能性简化为一种数量有限、一目了然的购物方案。

为什么不同国别的人偏爱不同的早餐食物？为什么德国人早餐爱吃面包，英国人爱吃炸火腿加炒蛋，而亚洲人爱吃大米饭？为什么北欧人喜欢喝啤酒而南欧人喜欢喝红葡萄酒？这些习以为常的行为方式很难用价值大小来解释。它们已成为一种文化习俗，深深扎根于我们的日常生活之中。

在电脑日益普及的今天，许多年纪稍大的人，甚至包括专业作家仍然偏爱用老式打字机费力地打写文章，全然不理会电脑的种种好处：文章修改方便、储存容易，存在硬盘中恰似存放在一座微型图书馆中。从这个例子推而论之，我们认为，人们一般很难改变多年养成的固定行为方式，而去接受一种可能带来更多价值的解决方案。习惯的作用竟如此之大！

1. 对认知进行条件引导

那么，对消费者的购物决策而言，习惯意味着什么？商家毕竟无法简单地把目标顾客像毫无主见的木偶一样操纵到超市，并让他们选购某种品牌的商品。

实际上早在对事物（如品牌商品）的认知阶段，习惯已在发挥作用。

在此以一个古董瓷瓶为例，有人把它认知为一种投资品，有人把它视为一件艺术品，有人认为它是一件珍贵的文物，还有人简单地把它看作插花的容器。在这四种人中，每个人都依据他自己的习惯，分别给瓷瓶赋予一种价值，从几个马克到价值连城，其差别之大可谓天壤之别。

由此可见，一种商品能否成功销售，主要取决于如何对目标顾客进行条件引导。

2. 在实际操作中习惯如何发挥作用

通常用简单的交际沟通手段就可以成功地把目标人群的认知按预期的方式进行条件引导。

在马克·吐温的小说《汤姆历险记》中，我们信手拈来一个精彩的文学例子：汤姆因干坏事而受罚，必须把很长一段墙涂成白色。汤姆从心里恨死干这活了，他尤其害怕小伙伴们讥笑他被人罚干重活。但是，汤姆知道如何改变小伙伴们的看法。他声称，刷墙才不是苦活呢，而是一种罕见的休闲享受，只有极少数像他这样经过挑选的孩子才有资格享受这种礼遇。经过如此引导，汤姆成功地将小伙伴们的嘲笑变成忌妒。最后所有的孩子都欣然接受汤姆的恩赐，每人依次被允许刷一次，每次只刷一小段。到天黑的时候，这段围墙被刷了三层石灰水，汤

姆成为小城里"最富有"的少年。

其实，受过良好教育的人的认知也可以用最简单的办法加以条件引导。在医生中进行的一次问卷调查结果生动地说明了这一点。当问他"如果病人有10%的机会死亡，你是否愿意给他动手术"时，许多人回答"不"。但倒过来问他"如果病人有90%的机会生存，你是否愿意给他动手术"时，同一个医生的回答是"是"。也就是说，用言语而不是用理性论据来进行条件引导，就可以决定人们的命运和生死。

这些例子说明，借助条件引导，人们可以将目标人群的行为简单地导向既定方向，而且效果惊人。

下面我们看一看，在战略性品牌商品管理中如何使用习惯这个工具。

3. 基本的习惯战略模式

世界成功品牌主要使用如下五种基本模型：

（1）分类广告战略

其原理是：把你们公司的产品划归到与消费者的认知习惯不同的另一个类别中去。

我们把公司的品牌从大家习以为常的"概念抽屉"中取出来，把它转放到另一个"抽屉"中。对"抽屉"如何进行选择从根本上决定着营销能否成功，具体而言必须弄清楚以下几个问题：

——消费者接触到公司的产品时联想到哪些价值？

——他拿你们公司的产品跟哪家公司的同类竞争产品比较？

——他在何时何地使用你们公司的产品？使用频率如何？

——你们公司的产品在市场上有多大成长潜力？

成功案例：王老吉凉茶

图 3-9

凉茶作为一种特殊的"饮料"品种，在中国的饮品市场占有很大的比重。凉茶本是广东人的最爱，2010年，王老吉凉茶销售量破2500万吨，超过可口可乐全球销量，其中出口到海外的产品已占到了总量的1/3。在市场营销策略上，王老吉凉茶突破了传统饮料行业的产品概念，赋予一种饮料产品清热、下火的功效，使之不单单是一种饮品，而是调节身体健康平衡的健康饮品。

从产品战略上讲，凉茶本身属于清凉、去火的中药汤剂。但把凉茶当成一种饮品比当成药物的销量好得多。不同的产品概念决定了购买决策的不同：想喝饮料的人就购买王老吉凉茶，因为它还有清热的功效。这个人群肯定比上火需要吃药的人群要大得多。因为急需要降火的人并不多，而饮品的消费就大得多了。我们由此认为，品牌产品的定位就可以决定消费者的认知习惯，从而决定在市场上成功与否。

世界各地的成功品牌的成功实践证明，分类战略具有在数月内将某一品牌的销量提高数倍的潜力。对许多品牌来说，分类战略可以连带巨大的机会，同时也可能带来失败的风险，因为把品牌重新划到另一个概念"抽屉"中后，可能面对的是另一批消费者、另一种需求、另一种质量标准以及另一批竞争对手。

成功要素：

① 适应能力。你们公司的产品真的能够在新的分类中生存吗？它能适应新的质量标准并达到消费者的要求吗？例如，迄今为止把润喉糖当作"止咳药"卖能够取得成功，但又把它作为"每日糖果"卖反倒可能失败。走回头路，返回以前的分类可能是危险的，因为这无异于拿已经取得的品牌忠诚度去冒险。因此我们原则上建议，不要把分类广告战略视为短期宣传推广的手段，而是一经决定则多年不变。

② 市场规模。新的分类能提供比现有分类更大的市场潜力吗？

③ 竞争形势。在新的分类中，你们公司的产品到底与什么样的产品竞争？竞争压力是不是比现有的分类小？在新的分类中，你们公司的产品是不是有更广阔的呼吸空间？

（2）分级广告战略

其原理是：把你们公司的产品划归到一个新的、更高的等级中去，从而避免与现有竞争产品展开激烈竞争。

分级广告战略跟习惯有什么关系？

人的大脑常常把人、事物和事件按品质分级，例如，有不同级别或档次的汽车、酒店、葡萄酒，等等。

一件事情我们认为好还是不好，很大程度上取决于把它划归到哪个等级或档次。通过分级，我们对事物的判断就习惯性地向正面或者负面方向发展。

举一个例子，试想你在外省某一个小地方观看音乐剧表演。熟人告诉你，台

上表演的都是业余演员。但你觉得他们的表演一点都不差，演员脸上表情丰富，给你留下深刻印象。过一会儿熟人收回上面的说法，承认在台上表演的实际上是百老汇的专业歌舞演员。听了这话你可能要改变刚才的看法，反倒觉得其表演水平仅够一般。原因是你的熟人对你的认知进行了条件引导：同一个产品（这里指表演）它先是作为"低档货"（L）卖出，你觉得它质量上乘；接着把它当作"高档品"（T）卖出，你反倒觉得它质量一般。

为什么会这样？其原因是，当我们把一个产品划归到另一个等级中时，其竞争环境一下子改变了。因为我们通常只在同一等级内进行比较，而不是跨越不同等级进行比较。例如，我们不会把宁静舒适的乡间旅店与城里富丽堂皇的五星级酒店相提并论，也不会拿职业足球运动员的成绩去跟在村庄里踢球的人比较。

这对于制定品牌广告战略有何启示？

如果你把你们公司的产品移植到一个更高的等级中去，你就能摆脱现在所处的竞争环境。这样你就有了一个机会，去为品牌的成长争取必要的发展空间。

但是在更高的等级中有更高的质量标准。这意味着，你们公司的产品必须与已经唤醒的预期相称。不然的话消费者就会感到失望，分级广告战略就会落空。

成功案例：苹果 iPhone4S 手机

iPhone 4S 是苹果公司推出的第五代触摸屏智能手机，这款运行 iOS 5 系统的新一代 iPhone 手机，在硬件和软件方面都有了较大的提升，全新 siri 智能语音助手和 iCloud 云端服务，更是成为其领先市场上其他手机产品的亮点。在广告宣传中集中火力，重点渲染新功能似乎是顺理成章的事。那么新功能给消费者带来了多大的价值，就需要通过分级广告战略，将 iPhone4S 手机定位成划时代的产品。

进一步地分析 iPhone4S 手机的新功能 siri 智能语音助手和 iCloud 云端服务，可以看出来这两大功能的确是针对现在手机功能的盲区，以及数码时代消费者使用习惯的智能化功能、云端理念的服务。siri 智能语音系统可以使用语言控制手机的绝大部分功能，iCloud 云端服务，则实现了所有苹果产品之间的所有资料快速共享化。综合 iPhone 手机一贯的高品质以及广泛的 APP 服务，苹果公司形成了以其产品为

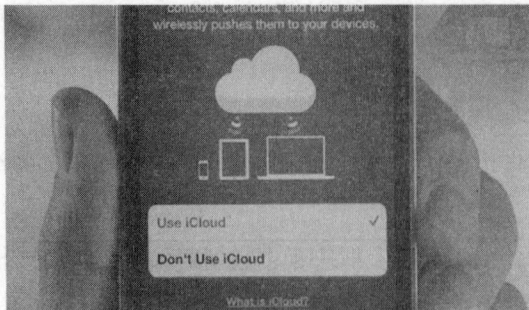

图 3－10

框架的电子产品生活模式，iPhone4S 手机也成为划时代的产品。

在广告中，苹果公司向消费者展示了 iPhone4S 手机用户通过 siri 智能语音助手查询行程、路线、出租车、天气等生活讯息，而值得注意的是，这些男女老少使用的语言都是口语化，甚至是并不标准的英语，而 siri 的回答则也是口语化十足，仿佛这款手机真的拥有了智能。在另一则广告中，展示了通过 iCloud 云端服务随时随地把手机上的照片、视频、通讯录、应用等内容共享到家庭的其他苹果产品上，创造出了以苹果公司产品为载体的信息化生活方式，对崇尚现代化生活的消费者具有很大的吸引力。

语音技术和云端技术都不是第一天出现在我们的生活中，而在手机平台上，这的的确确是一次创新的成功。这种广告战略的真正独到之处不仅在于将新产品从激烈竞争中抽离出来而独成一统，而且还同时把所有竞争对手的产品都降了一个档次。

成功因素：

① 可信度。在目标顾客眼中，新的更高级的产品是通过哪些特征与现在的产品区别开来的？

② 市场规模。高级产品的市场潜力是否足够大？注意不要从大众市场中抽离出来后误入一个窄小的贵族市场。

③ 竞争形势。在高档品市场，竞争可能比现在的市场更激烈。你们公司的品评能够满足消费者的很高的预期吗？

（3）替代广告战略

其原理是：为你们公司的产品树立一个令人意外的、可以替代的新"对手"，拿你们公司产品的优点与对手的弱点比较。

这当中条件引导表现何在？

我们知道，消费者习惯于在固定的选择模式中思维。例如，在吃早餐时消费者通常只在"茶水"和"咖啡"之间挑选一样，恰似其他可能性根本不存在一样。但美国可口可乐公司多年来一直致力于培养消费者把它生产的碳酸饮料作为第三种选择的习惯。于是，可口可乐不再局限于同其他可乐品牌正面交锋，而是把茶水和咖啡树作为出乎意料的、新的对手，这个对手在一定程度上可以由可乐饮料取代。

成功案例：五粮液集团黄金酒

五粮液集团 2008 年推出的被称为"世界第一瓶功能酒"的产品"黄金酒"，

图 3 - 11

就是典型的替代广告战略。

黄金酒是巨人集团与五粮液集团合作生产的一款保健酒，也是巨人集团继脑白金、黄金搭档之后推出的第三个主力品种。作为中国传统酒类的资深品牌，五粮液可谓历史悠久，黄金酒正式借助其在酒类市场上的品牌号召力，推出了这样的一款产品。而黄金酒并没有跟其他的酒类产品进行竞争，而是定位成保健品，在满足消费者饮酒的需求之时，又避免了消费者因为饮酒带来的健康问题而产生的顾虑。并且在广告宣传中，黄金酒被定位成送给长辈的礼物，产品的药用价值和对健康的好处成了最大的卖点。黄金酒同时满足了消费者对酒和健康的两大需求，这两种产品价值是共生互利的，缺一不可，这使得黄金酒在保健品行业的竞争中占据了优势。

替代广告战略特别使用于相对弱小的品牌供应商，让他们有目的地与行业巨头进行较量。

成功要素：

① 对手的实力。替代广告战略的市场潜力主要来自于一个唯一的竞争对手，而不是来自整个市场。被挑选的对手越强大，自己产品的增长潜力也就越大。

② 对手的薄弱之处。必须弄清楚向对手的哪些弱点发动攻击。对手的弱点越大，你的胜机越多。

③ 本身的优势。与竞争对手的弱点相比，你们公司的产品能不能表现出明显的、令人信服的优势？

（4）新目标顾客广告战略

其原理是：用尽可能意外的方式让新的目标顾客发现你们公司的产品，从而赢得这批新目标顾客。

这当中有何习惯而言？

消费者在生活过程中逐渐了解到，什么产品该给什么人用：如尿布是给婴儿用的；玩具是给孩子们玩的；斯沃奇手表是给年轻人戴的；蜂王浆是给老年人喝的。

　　这种商品与特定使用者之间的固定联系是通过产品的名称或者现有使用人的示范作用而建立起来的，因而并非总是建立在理性的基础之上。虽然它不那么理想，但是却已渗透到人们的血液之中。如果一位成年人被人发现在食用婴儿食品，不管食品多么好吃，他的熟人和朋友一定会感到惊奇、可笑或者可怜。同样，如果一位时髦的年轻经理喝着弗兰茨烧酒打发傍晚闲暇时光，或者上床前喝一杯蜂王浆，大家可能会作出类似反应。这种潜移默化的习惯告诉我们不能这么做。我们根本不会使用那些在我们看来不是为我们自己设计的产品。有些品牌的产品质量上乘，但它遇到的核心问题是大家习惯认知的目标顾客群太小太窄，例如，飞行员手提箱。几年前几乎没有一位企业老总考虑过飞行员手提箱对他也大有益处，因为该产品的名称已告诉他其"真正"的目标顾客是些什么人。但是不知什么时候有人突发奇想，把飞行员手提箱引入企业管理人员的圈子，从而开辟出一片崭新的天地。另外，还有一些产品也是在转换了习惯认知中的目标顾客群之后才取得成功的。

　　成功案例：儿童巧克力

　　儿童巧克力，顾名思义，是要在消费者那里培养出两方面的习惯认知：一是其他品牌的巧克力不像它这么适宜于儿童（巧克力本来就不是专给儿童食用的）；二是它不是给成年人食用的。众所周知，在习惯形成过程中理性因素不起什么作用。消费者遵从习惯，因为他们不可能有意识地比较市场上的每一个产品。

　　有一天，儿童巧克力公司的营销人员在一项测试中发现，成年人和孩子们一样喜欢吃他们的产品。因此"专给孩子们吃"的习惯性认知必须被扬弃。为此目的，广告宣传攻势突然转向，专门针对成年人，告诉他们"儿童巧克力"吃起来也是味道好极了。如今儿童巧克力已是德国第二大巧克力品牌。

　　在广告公司的内部讨论会上经常有人要求，品牌必须"年轻化"，以便面向更年轻的目标顾客。这种强调年轻化的广告战略是一种"软性"广告战略，它通过年轻人、通过幽默、快速的节奏和鲜艳的色彩来使可以感知的品牌形象年轻化。

　　与此相反，"新目标顾客"广告战略则是一种"硬性"广告战略。它面向一批全新的目标顾客，要他们关注某一种初看上去并不是供自己享用的品牌。

　　成功要素：

　　① 新目标顾客的选择。新目标顾客对产品竟然适合自己越感到意外，本战

略产生的效果就越好。因为意外感越强，发出的信息在新目标顾客意识中留下的印记就越深。例如，你们的产品本来面向"儿童"这群目标顾客，你们现在却用来面向成年人；你们的产品本来是"给男人用的"，现在却面向妇女。

② 对新目标顾客的重要程度。不应该让新目标顾客对产品感到失望。在这方面，相应的市场研究不应被放弃。

③ 新旧目标顾客的相互兼顾。我们的品牌分析显示，在实行新目标顾客战略中最常犯的错误是在赢得新目标顾客的同时，吓走了旧目标顾客。对于身份、品位、习惯完全不相同的两批人，不要试图把他们强拉在一起。

（5）情景化广告战略

其原理是：在消费者本来不使用你们公司产品的情景中，向他们展示该产品的成功使用（示范作用）。

像新目标顾客广告战略一样，情景化广告战略基于对示范作用的依赖思想，这种示范作用要求消费者进行模仿。

我们在上一节已经看到，某一种商品好像是专门供某一批人使用的。同理，我们只是在特定的案件下才使用别的品牌的产品，这里没有什么理性理由。我们情景化了的使用某种商品完全是某种习惯使然。例如，大多数人在缺乏更多选择的情况下，可能需要下很大决心才会去使用一种温柔香皂洗脸。对此用不着什么理性理由来解释，因为温柔香皂毕竟只是一种特别柔和的香皂。或许它比普通香皂更适合敏感皮肤。但尽管如此，我们的内在习惯还是使我们产生抗拒的心理。

成功案例：玛氏食品公司士力架

图 3－12

玛氏食品公司对焦糖巧克力产品士力架的宣传就经常采用情景化的广告。对于糖果类的产品，往往具有一些典型的消费特点，儿童食用、在家中食用、消遣时食用。而在广告中，一改普通巧克力糖果的消费特点：士力架被定位成一种为人体紧急补充能量的食品，可以供成年人食用，在户外甚至是运动中食用，在需要饥饿或者补充能量时食用。

广告的场景是在足球赛场上，守门员以林黛玉的形象出现，差劲的表现让队友十分气恼，这时候有队友递来一块士力架，说："饿得都站不稳了，来块士力架吧。"林黛玉接过士力架大口吃下，变回了守门员，并且回答："嗯，来劲了。"

士力架在美国、韩国都推出了同样剧情的广告。在这里，从传统的消费习惯不仅被重新设定，而且还被完全颠倒过来。士力架从传统的巧克力糖果变成了赋有新功能的能量食品，在需要缓解饥饿的场所甚至是运动场上都可以食用。

成功要素：

① 新情景是否简明。新情景与现有消费行为的区别越明显，本战略在目标顾客潜意识中留下的影响就越深。

② 新情景出现的频率。新情景在目标顾客的日常生活中出现的频率越高，使用你们公司的产品的诱因就越多。注意避免展现极端的情景，它虽然轻松有趣，但在目标消费者的日常生活中无足轻重。

③ 信号的效果。选定某种图像、语言或声音作为关键刺激信号。一旦日常生活中出现这种信号，消费者就自然而然地联想到你们公司的品牌。在这里，情景化广告战略跟条件反射有异曲同工之妙：只要出现某种情景，目标顾客就自动地想到你们公司的品牌。

4. 结论

现在把最重要的结果再简要归纳如下：

一种产品的市场决定性地依赖于消费者对它的习惯认知。例如，消费者把一种食品是当作饭后甜食还是餐间零食，将对其食用的频率产生根本的影响。

我们可以用简单的手段把消费者的认知引导到我们预期的方向。

对与那些处于同类产品竞争中的产品，这种战略具有一种杠杆效应，一些案例已证明，它能使这些产品的销量翻番。

因为习惯战略能够完全改变一个产品的命运（例如，"蓝色毛里求斯邮票"从一枚面值 2 便士的错票升值为价值百万的一笔财产），所以它是有效的。

那么如何才能正确使用习惯广告战略？我们从已知的三个层面进行分析：

（1）产品层面

我们研究的问题是消费者将你们公司的产品通常放进哪个概念抽屉、划归哪个等级中，而你有怎样根据情况把产品规划到其他类别或等级中。以上研究导致的结果是分类广告战略和分级广告战略。

（2）消费层面

这个层面，我们研究，是否存在被消费者用于与你们公司产品类似目的的其

他完全不同的产品。这里正是替代广告战略的用武之地。除此之外,我们还研究,是否存在那些尚未被发现并且为考虑使用你们公司的产品的消费群体,这些人之所以未考虑使用你们公司的产品,是因为他们认为产品不是供自己使用的。这里得出的结论是采用新目标顾客战略。

(3)情景层面

我们分析的问题是:消费者在什么时候、什么地点、以什么方式的频率、在什么前提下使用我们的品牌?他们原来的消费行为方式是不是唯一适宜的?在这里可以发掘情景化广告战略的潜力。

四、诉诸身份的电视广告策划、创意模型

核心论断:消费者之所以优先选购你们公司的产品,是因为产品能够帮助他在自己和他人面前显露(理想中的)身份。

在形象广告中过去一直通行着一个原则——品牌认同。在这个概念后面藏着这样一个概念:如果消费者对品牌表示认同,那么他就会购买产品。但今天,这个原则鲜有成效,它今后的效果也将越来越小。单靠品牌认同绝对不足以把产品变成畅销的成功品牌。这是因为品牌认同已成为司空见惯的常识。

曾几何时,可口可乐第一个把宝压在品牌认同上,当时年轻的消费者特别认同可口可乐。但如今年轻人不仅特别认同某一品牌的果汁饮料,还认同所有其他的竞争品牌。今天品牌认同已不足以把各种品牌清晰明了地区别开来。有些公司斥资百万大做形象广告,把宝压在品牌认同上,但最终未能扭转销量下滑的势头。例如 H 香烟品牌,它在巨幅广告牌上展现的是英俊潇洒、充满活力的年轻人形象。年轻人说道:"H 香烟?我也喜欢。"这里采用的是地地道道的认同战略,但别指望它会产生效果。1993 年,H 香烟的销售额由 11 亿马克急剧下跌到 7.31 亿马克。

与此相反,成功品牌自觉地向前越出了一大步:他们不再满足于让消费者认同其品牌,而是让品牌赋予消费者某种身份!两者之间的区别何在?

所谓认同是指让品牌与目标顾客的生活情感协调一致,让品牌与目标顾客尽可能地相像。与此相反,身份原理是要让品牌成为目标顾客用以表达自我特性,亦即身份的"喉舌"。

这种观点的科学依据是由 G. H. 米德(1863 – 1931)创立的符号行为理论。这种理论认为,所有的人类行为不仅具有一种实用的、功能的层面,而且还具有一种符号层面。每一种行为方式都传递着关于行为者的信息,都反映着

他的个性。行为决定身份，可以简洁地表述为："我这样行动，我就是这样的人。"这种现象在一些土著民族的成年礼上还能观察到：通过做出一定的象征性行为，小男孩一日之间就完成了向男子汉的跨越。外在的行动就是这样给身份打上了印记。

由此可见，赋予身份的过程主要是通过外在行动来完成，即通过我们言谈、穿着、居住以及与人交往的方式来完成。至于我们身份的非显性的各个方面，都是不真实的，对我们的社会生活而言都是不存在的。

人们如何才能开发出一种比对手的质量诉求更强烈的身份信息？这种信息冲击力极强，能直接影响购买决策，使销售额明显提高。为此，以下三个基本战略模型能够助你一臂之力。

1. 信条广告战略

其原理是：用一个简明扼要、不合常规的信条（通常是一个短语）来标榜你们公司的品牌，让这一信条赋予消费者一种明显无误的身份。

信条能给人以形象、个性和身份。

听一个人说什么话，我们就不难想象他是一个什么样的人：他如何穿戴、如何生活以及喜爱什么、憎恨什么。例如，典型的"环保主义者"、"女权主义者"是些什么样的人，我们有非常清晰的印象。

在此有一点值得注意：一个信条与传统的信条差别越大，它给人的印象就越深刻、冲击力就越强、发挥的作用就越大。这里我们不禁联想到一条物理定律，即任何作用力都需要一个反作用力。换言之，一个（几个）任何人都不愿认真反驳的信条，是不能作为传递品牌价值的信使。

例如，在今天的西方世界，"妇女（与男子）享有同等权利"这个信条要求已失去咄咄逼人的力量，原因是缺乏与之针锋相对的信条。但是，如果把同样一句话拿到某一个伊斯兰国家，则可能产生爆炸性效果。

同理，一个品牌的信条如要赋予消费者一种令人羡慕的身份，就必须具有相当强大的爆炸力。一个平淡无奇的信条是无法对销售发挥杠杆作用的。

谁要是想让信条广告战略达到预期效果，他就必须考虑周全，瞻前顾后：一方面所制定的信条必须具有挑战性，冲击力；但另一方面他又应该争取尽可能多的赞同者。一些成功品牌很善于把握这两方面的平衡。

成功案例：塔格豪尔手表（瑞士）

塔格豪尔是瑞士第五大手表制造商，是职业运动手表的创造者，其产品畅销

世界九十多个国家和地区。

他们是如何把这样一种手表宣传推广出去的？它既不属于斯沃奇这样的便宜的时装表，也不属于劳力士、卡蒂亚之类的高档豪华表。

20 世纪 80 年代，塔格豪尔小心翼翼地开发出第一个信条广告战略："顶住压力，永不趴下。"这句话可谓一箭双雕：一方面它表明手表的质量绝对过硬，另一方面给其拥有者赋予一种永不言败的品质或身份。该品牌针对性很强，与不敢争胜、软弱退让的个性背道而驰。

1995 年 3 月，塔格豪尔将信条广告升级，其新口号是："胜利，这是一场斗智斗勇的比赛。"这句话后面的信条是成功的运动员不仅要顶住外在的压力，而且还要超越极限，战胜自我。如此强烈的争胜意志是开启成功大门的钥匙。

1996 年与 1994 年相比，推广攻势在欧洲取得了 26% 的销售增长，在意大利销量的增幅更是达到 72%。

成功要素：

（1）信条的冲击力。一方面品牌信条必须具有尽可能的冲击力，另一方面它又应该争取尽可能多的消费者。这两种互相矛盾的要求应该融合到一个信条之中。

（2）焦点。信条越简单、越明确、越集中，它的效果就越好。富有创意的图像世界只起辅助作用，它不应该喧宾夺主，转移人们对关键信息的关注。

2. 性格广告战略

其原理是：让你们公司的品牌有的放矢地传递目标顾客最渴望拥有的那种性格。

一个品牌如能赋予其目标顾客某种强烈的性格，它便提供了一个颇为诱人的购买动机。

性格广告战略是以"缺憾补偿法则"为其理论基础的，也就是说，品牌应当帮助目标顾客抵消令其感到困扰的那些内心缺憾。

有人或许会说，只有很少的人受到内心缺憾的困扰。但是，当把自己与其理想形象相比较时，大多数人确实在自己身上发现种种缺憾。甚至连世界顶尖模特辛迪克劳福都曾经承认，在她出道初期，每当早上走进摄影室前，她都有意让头发挡住脸颊，目的是不想让别人看见她未化妆的模样。由于类似的理由，年青一代特别中意那些使他们看上去更"酷"、更成熟或者更强大的产品。

然而，不应当过分补偿消费者内心的缺憾，因为心理学研究已经证明，一种性格至善至美的品牌恰恰让消费者感到承受不起。消费者会感到自己无法达到品牌传递的高品质要求，这一点在香烟或时装之类的与消费者关系紧密的产品上体现得尤为明显。

性格广告战略最有效的形式是"超越社会常规"，亦即着力表现"被禁止的"、"激怒人的"、"让人感到震惊的"事情。这种手法把消费者划分成互不相容的两个群体：老一代人的反应是预期中的暴跳如雷，而年青一代则欢呼雀跃。

这种反应机制根植于传统的代沟冲突中。许多年轻人一直为屈服于老一代人制定的法律、规则、规范而倍感困顿，在家里如此，在职业生涯中亦如此。谁要是公开与之对抗，则必须考虑后果。比较而言，选择一种标新立异的品牌就不那么危险，年轻人通过这个品牌性格间接地"报复"老家伙们。

性格广告战略经常用于时装行业。早在 1951 年，美国奥吉维时装公司为推销哈塔牌衬衫曾采用过一种多年后仍成效卓著的轰动性战略："穿哈塔威衬衫的男人。"这个男人的唯一明显标志是他的黑色眼罩。它象征着侠义、冒险、邪恶和硬朗，与崇尚理性的传统品牌形成强烈反差。今天，时装品牌继续坚定地向前迈进，在 20 世纪 80 年代和 90 年代初期曾流行过"海洛因时尚"：一些售价昂贵的高档时装品牌在广告中展现的是面色苍白的纨绔子弟，他们一下子就浑身无力地瘫倒在地，恰似一堆毫无生气的土豆。

当然，性格广告战略也使用于时装以外的其他行业，请看以下实例。

成功案例：百事可乐公司七喜碳酸饮料

百事可乐七喜饮料的创意团队制作了一则性格广告：史上最爽的七件事。七喜作为参与碳酸饮料激烈竞争的一员，为了赢得消费者的青睐，除了口味以外，还采用了非常激烈的方式宣传它的价格优势。

广告中，一个男孩在家看足球，发生了一系列的"爽事"：在中国男足夺冠时，球员们冲进了他的家和他一起庆祝，接下来女友回心转意、领导加薪、获赠房子、居委会大妈送来了盐。最后送外卖的送来了一瓶 2L 装的七喜，并告诉他只卖四块九。在这七件事之后，字幕出现：如果这一切都是真的……所有人纷纷

图 3-13

离去，梦想纷纷破灭，男孩很失落，但是送七喜的外卖还在，只有这一件事是真的。这则广告调侃了当时的一些网络热点事件和社会现象，在给消费者强调七喜的价格优势的同时，不但幽默了一把，还让观众对现实产生共鸣，进一步凸显了最起码还有七喜给消费者带来的惊喜。

成功要素：

（1）性格的魅力。它取决于品牌性格能在多大程度上弥补目标顾客的心理缺憾。一般而言，性格广告战略对年轻人最为有效，年轻人还在寻找一个稳定的身份，因而对许诺强大性格的品牌反应特别敏锐。

（2）性格的承受能力。许多品牌倾向于在"出格"的身份上做文章。今天到处都可以看到展现出格丑角的广告：有的系着救生绳从高楼沿墙而下，边下边打电话；有的则穿着由死鱼串起来的西装。然而这种性格特性只适合小商品，不适合大品牌。因为过分的异化将人们从其社会中抽离出来，进而把他们逼到社会边缘孤立起来。对于这种不愿循规蹈矩的异类，人们常常一笑了之，但却不愿成为其中一员。恰恰相反，它更多的是唤起了我们的同情。一种有承受能力的品牌身份必须具有现实社交能力。打破常规应该有助于品牌冲破社会的束缚，从而最终达到比别的品牌更成功的目标。

（3）真实性。一个品牌靠声称自己具备某种性格（或身份）是无法获得这种性格（或身份）的，若要如此，它必须表现或体验这种性格（或身份）。如果你们公司的品牌想给人"酷"的感觉，则不应该把它挂在嘴边说。一句"酷，男人专用"无异于给宣传"酷"的广告战略宣判死刑，其情形跟人完全一样；某人声称自己很"酷"，恰恰证明他一点不"酷"。一个品牌若真的要"酷"，其整个广告表现包括拍摄、灯光、语言和演员都必须"酷"。

（4）性格的独立性。一种品牌的性格与同类品牌的典型性格区别越大，它欲赋予消费者的性格就越强。这一点在红葡萄酒这类比较纯粹的种类中表现得尤为明显。在红酒世界，一种蔑视传统的品牌性格给人以鹤立鸡群之感。

（5）与产品的协调性。在这方面，近年来最为失败的例证之一是百货巨人、德国最大的广告客户之一C公司的广告宣传。这家公司在短短几年内先后投入十亿马克的广告费，以使其品牌个性年轻化。广告本身的创造性令人赞叹：C公司的广告夺得创意大奖，并成为广告行业的楷模；广告歌曲也荣登流行歌曲排行榜前列。然而广告做得越好，生意就显得越差。因为广告传递的品牌性格与顾客在C商场里感受到的大相径庭，简直令人好笑：还是20世纪50年代的购物氛围，没有温馨之感，到处都堆放着代售商品，墙还是白石灰墙，各种管道裸露在外。这一切传递着品牌的"真实"性格：陈旧、单调、寒酸。在真实的性格和期望的性格之间出现如此荒唐的矛盾，自然没有任何积极作用可言。对年轻的目标顾客来说，这恰似一位优雅的老妇人穿着大马裤、滑着旱冰，匆匆赶来向他们卖乖。这里不是要跟老妇人做对，而是说她的"年轻化急疗法"破绽百出。

3. 明星广告战略

其原理是：根据好莱坞通行的法则，把你们公司的品牌变成一个明星。明星通常体现着目标顾客理想中的品格，并由此产生巨大的吸引力。

一个品牌若能给消费者赋予典型的明星风范，那它就提供了一个颇为诱人的购买动机。

但问题是如何制造明星？为了回答这个问题，我们不妨看看这门艺术的大师——好莱坞的编剧们是怎么做的。他们创造的电影明星被成千上万人奉为梦寐以求的偶像。

好莱坞的编剧按照详细的心理编织模式开展工作，依照模式他们能够轻而易举地在案头制造明星。

以下这些要素构成该模式的大体轮廓：

（1）人物

① 与目标顾客基本相似。我们的明星并非高不可攀的偶像，他们并非生活在与我们的目标顾客截然不同的世界里。恰恰相反，他们跟我们一样也是有血有肉的人，只不过出类拔萃一些而已，以便产生众星捧月的效应。

② 弥补缺憾。明星能够弥补追星族的某些心理缺憾。他必须在目标顾客弱点所在之处拥有其弱点。

③ 个性。我们的明星不是一个没有深度的广告人物。好莱坞编剧们建议，在撰写电影剧本第一行字之前，就应该把明星从生到死的整个虚构履历写出来。因为只有搞清楚了明星的全部生活，其人物形象才可能具有真正的深度。到一定的时候你会发现，电影中的人物有自己的生活逻辑，其所言所思所为与最先设想的相去甚远，人物按内在逻辑展现自己的个性。

④ 特征。明星的外在特征必须令人过目不忘。许多大牌电影明星如查理·卓别林或亨弗里·鲍嘉都有其典型的"品牌"标志。

（2）环境

我们必须确定明星在一个什么样的环境生活：是在纽约优皮士的圈子还是在

瑞士的阿尔卑斯山，或者是在澳大利亚人烟稀少的内地，或者在别的什么地方。最主要的要求是明星生活的环境必须够"大"，因为谁也不愿认同一位仅在市小镇冒险的所谓明星。冒险的大小同场景的大小成正比。这听起来有点似是而非，但是一个英雄故事若发生在美国，可以收到比发生在德国、英国或法国大得多的效果。由此得出结论：明星所处的环境与目标顾客的日常生活保持尽可能远的距离，这个环境才变得"大"了起来。

（3）剧情

越是在险境中越是能够体现明星的过人品质。具体而言分如下几个方面：

① 冲突。我们把明星置入某种社会冲突之中。最好是选择目标顾客熟悉，但却不知如何应付的社会冲突，如遭遇强盗袭击。

② 牺牲品。我们的主角自己充当牺牲品最为便当，但是让第三者处在冲突的中心常常效果更好，如孕妇、孩子或老人等。无论是谁当牺牲品，他必须是可爱的、无辜的和无力反击的。

③ 对手。对手越强大，明星就越能表现其英雄气概。让我们回想一下，银幕上的英雄皆莫过如此，如人猿泰山、罗宾汉、詹姆斯·邦德（007）、蝙蝠侠、洛奇、兰博，等等。他们都是在与看似不可战胜的对手的斗争中才显露出英雄本色。至于对手，可以是一个人，也可以是一批人或一个机构。

④ 化解冲突。明星最好在一次正面交锋中化解冲突，在交锋中明显的动作更快更敏捷，或者他更加顽强、更加勇敢、有更多的体力，或者略施小计击倒对手。总之越突然、越逼真，效果就越好。

⑤ 胜利。只有胜利才使明星成为明星。明星从战斗中凯旋，而危险已经消除。胜利有多种表现形式，如牺牲者的感谢和权威部门的承认；被击败者的气恼、绝望或后悔；见证人的掌声或失态（当然失态只适用于见证人站在对手一边的情形）。

上面不厌其详地说明制造明星的基本模式，并不是要人形成这样一种印象，以为用不着创造性，只要照葫芦画瓢就行。其实恰恰相反，电影发展史已经证明，明星战略具有很大的灵活性。依照上面的模式人们创造了多种多样的大腕明星，如人猿泰山、超人、詹姆斯·邦德（007），等等。

4. 结论

显露身份是人的基本心理需要，或者为了证明自己，或者为了争取社会成就。

• 品牌也能传递关于其消费者身份的十分明确的信息。消费者购买品牌可能是因为这个身份，不购买某个品牌也可能是因为这个身份。

• 营销成功的机会在于有的放矢地让品牌表现某种可爱的个性特征，以便请消费者"对号入座"。

• 仅凭鲜明的个性（或者身份）是无法被人喜爱的，对人如此，对品牌亦如此。因此为了让品牌赢得尽可能多的忠实用户，我们必须依照明确的法则对性格"量体裁衣"。

身份广告战略适用于多种行业，如时装、首饰、香烟、护肤用品、领带、皮带以及某些食品和饮料。

那么，该如何把握真正的身份广告战略呢？我们从以下三个方面入手：

（1）产品层面

每一个品牌从一开始就或多或少具备某种品牌性格。我们必须把握这个"现状"，我们设想品牌就是一个人，并尝试描绘他的全貌：从他的社会统计学特征（如年龄、性别、收入等）到心理学特征（如个性特点、观念、意识形态等），再到其生活环境（如他的居住情况等）。

（2）消费者层面

在这个层面上我们研究目标顾客的潜在心理状况：他们怎样设想理想中的自我？他们最受哪些心理缺憾的困扰？

（3）情景层面

品牌在多大程度上适于社交或者私用？它最典型的、能表现消费者某些明显特性的使用场合是怎么样的？

在上述三个层面中任何一个层面上，我们都可以找到前面已经阐述过的三个广告战略中某一个的切入点。

五、消费情感的电视广告策划、创意模型

核心论断：消费者之所以优先选购你们公司的产品，是因为他"爱"你们的品牌。

对他人的情感能够左右我们的思想、意愿和行动。同样对一个品牌的情感也能够强烈到让我们对它绝对忠诚的地步。对品牌的如此之"爱"，我们可以用多种方法制造出来。

情感操纵着人的行为，强烈的情感有多种表达方式，例如：

——我们热心帮助某人（虽然这并非我们道义上的责任）；

——我们为了别人的利益而放弃某物某事；

——我们为某人作出牺牲；

——我们没有理由地送给某人礼物，等等。

爱情能影响人的行为，这已被科学研究证明。维也纳科学家认为，人们通常宁愿索取而不愿给予，但面对爱人，给予却比索取带来更多的快感。

显然，因为（主观的）爱情，人们没有什么事情不愿去做。为了爱情，人们不惜抛弃个人利益和社会道德，如赠送非同寻常的礼物，放弃荣华富贵（如爱德华七世不爱江山爱美人），轻生自杀甚至冒险杀人。因为不言而喻，爱情本身就是最大的利益，爱情本身有着自己的道德逻辑。

1. 对产品的爱也可以没有止境

人对物也能产生爱的情感，这种现象在语言应用上已屡见不鲜。

在某些杂志和报纸上经常见到推销"至爱精品"的广告，如汽车、家具或首饰等。这些精品价格昂贵，大大超过其实用价值。然而不知什么原因，这些让某些人望而却步的物品却在另一些人心中激发起深深的爱恋，从而令他们慷慨解囊。

许多人都收藏有一些"心爱的物品"，这些物品与对往事的美好回忆紧密相连，因此备受主人宠爱。例如，一朵干枯的玫瑰花令人不仅想起那过去已久的一段恋情，心爱的毛衣伴随我们走南闯北，当然还有外出度假带回的纪念品也是我们"心爱的物品"。我们喜爱这些"宝贝"不是因为它们自身，它们并没有什么特别的使用价值，而纯粹只是见物生情的载体。很久以后，每当我们有意识地再次欣赏或者把玩它们时，心中就油然升起一种"甜蜜"的感情。可见物品能够成为一种"感情的数据库"。另外，歌曲、照片和香味也是这样，它们能唤起对往事的美好回忆。

关于对物品之爱，我们在儿童身上发现一种特别的形式，即孩子在玩具娃娃和玩具熊之间有一种类似人与人之间的亲密关系。孩子和玩具娃娃说话，给它东西吃，照顾它，惩罚它，有需要的话还给它看"病"。要是玩具娃娃摔烂，孩子会眼含热泪为它安葬。要是布娃娃丢失了，整个世界就一片黑暗。

类似的现象在大人身上也能观察得到。有一句话颇为流行："轿车是德国人最宠爱的孩子。"事实上一些人保养打理其轿车，像对自己的孩子一样尽心尽力。雷诺汽车公司甚至将它生产的一款小型轿车简称为消费者的"小朋友"。在现实生活中，一些人甚至给自己的轿车起一个小名，在散热器盖上画上眼睛，当车

"发牛脾气"不愿行走时，人们就像劝心肝宝贝一样劝车配合。

在"心爱"之物中间最引人注目的首推目前全世界熟悉的电子宠物鸡，这是一种小小的蛋形电子玩具，其日本制造商万代在编程中给它注入了"生命"。按下开关后，小小的液晶显示屏上就显示一只虚拟的小母鸡，它从生到死（约一个月时间）都必须像一个真正的生命那样受到精心喂养和呵护。小鸡通过按钮方式喂养、清洁、照料和就寝。如果照料不周，这个小家伙就会用行动来惩罚"父母"，于是在不适当的时候拉屎拉尿，搞得人不得安宁。如果完全不管不问、任其发展，可怜的小家伙就会提前"死亡"。在短短的半年里，这种电子宠物在全球共售出1300万只，每只售价约30马克。而在日本，大家对电子宠物的喜爱达到了歇斯底里的程度。许多在校学生沉迷于玩电子宠物鸡，以致许多学校只好颁布禁令，严禁携带电子鸡上学。许多成年人在东京郊外的火车上也用玩电子宠物来消磨永无止境的早出晚归旅程。此外为了养好宠物鸡，人们还潜心研读专门出版的喂鸡指南。今天在因特网上已有数百个有关"电子宠物鸡"的网页，在那里甚至为死去的小鸡开辟了专门的墓地。

以上例子说明，人对物能产生依依不舍的感情。人对商品品牌不也是这样的吗？

2. 从同情到爱情的飞越

如今给品牌赋予某种情感已成为广告行业人所共知的常识。特别是对那些可被替代的产品，人们总是试图用情感来影响消费者的购买决策。客户给广告策划人员提出的唯一要求常常是：品牌需要一种"令人同情的形象"。然而，纯粹诉诸情感的广告的失败率相当高，业内人士估计高达95%。这个估计应该是可信的。试想消费者或许对你们公司的产品充满好感，但并不妨碍他对其他公司的同类产品也有好感。

但是不能因此得出结论，认为纯粹的情感品牌战略总体上太弱，不足以提高销售成绩。国际成功品牌已令人信服地证明，情感对销量起着重要的杠杆作用。

这些（极少数）成功品牌在做法上有何过人之处？它们诉诸的感情比同情更强烈，这就是爱情。两者之间一字之差却相去千里，这是因为只有爱情才是排他的感情。爱情要求在顺境和逆境中都忠贞不渝，即使竞争对手用特价销售来利诱，也毫不动摇。

事实上，从同情到爱情的飞越是可以实现的，在购买香烟的品牌决策上它表现得尤为明显。大多数吸烟者无条件地忠诚他们喜爱的品牌，他们宁愿放弃吸烟

也不肯把别的牌子的香烟叨在嘴上。这种现象已超越同情，它实际上是一种爱情。

3. 如何制造对品牌的爱

只有得出的结论对实践有用，区分同情和爱情才有意义。

为了制造同情，广告专家不需要任何方法。每一个心智健全的策划人员都能制定出一套令人同情的广告宣传方案。但要达到爱情的感情质量就不能这么做。我们首先得问自己，怎样才能有的放矢地制造出爱情来。也就是说，我们追求的是一种"爱情的机制"。

几百年来，不同的学科专家一直试图找出爱情的"游戏规则"：谁什么时候爱上了谁？为什么爱上了？

法国作家、学者司汤达是最著名的爱情专家之一，18世纪他在法国进行过社会学研究。早在当时他就发现了许多有关爱情的"游戏规则"：

——当爱情必须被征服时，它给人的感觉才更加强烈；

——爱情需要挑衅，以使其火苗不至于被熄灭；

——人们宁愿爱恋个别的，独一无二的，也不愿爱恋千篇一律的人或事；

——自然之手段比人为之手段制造出更多的爱情；

——爱情可以"储存"起来，储存在一段音乐旋律中，储存在一种芬芳的香味中，储存在对一个特定场景的记忆中；

——爱情不取决于外表。

4. 基本的战略模型

全世界无数品牌都试图通过诉诸情感的广告宣传来提高产品的销量。为了让诉诸情感的广告宣传能充分挖掘品牌的成长潜力，搞懂情感的游戏规则就显得更加重要。

以下四个基本战略模型被世界成功品牌的实践证明特别奏效：

（1）情感转移广告战略

其原理是：刺激消费者头脑中业已存在的"感情结"，使之与你们公司的品牌融合在一起。

为了对购买决策施加直接的影响，情感必须非常强烈。但是，无中生有地制造这种强烈的情感并非易事。较为明智的做法是从已在消费者头脑中扎根的那些强烈情感出发因势利导。具体而言，我们从"感情结"出发，因为在这里面集结了为数众多的与情感相关的图像、意念、联想和憧憬。

在此我们区分两种"感情结":

① 生理的感情结。当我们看见一个婴儿、一个动物或者充满魅力的身体时,心中不由产生一种可以观测到的感情。没有人能够摆脱这种生理反应。

② 文化的感情结。主要是指下面这些感情:

——对家乡的感情;

——对一定地区和文化的感情;

——对过去某些浪漫事件或时期的感情;

——这些感情与一定的情景紧密相连。

对消费者而言,上述感情只有通过个人的生活经历和经验才能具有其内容。

情感本身是一些模糊不清、变幻无常的东西,我们很难把握它们。只有当它们像盐一样集结在水杯中的一根线周围时,它们才变得容易把握。这时情感就获得了质体、规模和外形,这时情感就成为看得见摸得着的东西了。

(2)憧憬广告战略

其原理是:把目标顾客对特定的情感场景憧憬表现出来。

如果一个品牌成功地表现出其目标顾客某种热切的憧憬,那么消费者就会喜爱并购买这个品牌。

憧憬广告战略与情感转移广告战略区别何在?后者源于过去,在过去的日子里特定事件、情景和图像与情感密不可分地融合在一起。而前者着眼于现在,我们日常生活的不足不满之处正是憧憬诞生之处。例如,囚犯的最大憧憬莫过于自由,而自由对大多数非囚犯来说是一件自然而然的事情;又如,口渴者最大的愿望就是饮水,而口不渴的人绝不会对一杯水这么充满感情。

由此我们发现一个规律:强烈的情感不是存在于满足之中,而是存在于渴望和满足之间的悬念地带。渴望越强,满足感就越多。在此还可以得出结论:最富有情感的时刻就是高潮出现的时刻,也即渴望得以实现的时刻。

采用憧憬广告战略的人必须注意从气氛上把握这个高潮,并将它用于品牌宣传。重要的是别把对渴望的诉求与价值承诺混为一谈。

如果对消费者来说购买某个品牌的香水将满足他永远与自然和睦相处的憧憬,这是不明智的。被激发的憧憬更应该是一种情感上的芳香,我们把芳香赋予到产品身上,以使它对消费者产生无法抗拒的吸引力。芳香只是一种希望或憧憬,而它的情感吸引力正是在这种希望或憧憬之中。

成功案例:洋河蓝色经典白酒

洋河蓝色经典白酒在广告中就给观众营造了一种憧憬的情感场景。蓝色经典

图 3-14

白酒的消费群体大部分是工作年龄段男性，而每个男性都渴望拥有博大的情怀。在蓝色经典的广告中，一位穿着正式的男性在酒会上看到了蓝色经典的天之蓝白酒，画面中出现了蔚蓝的海洋和天空，男人高举着盛满"蓝色经典"的酒杯，同时画外音响起："世界上最宽广的是海，比海更高远的是天空，比天空更博大的是男人的情怀，洋河蓝色经典，男人的情怀。"

这些语言表达出消费者希望获得的感情体验，以此为背景，广告的画面所展现的宽广的蓝色大海、高远的蓝色天空，都比不上男人杯中的"蓝色经典"带来的博大的情怀。消费者把广告理解为憧憬的实现，并由此产生情感上的深化或延伸，这种深化或延伸能够引发对品牌的爱。

成功要素：

① 憧憬的强度。广告战略越是准确地表达消费者现在的真实的渴望，其效果就越好。这里的关键不在于构筑一个"充满诗意"的憧憬，诗意的憧憬虽然能提高广告宣传的艺术价值，但消费者却是另一种完全不同的感受。

② 与产品的关联。总而言之，情感广告战略只适用于富有情感的产品，否则会贻笑大方。例如，憧憬广告战略不适于推销牙膏。

③ 戏剧性。憧憬与憧憬的实现之间的反差越大，所产生的情感就越强烈。

④ 自身特点。所选择的憧憬广告战略与竞争对手习惯了的广告传统区别越大，其取得成功的机会越大。这无疑是一个巨大的挑战，因为让成千上万观众真正产生憧憬的事物并不是很多，可以说屈指可数。因此，世界上许多品牌想把某些憧憬据为己有是可以理解的，如远离日常生活的奔波而得以休息。每群目标顾客都用不同的想象、梦境和期望来填充这个憧憬，我们越是真实地表达这个憧憬，消费者就越喜爱我们的品牌。

（3）生活方式广告战略

其原理是：用你们公司的品牌体现消费者对一种可以实现的理想生活和全面憧憬。

　　生活方式广告战略是憧憬广告战略的变种或延伸，但它却遵循别的规律。这是因为对理想生活的梦想不仅依托在某一单个的憧憬之上，而是依托在一整束的憧憬之上。例如，一些人梦想要在澳大利亚过"隐居生活"，这个梦想把他们的各种憧憬都表达出来了。梦想者想借用憧憬来弥补其日常生活的缺憾，如竞争、压力、适应、忙碌，等等。

　　生活方式广告战略具有巨大的经济潜力，其经典范例是体现北美牛仔生活方式的香烟品牌万宝路。该品牌诞生于 1855 年，在此后一百年里可以说并不有名，直到它开始表现牛仔生活方式为止。1971 年，万宝路在德国占有 1.2% 的市场份额，到 1985 年就上升到 15%，稳居市场首位。现在万宝路在全球的市场份额估计达到 30%，遥遥领先于其他品牌。在香烟市场的竞争是如此激烈的条件下，能取得这样的成绩，无疑是一个伟大的胜利。

成功要素：

　　① 世界上的生活方式数不胜数，从纽约的唱片师到尼泊尔的牧羊人，各有各的活法。怎样才能知道其中哪种生活方式适用你们公司的品牌？

　　首先，我们把那些情感负荷已很高的生活方式预选出来。根据以往经验筛选出来的生活方式恰恰是我们在电影、电视和文学作品中早已熟悉的生活方式。既不必要求它们独特高雅，也不必要求它们具有最大的娱乐价值，只要它们已深深地扎根于目标顾客的意识中就行。它们连同大量图像、梦境和情感活在目标顾客的心中。这种观点有一个潜在的前提，即所有真正富有憧憬的生活方式不可避免地被文学家、艺术家和电影制作人员发现并被千百次的表现过了。一种伟大的生活憧憬要是至今还未被发现，倒是显得似是而非。作为我们创造性工作的出发点，我们不得不使用"没有创造性"的素材，初看这一事实多少令人有些失望。但是万宝路也遇到过同样的问题。当他们在 20 世纪 60 年代着手开发品牌空间时，"牛仔"这个因子已被用滥了：无数西部居民给这个概念加上层层感情色彩，其退掉的色彩才能落到万宝路身上。试想，当时万宝路品牌完全可以采用一种比牛仔更加独特的生活方式，比如说展现穿越阿拉斯加茫茫雪原的爱斯基摩人家庭的生活方式，然而这个世界要在斥资亿万、等待多年之后才能实现这种憧憬，因此，直接在已在消费者心目中扎下根来的既定生活方式基础上做文章，其效率更高。

　　其次，我们展现的生活方式不必非要"时髦"不可。因为时尚就其本性而言就是流动易变的。例如，真要推广一个时尚品牌，我们将被迫不断地、迅速地

改变策略，以使品牌始终"入时"；我们必须与目标顾客保持经常的对话，以便及时预见新的时代精神潮流，并将其纳入广告宣传之中。此外，时尚还有一个弱点：在不同的文化和亚文化中，它们的判别变动极大。俄罗斯一个种芥蓝的农夫和巴伐利亚的一个乡民共同认为很"棒"的时尚品牌到底算不算时尚品牌都成问题。毕竟时尚只能表面打动目标顾客，真正的憧憬则更加深沉。时尚只是不断更新我们的表现憧憬的方式，但却不体现憧憬本身。

② 真实性。理想生活方式的关键魅力在于它使消费者朦朦胧胧、流动不定的种种憧憬突然变得具体生动起来，它们变得看得见、摸得着。这样我们的品牌缩小了消费者与他们自己的梦境之间的距离。

由此引申出四条建议：

——尽量真实。我们的品牌对其体现的生活方式必须绝对的严肃认真。这意味着毫不留情地避免广告俗套：牛仔头上不可以有刚吹理好的波纹，牧羊人的手指上绝不该涂上闪亮的指甲油。最好连演员也不要用，而是让其"真正的"代表来展现他们的生活方式。表现手段也有一定之规：只用照片而不用绘画，因为只有照片才能"证明"我们世界的真实性。我们毕竟想让消费者保持其心爱的幻觉：他随时可以乘上飞机，逍遥在我们的品牌世界中。

——时间上的完整性。我们的广告不仅要展现从理想生活中节选出来的高潮片段，而且还要展现整个日常生活：从早到晚，由春至冬。因为生活每时每刻都充满魅力，足以令人留恋不已。时间的完整性可以"证明"我们世界的真实性。

——内容上忠于细节。正是由于消费者心目中的憧憬模糊不定，所以每个细节——直到背景中自得其乐的蜥蜴，都使我们的世界更接近活生生的现实。

——地理位置。"理想生活"展开的专访需要有一个地名和大致的地理方位。这样我们就能够更好地让消费者在情感上确信，我们的世界确实存在。

③ 人物。一种理想的生活方式必须由与之血肉相连的人来体现。这些人的任务是有血有肉地把这种生活方式表现出来——他们存在的理由仅此而已。这些广告人物前无古人，后无来者，在他们的世界之外亦不存在。他们无权有自己的姓名、自己的爱好，也没有个人的性格和脾气。理由很简单：任何人物个人的特性都可能使我们的主人公偏离其生活方式，如果那样的话，人物和生活方式就变得不协调，消费者将同时面对两个供其认同的榜样。比较而言，他可能更容易认同一个充满个性的人，而不那么容易认同一种抽象的生活方式。

简而言之，人物不应该与生活方式发生冲突，因为人物很容易使它黯然失色。如果把富有个性的"英雄"放在一个理想的生活方式中，我们会觉得他们要质疑我们梦境中主角的位置。由此可见，英雄干扰人们对理想生活的梦想。

④ 日常生活插曲（而不是戏剧性的故事）。表现生活方式最清楚、最纯粹的办法是展现日常生活中的插曲，即经常反复出现的生活片断，其进程总是略有不同，但究其根本却是一样的。

此外，理想生活的本质之一就是它没有高潮。每个时刻、每个义务和每个既定进程都给生活带来极大的快乐，从而使耸人听闻的故事显得多余。毕竟在我们的生活中耸人听闻的事情只有一个作用：给我们单调灰暗的日常生活增添一点亮色。

反对采用耸人听闻的故事还有一个理由，即它们分散消费者的注意力。这样消费者容易只关注故事，但同时忽视抽象的、基本的生活方式（戏剧性故事更适合第六章中阐述的明星广告战略）

⑤ 布景。几乎每种生活方式都与一个地理上的故乡密不可分，这个故乡通常是不可替换的。"布景"一词赋予地理一个比较次要的作用，它只是协助将表现的内容戏剧化。

⑥ 意义/使命。一种理想的生活方式必须有一个意义。如果只是表现享乐主义、休闲与奢华，那它就太平庸、太空洞了。这话听起来可能令人意外，毕竟广告热衷享乐主义胜于一切。在电视广告中，我们经常看到欢呼着的年轻人在屏幕上蹦蹦跳跳。但是它对生活方式广告战略就远远不够了。因为享乐的人要么是度假人士，他们以后总得回到并不那么快乐的日常生活中来；要么是局外人，他们本来就不再参与真正的生活。这样他们作为边缘人群从"正常"的社会生活中脱离出来，而那些"正常"的人们则必须为每日的面包辛苦劳作。从这个意义上讲，享乐主义意味着对社会责任的拒绝和逃避。

因此，我们的理想生活方式必须确保我们的人物原型每日能挣到面包。但没有必要要求他进而服务于一个崇高的社会使命，如环境保护。

试想，假如万宝路的牛仔不是真正的牛仔，而是度假人士或者隐居人士，他们已经经历过"真正"的生活，现在骑马只是一种业余爱好，那么该品牌要失去多少吸引力呵！这就是说，一种理想生活具有什么样的"意义"，能够决定广告宣传的成败。

⑦ 开放的终结状态。理想的生活方式把我们带到一切发展的终点：我们的

人物使其工作达到至善至美的程度，对他们来说没有什么东西需要学习，他们的生活也是如此，他们已到达意愿与期望的终点。与目标顾客迥然不同，他们不再尝试继续开发自己的生活，使生活上一个新的台阶。他们的生活已经很理想了（这是本广告战略事先规定好了的），不需要任何改进。

此时此地的完美性具有一种永恒的保障，因此，它呈现一种开放的终结状态，没有世界末日的阴影。

⑧ 安全感。理想的生活方式展现的恰恰是消费者生活中缺乏的安全感和稳定感。

我们生活中什么东西是确定的？有人说，除了税与死亡，其他的一切都处在不可测定的变化中。社会的支柱存在松动，越来越多的婚姻破裂，工作岗位日益减少，退休养老金正在缩水。缺乏安全感已成为影响我们目前生活的最突出因素之一。"理想的生活方式"应当弥补人们在安全感上的缺憾。它表现出越多的安全感、信任感和稳定性，生活方式广告战略的效果就越好。

⑨ 生活的乐趣/艰难。大凡广告都喜欢表现美丽无比的品牌世界：到处是幸福的笑脸、欢跳的人群和灿烂的阳光。但是，如同前面已提及的那样，这种至善至美并不能反映人们的憧憬。因为如前所述，憧憬总是产生于满怀期望的悬念地带，而不是产生于期望实现之时。因此，我们越是让不美好的一面与美好的一面形成鲜明对比，我们的品牌世界的吸引力也就越大。

请回忆一下您生活中浪漫的时刻吧：

——浪漫是简洁而不是奢华（草垛里的爱情是不是比星级酒店般的住宅里的爱情更浪漫）；

——浪漫是自然的，而不是技术的（乘坐古老的帆船比乘坐技术设施齐全的邮轮更浪漫）；

——浪漫是欠完美的，而不是完美的（我们有过无数次的海滩漫步，留在我们浪漫的记忆中的唯独是被暴雨淋得浑身透湿的那一次）。

关于生活方式广告战略的成功规律就说这么多。我们有意识地表达尖锐一点，目的是为了说明，从憧憬这样的"软"题目中也能提炼出几条"硬"规则。

（4）小说式广告战略

其原理：以小说家们撰写发行百万、风靡全球的畅销书的法则为基础，给你们公司的品牌营造强烈的情感。

　　前几节阐述的情感广告战略都是以约定俗成的、深深扎根于消费者意识之中的诸多情感为基础的。然而，无中生有地为一个品牌营造情感也是可能的。至于如何才能实现这一点，广告业内人士最好向世界各国的畅销书作家们学习取经。这些作家擅长讲述令百万读者产生强烈感情共鸣的故事。一些成功品牌也采用与之相同的情感模式，从而将销量显著地提高。现将这一情感模式的要点归纳如下：

　　① 主人公

　　我们的故事需要一个主人公。尽可能别用平庸人物，别用典型的广告面孔，主人公应当是一个有血有肉的人。他有两个明显特征：一是非常可爱，二是很容易受到伤害。因为我们这里不是要讲一个刀枪不入的常胜英雄的故事，而是要讲一个感情丰富、人性十足且多愁善感的人的故事。

　　② 挫折

　　我们可爱的主人公悲伤、不幸，或者是由于命运不济，或者是因为社会不公而使他成为牺牲品。但是他对种种逆境都是无辜的。

　　③ 转折点

　　这时人性的钟声终于敲响。故事进程出人意料地发生转折，开始转向积极正面的方向，而且转折常常以一位不知其名的行善者的面目出现。把我们品牌引入故事的恰当时机就在此刻，因为正是在此刻悲伤转化成幸福。

　　④ 圆满结局

　　我们的主人公十分幸福，他用感谢的表情或者满脸笑容来表现他的幸福。

　　上述简单的戏剧规律给创意留下许多空间，不管怎么说，小说家们就是反复用这个模式编织一个又一个的成功故事。

成功案例：巴里拉面食（意大利）

　　如何在面食的故乡意大利推销一种面食品牌？要知道意大利有四百多个不同牌子的面食为争夺市场份额而展开厮杀。强调质量一流已无新意而言，给热气腾腾的面条拍令人馋涎欲滴的特写，却又司空见惯。巴里拉的营销人员依照畅销小说模式讲述了一个简短而动人的故事，成功地解决了这个问题。仅举一例，我们在镜头上看见一位可爱的小男孩坐在体育场的大门口外。场内人声鼎沸，一场重要的比赛即将开始。然而我们的小男孩没有钱，他买不起门票。尽管如此，他仍想在此感受一下场内的冒险气氛。当他垂头丧气地坐在体育场大门正对面的长椅

上时，他的失落与忧伤达到了顶峰。整个国家因足球而发狂，只有他一个人这么可怜兮兮地坐在体育场的大门外，从一部陈旧的小塑料收音机中收听实况转播。但突然间，体育场检票员向他招了招手。我们的小男孩不相信叫的就是自己，还转身向后看看有没有别人。检票员又向他招了一次手。小男孩迈着踌躇的脚步向他走去。他全然没想到自己会这么幸运：好心的检票员父亲般的拍着他的头，让他免票入场！这是一个多么令人喜出望外的时刻！小男孩随即旋风般地冲上楼梯，进入群情激昂的体育场，他眼里发出的光芒表达出这个世界全部的幸福。年迈的检票员目送小男孩，向他挥了挥手，脸上露出会心的微笑。

这个广告片段利用了小说式广告战略所有的戏剧性成功法则：

——我们有了无辜的、可爱的主人公；

——他无辜地承受着巨大的悲伤；

——一位行善者进入剧情；

——他把巨大的痛苦变成了无比的幸福。

巴里拉先后推出了一整套的类似电视广告片，其宣传主题是："凡是有巴里拉的地方，那里就是你的家。"上述例子是镜头中唯一见不到任何面食的广告。它的效果不能用诱导式的品质承诺来解释。尽管如此，在故事的转折点推出产品，以便让转悲为喜的主人公喜上加喜，一般而言这是值得推荐的良方。

巴里拉广告攻势开始于1985年，它在三年内使销量增长了35%。时至今日，它仍然是意大利制作的最动人的广告。

本节思考与练习题

1. 建立潜在的价值，主要采用哪四种基本广告战略模型？
2. 建立社会规范需要采用哪些广告战略？
3. 基本的习惯战略模式有哪些？
4. 塑造身份的基本战略模型有哪些？
5. 塑造情感的基本战略模型有哪些？

本章思考与练习题

　　1. 试分析宝洁等生活消费品公司的产品广告为什么多采用生活体验表现方式?

　　2. 简述头脑风暴法的特点。

本章小结

　　若想掌握电视广告创意,就必须掌握基本的市场营销知识和运作手法。第一节从广告目标到广告计划再到产品概念及其定位,都是本着上述想法进行阐述的。在掌握了有关营销知识以后,第二步应该了解电视广告文本的创作过程和基本的创意方法。任何好的电视广告创意离开其科学战略定位是无法达到目的的,所以,要熟悉怎样写好创作大纲,更要清楚寻找电视广告的主要卖点,这也正是第三节的具体内容。有了上面的内容作基础,下面就应该掌握电视广告的表现手法及创作技巧,这正是第四节的内容。电视广告的诉求点是多种多样的,有没有可以借鉴的模型呢? 第五节通过价值、规范、习惯等六种创意模型提供了一整套电视广告创意的具体方法。

第四章

电视广告写作

本章内容提要

◎电视广告的素材包括核心素材和表现素材。

◎主题是电视广告作品中所表现的中心思想。

◎解说词是电视广告创作不可或缺的重要构成要素。

◎电视广告创意通过电视广告脚本的写作体现出来。

◎电视广告故事版是将电视广告脚本视觉化、形象化。

第 1 节

电视广告写作素材

素材是写作必不可少的材料。我们搭屋建房需要建筑材料，材料是构成房屋的基础。所以，电视广告写作离不开素材，素材是构成电视广告作品的材料。电视广告的素材包括两方面：一个是电视广告核心素材，另一个是电视广告表现素材。

一、电视广告核心素材

电视广告核心素材是指构成电视广告核心信息的素材。电视广告创意人员经过充分的市场调查，获取电视广告所要宣传的产品情况、产品生产者的情况、产品消费者的情况、同类产品竞争对手的情况及电视媒体的情况等信息材料，对这些信息材料进行整理、分析，形成广告产品定位、目标诉求对象和电视广告主题，最终确定电视广告要"说什么"。电视广告"说什么"的内容就是电视广告的核心素材。

二、电视广告表现素材

电视广告"说什么"内容构成电视广告核心素材，那么电视广告"怎么说""用什么方法说"的内容则是电视广告的表现素材。电视广告表现素材包括：

1. 画面素材

画面素材是电视广告表现素材的主体，经过拍摄获取。在电视广告写作阶段，根据创意要事先设计，以"草图"方式绘制出来成为电视广告写作的依据。画面素材包括画面内容、字幕、画面间的剪接方式。

2. 音乐音响素材

音乐音响素材是电视广告表现素材的附体，包括电视广告背景音乐和电视广告歌曲，根据电视广告表现的需要一般要专门创作。有的电视广告根据需要还设

计进自然音响，一段真实的音响胜过数十字的解说。比如，画面是流水，配上流水声，就显得真实自然。音乐、音响在电视广告制作后期剪接合成到电视广告成品中，起到渲染气氛或情感和表达主题的作用。如"伊利优酸乳"就曾经推出过脍炙人口的广告音乐《我要我的滋味》，这首歌一度就代表了伊利乳类饮料。在电视广告写作阶段对广告音乐音响应有所设计：背景音乐、音响在整个作品中什么位置上？剪接点在哪？出入方式怎样？有的广告歌曲还要标明广告歌曲的歌词内容，与画面、解说、字幕的配合方式，等等。

3. 电视广告语

电视广告语是电视广告创意的体现，它凝结着电视广告的主题，补充和深化电视广告画面。在创作上强化电视广告中值得解释、说明和记忆的部分，追求平仄搭配、抑扬顿挫、简洁通俗等。广告语是电视广告整体中的重要组成部分，但不是不可缺少的部分，有的电视广告就没有广告语。另外，我们要把广告语的写作和电视广告写作区别开来，广告语是电视广告的表现素材之一，而电视广告写作则是以电视广告素材为基础，是电视广告创意的表达，也是电视广告制作阶段的蓝本。

4. 电视广告演员

电视广告演员是电视广告表现的表演者，在演员的表演下，展示电视广告内容，由他们带出电视广告一系列的表现素材。选择电视广告演员的主要原则是"接近性"原则：与消费群在性别、年龄上的接近；与消费者在地域和心理上的接近；演员的个性特征与产品特性的接近。

选择电视广告演员可以从以下几个方面考虑：

（1）选择社会名人

包括文艺明星、体育明星、社会名流等。在中国利用社会名人做广告，是基于中国人的从众心理很强，一般有名人做证言人们就会相信。社会名人是观众所崇拜的偶像，在各自的领域有一定的成就和影响，观众因对他们的喜爱和崇拜，而对他所宣传的产品产生好感，或者模仿他们的行为，购买他们所使用的产品，产生明星效应或造成威信效应。请名人做广告，一般酬金相当的高，表明企业具有雄厚的实力，使人对产品的质量产生信赖，放心地购买。

比如，香港著名影星周润发为"100年润发"洗发露做代言，就使其广告更加地引人注目。周润发的名字和"100年润发"的品牌名字本来很相似，再加上量身定做的广告情节，产生了显著的明星效应（见图 4 - 1）。

选择名人做广告时，应该注意避免选用为竞争对手做过广告的名人；否则容易使观众产生误解而削弱广告效果。

另外，需注意避免两种倾向：一是观众的注意力只集中于名人，而忘了其所宣传的产品品牌；二是产品如果经不起实践的检验，产品不仅会失信于消费者，而且名人也将受到"株连"，在观众心目中的良好形象毁于一旦。因此，企业选择名人做广告必须用心，而名人选择广告产品也是十分慎重的。

图 4 - 1

（2）选择独特个性的普通人

普通人，就生活在我们的身边！以普通人作为电视广告演员使人感到亲近、可信。以他们为素材，推荐产品，可以产生人证效应，有很强的说服作用。比如，"步步高点读机"电视广告中，小女孩跟着"步步高点读机"学习英语发音，大声地朗读英语单词，消费者就可以想象自己家的孩子使用这种学习机的情景，自然就对这种产品的效果比较放心（见图 4 - 2）。

图 4 - 2

（3）特别体貌特征的人

这样的人由于有特别之处，容易辨认，也便于记忆，如果以他们为素材，创造广告形象，也会产生特殊的广告效果。比如七喜广告"穿越篇"中就借用了男扮女装的方式，创造了一个搞笑的广告人物，为广告的故事带来了很强的戏剧性，使观众忍俊不禁的同时，也对产品留下了很深的印象（见图 4 -3）。

图 4 - 3

另外，文学作品或影视作品中的人物、天真活泼的儿童、各种各样的动物等等都可以作为电视广告演员（见图4-3）。

只要创意能够想到的，技术能力能够达到的，电视广告的素材是丰富多彩的，俯拾即是。

本节思考与练习题

1. 电视广告的素材包括哪两方面？各种素材应该如何运用？

2. 分析一条表现素材比较丰富的电视广告，看看这些素材之间是怎样进行搭配的。

第2节

电视广告写作主题

一、对主题的认识

主题是电视广告作品中所表现的中心思想。

素材是搭建电视广告作品的基本材料，而主题则是电视广告作品的灵魂，在整个电视广告写作中，主题起着主导和支配作用。主题像凝结剂一样，凝结着电视广告的所有相关素材；主题又像一条线穿起电视广告写作的所有环节。在主题的统帅下，电视广告才能重点突出，主旨鲜明，易于为观众领会和把握，从而达到广告目的。没有主题，素材就失去了核心与准则，涣散不成一体。所以，主题在电视广告写作中，有着举足轻重的重要作用。

二、电视广告主题的功能

电视广告主题包含了什么内容，它承载着什么功能呢？一般来说，提炼电视广告的主题，需考虑确定主题能否体现广告商品的个性，表明广告目标，满足消费心理。

1. 承载广告商品的个性

找出电视广告所要宣传的商品的差异性，电视广告的传播才有可能实现广告目标。电视广告所要宣传的商品、劳务、企业或观众主张等信息内容，与同类事物相比，有着与众不同的特殊性、优越性，能给消费者带来独特的好处和特殊的利益。电视广告主题就承载着广告商品的个性。

比如，洗发水共同的功能是去污洁发，而有一种洗发水却强调是专用于早间洗发的，于是满足了习惯于早晨洗发的消费者的需求。洗发水的功能没有变，但由于强调了早间使用的特殊个性，使这一洗发水打开了销路。电视广告的主题要强调本商品具有同类其他商品所不具备的优点，以此吸引观众的兴趣和注意，使他们产生特别的好感和购买欲望。

2. 表明广告目标

电视广告要达到一定的目标。广告目标不同，电视广告主题诉求点也不同，信息个性的侧重点也会有所不同。广告目标是由产品的生命周期和广告策略决定的。创牌期有创牌期的广告目标，保牌期有保牌期的广告目标，竞争期有竞争期的广告目标。不同时期的电视广告主题应该表明不同的广告目标。

3. 满足消费心理

电视广告为了达到广告目的，促进商品销售，就必须了解、掌握目标消费对象都是哪些人，属于哪个消费层次，购买动机如何。广告主题只有与目标受众的消费心理相吻合，满足消费者的心理欲求、消费层次和购买动机，才能得到他们的认同与接受。

信息个性、广告目标、消费心理是构成电视广告主题三个要素，它们分别有不同的功能，缺一不可。在竞争越来越激烈，供大于求的当代社会里，三个要素缺一不可，它们有机结合，融为一体，才能形成优秀的电视广告主题。

三、电视广告主题特性

1. 个性鲜明

个性鲜明是指含义清楚，不模棱两可，让人一目了然。广告的意图、创作者的观点，与所掌握的素材要有机统一，完美结合，使信息特征和个性，对消费者的利益和承诺得到充分体现，能够唤起消费者的欲求。

比如，M&M's 巧克力广告鲜明的广告主题"M&M's 妙趣挡不住"，找到了M&M's 的鲜明个性（见图 4 - 4）。

主题就是个性的体现。主题也应千姿百态，独创、创新。也就是说，电视广

图 4 - 4

告各有特色，应力避雷同，要善于从看似平常的素材中发掘出新鲜独特的寓意，才能吸引观众。要使电视广告主题新鲜独特，必须在认真分析研究已有素材的基础上，广开思路，从不同角度切入，才能发掘出新鲜独特的主题。现在市场上相同产品的电视广告都在力求个性鲜明，追求与众不同。

2. 表达集中

电视广告一般很短，在较短的时间内不可能面面俱到，眉毛胡子一把抓，什么都想说，可什么都来不及说。在短时间里只能集中表达一个中心思想。确切地说，在那么短的时间里能说清楚一件事就已经很不容易了。如果将电视广告的主题集中于一点，诉求单一，并加以突出，就会吸引相关的目标消费对象。

比如，李锦记调料广告"爱，用味道表达吧"，分别通过母子之爱、父女之爱、情侣之爱、亲子之爱诠释广告主题。在广告中，通过为爱的人做美味可口、温暖贴心的饭菜，用这种方式表达爱意，爱被味道承载，最后点出广告语"爱，用味道表达吧"。整个广告没有介绍李锦记种类繁多的烹饪酱料，而只述说一个主题：用味道表达爱。

3. 明确在先

即在电视广告脚本创作中，必须首先确定主题，然后再进行创作。主题确定在先，具体写作在后。这是因为任何广告创作都是有目的、有计划的功利性很强的活动，必须符合广告主的意图。只有先确定广告宗旨，明确广告主题，再运用广告素材围绕主题进行创作，才能保证广告效果。要使事先确定的电视广告主题符合实际，准确无误，必须首先进行详细的市场调查，并作出周密的广告策划，然后再确立广告的主题，才能确保广告效果。

本节思考与练习题

1. 什么是电视广告的主题？它在电视广告中起什么作用？

2. 电视广告主题包含哪些功能？有哪些特性？

3. 以一条优秀的电视广告为例，谈一谈你对电视广告主题的理解。

第3节

电视广告解说词

有了电视广告素材，确立了电视广告主题，解决了电视广告说什么的问题，接下来，该解决"怎么说"的问题了。电视广告的内容、主题、创意是通过具体的表现形式表达出来的。关于电视广告的表现形式本书第三章第四节已有论述，在此不再赘述。

电视广告的解说词，也叫广告词或广告语，是电视广告创作不可或缺的重要构成要素。

一、广告词的种类与作用

1. 广告词的种类

广告词包括画外音解说、人物独白、人物之间的对话、歌词和字幕等。每则电视广告，根据创意和主题的需要，只取用其中一二。究竟选择哪几种广告词，是根据创意要求，灵活运用的。

2. 广告词的作用

广告词的基本作用是弥补画面的不足，即用听觉来补充视觉不易表达的内容，提示和深化电视广告的主题。以字幕形式出现的广告词也起着进一步强化信息内容的作用。

二、广告词的特点

电视广告创意与表现的丰富性决定了广告词自然也不拘一格，多种多样。大体上有如下特点：语言凝练，句式简捷，抑扬顿挫，朗朗上口。

对解说词的运用可以这样理解：电视广告作品集中电视所有的艺术表现形式，解说词的形式没有定式，只要是创意中想到的解说词形式就是它存在合理的形式。比如，可以像电影、电视剧，也可以是电视散文，或者可以是 MTV 式、

新闻报道式、纪录片式、专题式等等。

在内容上，广告重在强化广告中需要说明、补充或需要观众记忆的部分。

电视广告词中的标语口号，应是着力加以表现的重点。文字应尽量简短，具备容易记忆、流传，口语化或语言对仗、合辙押韵等特点。比如：

雀巢咖啡：味道好极了！

金利来，男人的世界！

农夫山泉有点甜。

牛奶香浓，丝般感受，德芙牛奶巧克力！

这些广告口号都是生活中极为普通的口头语，却体现了无穷的魅力，并在观众中广为流传，有效地扩大了对新产品信息的宣传，起到了促销作用。

三、广告词写作思路

大多数广告是构成广告运动的系列讯息的一部分，广告运动常常包括以不同媒体为载体的多种讯息，这些讯息都以一个简单的口号或创意为中心。决定中心口号、创意、市场定位或形象是创作过程的关键部分，因为它为构成广告运动的单则广告确定了基调。一些广告运动之所以仅存在很短的时间，常常是因为它们是无效的或市场情况发生了变化。

下表列出了一些持续时间很长的广告运动口号。

表 4 - 1

公司或品牌	广告运动口号
耐克	行动起来吧
Allstate 保险公司	你与 Allstate 心手相连
Hallmark 贺卡	情至深处时需要送最好的贺卡
戴比尔斯	钻石恒久远，一颗永留传
宝马	极品驾驶工具
State Farm 保险公司	State Farm 像一个好邻居一样
天美时手表	只需敲一下就不停地走
Dial 香皂	你用 Dail 难道不高兴吗？ 你难道不希望每个人都使用吗？

一旦创作口号建立起来并得到批准后，精力就应转向广告诉求的类型和即将使用的创作表现方式。在考虑广告战略的这些部分之前，我们先论述如何决定主要卖点。

1. 寻找主要卖点

创作最重要的部分就是决定将会成为广告运动主要卖点的中心口号。主要卖点应该作为你能够表述出来的、你的产品或服务中最有力的、独一无二的事物出现。它应该成为对你的目标受众最有意义的诉求声明。一旦你决定了此讯息，你就一定能依靠它生存，它一定能持续足够长的时间以保持广告运动中每一个广告的中心主题。

一些广告专家认为，一个有效的广告运动必须有一个大创意，这一大创意能吸引消费者的注意，得到相应的反应，使广告主的产品或服务与竞争对手区别开来。著名的广告大师大约翰·奥图（John O'Toole）将大创意描述为"合成战略目的的启发的闪现，它用一种全新的、参与的方法将产品用途和消费者的欲望有机地结合起来，将主题融入现实生活中，从而能使读者、观众或听众停下来，看一看或者听一听"。

当然，对创作小组真正的挑战是提出广告中要使用的大创意。许多产品和服务实际上没有任何特别的特征，因此，要找一些与它们相关的、有趣的事来描述就非常困难。

尽管广告中真正的大创意很难产生，但现在也有许多大创意的例子已成为非常有创造性的成功的广告运动的基础。经典的例子有"品位最佳，却不胀肚"，已被米勒淡啤酒用了二十几年；"百事一代"口号和接下来的各种广告如"新一代口味"和"新生代（Generation Next）"；宝马公司的"极品驾驶工具"。最近还有为英特尔计算机微处理器所做的"Intel inside"广告运动，耐克公司的"行动起来吧"，以及为通用汽车公司卡车所做的"坚若磐石"口号。

要为一个大创意找到灵感或培训广告从业人员如何寻找灵感是很难的事情。但也有一些方法可以指导创作小组寻找主要卖点和提供开发有效广告的解决方法。

一些有名的方法如下：

（1）运用独特的销售主张；

（2）树立品牌形象；

（3）寻找内在的戏剧性；

（4）市场定位。

2. 独特的销售主张

独特的销售主张的三个特征：

（1）每则广告都必须给消费者一个建议。它不仅仅是语言，也不仅仅是对

产品的吹捧或橱窗广告。每则广告都必须对每位读者说："购买这种产品吧，它会对你有用。"

（2）建议必须是竞争者不能提供或没有提供的，它在品牌或声明方面必须是独特的。

（3）建议必须对大众有足够的说服力，也就是说，能吸引购买贵公司品牌的新顾客。声明（claim）的属性或形成独特的销售主张的基础的用途应主导这则广告，且通过重复性的广告得到加强。

广告主必须考虑独特的销售主张是否能为他们提供竞争者不易模仿的持续的竞争优势。特别是在包装物领域，其他公司很快就能模仿，因此，在此领域以独特的销售主张为基础的广告已过时了。例如，几年前宝洁开发了一种洗发露和护发素二合一产品，以此来唤起其品牌 Pert 的第二次青春。这一重塑品牌命名为 Pert Plus，其市场份额从 2% 上长到 12%，使它在洗发用品中成为领军品牌。但诸如露华浓和 Suave 的竞争品牌也很快开发出它们的二合一产品。

3. 树立品牌形象

有许多产品和服务种类，其竞争品牌之间是如此相似，以至于你很难找到或创作一个独特属性或用途作为主要卖点。许多包装产品花费大量财力在美国做广告，但我们却很难发现它们在作用或用途上有什么区别。用来销售这些产品的创作战略是通过形象广告来为该品牌开发一个强有力的、令人难忘的辨别标志，品牌的形象或个性在各种品牌产品相类似时异常重要。

各种品牌的产品越相似，在挑选各种品牌时就越没有理由多加考虑。不同品牌的威士忌、雪茄、啤酒之间没有本质上的差别，它们都是一样的产品。蛋糕搅拌机、洗衣粉和人造黄油也一样。那些不辞辛苦地致力于用广告建立突出个性的厂商将获得最大的市场份额，赚取最高的利润。那些使用同样标志的小厂商们却将用于促销的广告费取消了，这些人可以说是一群目光短浅的机会主义者。

形象广告已变得越来越流行，它用于各种产品和服务的主要卖点上，这些产品和服务包括：软饮料、酒、雪茄、轿车、航班、香水和服装。许多消费者之所以穿名牌牛仔裤或者饮用某种品牌啤酒或软饮料，正是因为这些品牌的形象。成功的形象广告的关键是开发一个能吸引产品使用者的形象。

4. 寻找内在的戏剧性

另一种决定主要卖点的方法是寻找内在的戏剧性或者寻找使消费者愿意购买的产品特征。内在的戏剧性常常是很难发现的，但它总是待在那儿，一旦被发现，它便是所有广告诉求中最有趣和最令人信服的。广告应该以消费者利益为基础，而在展示这些利益时应强调戏剧性因素。

5. 市场定位

作为广告战略基础的市场定位的观念最早是由杰克·特劳特（Jack Trout）和阿尔·里斯（Al Ries）在20世纪70年代提出的，现已成为创作开发的一个非常常用的基础词语。其基本观点是应将产品或服务建立或"定位"在消费者心目中的特定部位。

特劳特和里斯最初将市场定位描述成消费者心目中的一种品牌形象，此形象与在产品或服务类别的竞争品牌相关，但现在此观念早已超出了直接竞争定位的范畴。产品可以用产品属性、价格/质量、用途或应用、产品用户、产品等级为基础进行定位。它们中任何一个都有可能激发出一个主要卖点成为创作战略基础，使公司品牌在目标受众的心目中占有一席特别之地。由于市场定位能作为一个属性区别的基础，所以市场定位和独特的销售主张有交叉的部分。市场定位方法已用来建立了大量成功的创作战略。

当一个公司有多个品牌在同一个市场上竞争时，市场定位就成为一个公司创作战略的基础。例如，宝洁在洗衣粉市场有十个以上的品牌，它对每个品牌都进行了不同的市场定位，参见表4－2：

表4－2 宝洁的洗衣粉

品牌	市场定位	市场份额
Cheer	强力去污能手（Tough, powerful cleaner）	31.1%
Bold	去污能手和保持色彩鲜亮（Tough cleaner and color protection）	8.2
Gain	去异味（Sunxhine plus fabric softener）	2.9
Era	污点预处理和去污（Stain pretreatment and strain removal）	2.6
Dash	有价值的品牌（Value brand）	2.2
Oxydol	漂白添加剂配方，增白（Bleach - boosted formula, whitening）	1.4
Solo	去污和软化剂（Detergent and fabric softer in liquid form）	1.2
Dreft	婴儿衣物的杰出去污用品，保护柔嫩皮肤（Outstanding cleaning For baby clothes, safe for tender skin）	1.0
Ivory Snow	保护婴儿衣物和皮肤健康的洗衣能手（Fabric and skin safety on Baby clothes and fine washables）	0.7
Ariel	去污能手，定位于西班牙裔人（Tough cleaner, aimed at Hispanics）	0.1

结论：

独特的销售主张、品牌形象、内在的戏剧性和市场定位这四种方法常常作为广告运动创作战略的基础。

对创作专家或创作小组的挑战是寻找主要卖点——不论其是否以独特的销售主张、品牌形象、内在的戏剧性的市场定位以及其他创作方法为基础，它都是开发有效的创作战略的指南。

本节思考与练习题

1. 电视广告创作时寻找主要卖点的方法有哪些？为什么？

2. 宝洁公司为什么要对其不同品牌给以不同的定位？

3. 广告词有哪些思路与写作方法？试着创意一条电视广告，并写出恰当的解说词。

第4节

电视广告脚本

电视广告的各种构成要素：素材、主题、艺术形式、表现手段以及解说词等，他们共同构成电视广告的内容与形式，并通过电视广告脚本的写作体现出来。

一、电视广告脚本

1. 由来

电视广告脚本，又称电视广告角本，或电视广告剧本，是从电影文学中借鉴来的。

早期（默片时期）电影剧本非常简单，主要是故事梗概和字幕之类，多半是无聊文人们在咖啡馆里凭一时感慨，在便条或香烟盒上写的所谓剧本，有的手头没有纸张就把剧本写在袖口上或裤角上，因此称之为"脚本"。直到有声电影问世后，电影的情节越来越复杂，事先就必须有周密的计划，电影剧本的基础作用日渐明显。因为电视广告必须运用蒙太奇思维和电影语言来进行创作，这与电影文学的创作规律大体相同，所以，我们完全可以把电视广告文案称为电视广告剧本或"脚本"。

2. 界定

电视广告脚本，即电视广告文案，是电视广告创意的文字表达，是体现广告主题、塑造广告形象、传播信息内容的语言文字说明，是广告创意（构思）的具体体现，也是摄制电视广告的基础和蓝图。

3. 性质

电视广告脚本与平面广告的写作有明显的区别，它不是广告作品的最后形式，是为导演进行再创作提供的详细计划、文字说明和蓝图，是电视广告作品形成的基础和前提。因此，它对未来广告作品的质量和传播效果具有举足轻重的作用。

4. 构成

同其他广告文稿一样，电视广告脚本由内容和形式这两方面的要素构成。

电视广告脚本的内容，就是广告创作者（编剧）按照广告主的意图，所要传达的商品、服务或企业信息以及创作者对这些信息的认识、评价或主观意念（观念、主张、希望等）。它是主客观的统一，因此，构成内容的基本要素是电视广告核心素材(信息)和主题。

电视广告脚本的形式是由内容决定的。创作者要把信息内容传达出来，必须通过创意、构思，并借助于一定的结构形式和表现要素，通过语言文字表达出来，这就是电视广告脚本的表现要素。它是内容的外在表现，包括结构形式、表达方式（技巧）和语言（含解说词）等。

显然，电视广告脚本的内容与形式是相互依赖、互为表里、密不可分的辩证统一关系。

5. 种类

电视广告脚本包括相互连续又各自独立的两种类型：一是文学脚本，另一个是分镜头脚本。文学脚本是分镜头脚本的基础；分镜头脚本是对文学脚本的分切与再创作。前者由文案撰写者（编剧）撰写，后者由导演完成。

二、电视广告文学脚本的写作

1. 电视广告文学脚本的写作过程

电视广告文学脚本的写作过程经历三个阶段：明确广告定位，确定广告主

题；构思广告形象，确定表现形式和技巧；按镜头顺序，运用语言文字描绘出广告画面，并写出广告解说词。

电视广告独具的蒙太奇思维和影视语言，决定电视广告脚本的写作，既要遵循广告文案写作的一般规律，又必须掌握电视广告脚本创作的特殊规律。

2. 写作要求

（1）明确广告定位，确定广告主题。

（2）必须运用蒙太奇思维，用镜头进行叙事。

（3）必须时时考虑时间的限制，每个画面的叙述都要有时间概念。一般一则 30 秒的电视广告，画面不应超过十几个。

（4）必须征得广告主的同意，才能投入摄制。有时为了争取客户，电视广告脚本必须写得生动、形象，具有艺术感染力。只有这样，才能打动广告客户，争得摄制权。

（5）一般按镜头段落为序进行描述。要求叙事清晰、完整、连贯，运动过程要具体、形象，使人一目了然。还可以于脚本前面或后面加上"创意说明"或"创意概要"，加以提示。

有的电视广告脚本，画面与解说词写在一起，也有的采用画面与解说词分述的方式，左边描述画面内容，右边标明解说词、音乐和音响。

三、电视广告分镜头脚本的写作

1. 分镜头脚本

电视广告分镜头脚本是在文学脚本的基础上运用蒙太奇思维和蒙太奇技巧进行脚本再创作，是导演对文学脚本所描述的广告内容，按拍摄要求进行镜头分切的文字说明。

电视广告分镜头脚本是摄影师进行拍摄，剪辑师进行后期制作的依据和蓝图，是演员和所有创作人员领会导演意图，理解广告内容，进行再创作的依据。将整个广告创意用文字固定下来，成为广告分效果测定的重要参照依据。与广告主签字后，可作为检查广告摄制效果的依据和法律凭证。

2. 构成要素与写作方法

分镜头脚本的构成要素包括镜头序号、镜头运动、景别、镜头时间、画面内容、演员调度、场景设计、演员台词、解说词、广告口号、音乐、音响（效果声）等。

分镜头脚本的写作方法是从电影分镜头剧本的创作中借鉴来的。一般按镜号、镜头运动、景别、时间长度、画面内容、广告词、音乐音响的顺序，画成表格，分项撰写。

本节思考与练习题

看一条电视广告成品，以还原的方式，写出一个电视广告文学脚本和一个电视广告分镜头脚本。

电视广告故事板

有了优秀的广告创意，写出了较理想的电视广告脚本，为电视广告创作提供了再创作的蓝图，创意能否得到最完美的体现，文学脚本能否转化为生动的视觉形象，关键要看摄制的水平。为保证电视广告的拍摄制作质量，事先必须有周密的计划和精细的设想，这就必须将电视广告脚本视觉化、形象化，于是，电视广告故事板便应运而生。

一、电视广告故事板

电视广告故事板，源于英语"Story Board"，还可翻译成"画面脚本"或"故事画纲"。它是电视广告脚本的视觉化，也是分镜头脚本的图案化。类似于影视拍摄过程中绘制的分镜头草图或场面调度效果图；又近似于小人书或连环画，是电视广告创意的图像表达。电视广告的主要内容、重要画面、关键性的动作、造型以及动态画面的流程，都要通过故事板体现出来。

如果说电视广告脚本是未来电视广告的文字方案，那么，故事板就是即将完成的电视广告作品的视觉化蓝图。因此，电视广告故事板是电视广告创造过程

中，由策划创意阶段向实际拍摄制作阶段过渡的关键性环节，标志着创意阶段的结束，摄制阶段即将开始。

二、电视广告故事板的作用

1. 检验广告创意的视觉化效果

看其是否充分体现了电视媒体的特点与长处，从而有利于对创意的补充、修改与完善。

2. 说服客户，使其理解创意，并作出明确的判断和抉择

在激烈的行业竞争中，谁能拿出最好的创意，并让客户理解和认可，谁就能赢得客户的投资。广告主通过故事版看到未来广告效果图，有助于他们对广告创意的理解，从而决定是否投资。

3. 有助于电视广告的拍摄和制作

故事板一经客户同意定稿，就按创作人数复制，人手一份。制片人据此作出广告摄制计划和经费预算，导演按照故事板去物色演员，选择摄像师、照明师、美工师、服装师、化妆师等，组成小型摄制组。摄制过程中，故事板为每个创作环节和制作人员提供了形象化的资料和参考画面，并成为后期剪辑制作的参考依据。

4. 是检验广告摄制效果和创作质量的依据

电视广告故事板一经广告主认可，双方签字，就成为检验广告摄制质量的依据。摄制单位按照故事板检验自己的广告作品是否源于故事板，又高于故事板；广告主也以故事板为依据，检查广告作品是否值得通过，而不能提出额外要求。

三、电视广告故事板的类型

电视广告故事板大多采用绘画形式，此外也有以照片或幻灯片来代替绘画的。绘画制成的故事板，又分为速写式与色彩式两种类型。

1. 速写式

速写式是最普遍、最常用、最方便也最快捷的电视广告故事板制作表现形式。大多采用铅笔单线长勾勒，使之线条清晰，图像鲜明，一目了然。

2. 色彩式

按广告创意，绘制成一幅幅水彩连环画。也有的先画成速写，再往上面涂颜色。目的在于弥补速写式故事板缺少色彩的不足，也可为导演和摄像师的再创作提供参考方案。

3. 速写与色彩结合式

将速写式与色彩式两者结合起来，穿插运用。一般场景用速写方式表现，重

点场景（或重场戏）用彩色表现，以烘托气氛。

四、电视广告故事板制作要求

（1）电视广告故事板画面规格要按电视屏幕长度与高度的比例（4:3）绘制。

（2）以电视广告脚本为依据，按脚本提供的文字说明进行视觉化再创作。故事板的画幅数量，应按照分镜头脚本提供的镜头多少和镜头长度而定。通常一个镜头要画一幅故事板画面，运动性长镜头至少要画两幅故事板——起幅和落幅。

（3）要将广告脚本提供的广告内容加以具体化、形象化，突出产品定位，体现广告主题。

（4）画好开头与核心画面，抓住观众注意力，引起观众的兴趣。

本节思考与练习题

1. 什么是电视广告故事板？有哪些作用？它的类型和制作要求分别是什么？
2. 以还原的方式为一个电视广告成品绘制一个电视广告故事板。

本章思考与练习题

1. 找一条优秀的电视广告，按着电视广告文学脚本、分镜头脚本、电视广告故事板的有关要求，分别还原一个电视广告文学脚本、电视广告分镜头脚本、电视广告故事板。

2. 创意一条电视广告，写出电视广告文学脚本、电视广告分镜头脚本、电视广告故事板。

本章小结

电视广告写作是电视广告创意的表达叙述。因为创意是创作者头脑中的一种设想，是抽象的、无形的，只有形成文字、图片，创意才被固定下来，才成为有形的东西。电视广告写作除了需要用文字表述，结合电视的特点还需要对电视画面进行表现，一般采用直观、简洁的方法就是制作电视广告的故事板。

电视广告写作和其他写作方式一样，必须具备素材、主题、表现形式和广告词（包括图片的配合）等构成要素。有了电视广告素材，确立了电视广告主题，解决了电视广告说什么的问题，接下来，该解决"怎么说"的问题了。素材、主题、艺术形式、表现手段以及解说词等，他们共同构成电视广告的内容与形式，并通过电视广告脚本的写作体现出来。

有了优秀的广告创意，写出了较理想的电视广告脚本，为电视广告创作提供了再创作的蓝图，创意能否得到最完美的体现，文学脚本能否转化为生动的视觉形象，关键要看摄制的水平。为保证电视广告的拍摄制作质量，事先必须有周密的计划和精细的设想，这就必须将电视广告脚本视觉化、形象化，于是，电视广告故事板便应运而生。

本章最终需要掌握的是电视广告文学脚本、电视广告分镜头脚本、电视广告故事板的创作。

附录:

宝露泰奇洗手液电视广告文学脚本

画 面	音 效
1. 一家三口，夫妇俩带着女儿拉着手从外面走进来 2. 老人在做手工活 3. 男人走到了母亲面前 4. 女儿同奶奶打招呼 5. 老人露出欣慰的笑容 6. 男人、女人、女儿都从背后拿出两瓶宝露泰奇洗手液 7. 三人对视一眼 8. 一家人其乐融融地在一起 9. 字幕：来自美国的健康卫士 10. 图标：宝露泰奇商标	男人：妈 女儿：奶奶，我们给您带礼物了 男人：我的礼物最实用 女人：我的最健康 女儿：我的最好闻 （合）：呀，原来都是宝露泰奇啊 （同期声）宝露泰奇洗手液来自美国的健康卫士 （同期声）Blue touch.

河南电视台宣传片分镜头脚本

我形，我容，我音，我品，我梦。我爱我中原。

中国河南电视台

N	景别	摄法	画　面	音乐	字幕	说明
1	大全景	俯拍	夕阳下，河道弯弯，金色的黄河水静静流淌	低沉，雄浑的鼓声	我形	在高处拍摄比如：黄河桥上
2	广角画面	平拍	残阳如血，薄云如丝，以落霞天幕为背景，黄河水大气、坦荡、自如、流淌			画面1、2是一个长镜头
3	中景	侧仰拍	龙门，卢舍那大佛。伟岸，庄严		我容	
4	全景	平拍	人性化卢舍那大佛，他端坐如钟			画面3－5是一个长镜头
5	推近	平拍	他仿佛一个尘世的观察者，安详地注视着芸芸众生			
6	大全景	侧平拍	古柏林中，绿荫如盖，光景斑离，寂若无声。一青衣少女立于林木之间		我音	画面6、7为一个长镜头
7	推中景	正面俯拍	风动、叶动、人不动，与古柏为临。少女手竖耳边，作倾听天籁状			
8	特写	俯拍	一碗烩面，色、香、味俱全，做工精细，用料考究	节奏欢快的豫剧梆子鼓点	我品	
9	近景	镜头渐渐后拉	一年轻人，坐于桌边，面带微笑，拿起筷子			画面8－10是一个长镜头
10	大全景	俯摇	古色古香的中式餐厅内，人声鼎沸，食客如云			

续表

N	景别	摄法	画面	音乐	字幕	说明
11	近景	仰拍	（小浪底工程脚手架的顶端）一个建筑工人面向太阳迎风而立，风吹起了他手中的旗帜，撩起了他的衣襟。他宛若飞天的雄鹰	激昂的男音："呵——!"	我梦	
12	全景	俯拍	远处的山河水坝清晰、雄伟。飞翔的工人是壮观工程场面的前景			画面 8－9 为一个长镜头
		标版。黑屏，鲜红字幕：我爱我中原 河南电视台		金钟撞击声		

河南卫视宣传片拍摄镜头清单

要求实拍的画面：

红绸——古剑——枯草映日（夕阳）——脚步——黄河（金色河水）——落日——云彩（风丝云）

小佛（特写）——石窟——卢舍那大佛双眼——石阶——儿童脚步——儿童——旗——奔跑——老人（前景）——儿童奔跑（飞翔）

少林门——斑驳光影的古砖——石阶——儿童脚步——墙头飘浮的小旗（儿童奔跑于墙后）——树林——少女——悟——倾听——风吹发丝——飘动的裙子——全景

烩面——烩面和餐具——人物——全景（随侍者的托盘开行）

小浪底全景（或大坝全景）——高峡平湖——水面——脚手架——工地——青年——圆轨引导镜头

儿童——放飞鸽子

素材要求：

1. 金色黄河水（静缓流淌），河床弯曲，宽幅画面。

2. 奔腾的黄河水，真实色调。

3. 落日、晚霞、风丝状云彩。

4. 朝霞、云海，天地同在画面最好。

5. 龙门石窟及其周边景色。

6. 少林寺及其周边景色。

7. 烩面。

8. 小浪底工程工地。

9. 水坝、高峡平湖（风景片素材）。

器材特殊要求：

1. 角镜头。

2. 长镜头（可要可不要）。

（河南金象广告公司提供）

第五章

电视广告制作技术

本章内容提要

◎电视广告制作类型分为实景拍摄型、电脑创作型和素材剪辑型三大类。

◎电视广告的画面编辑原理运用蒙太奇、长镜头手法。

◎实拍型电视广告制作的前期要做充分的准备工作。

◎不同光学镜头有其不同的特性及造型特点，具体创作讲求技术镜头和镜头的连贯性。

◎了解电子摄像机、电影胶片。

◎用光分为外景场地用光、摄影棚用光。

◎抠影画面拍摄是另外一种画面拍摄方式。

◎电视广告时间要设计精细。

◎电视广告的听觉要设计完美。

◎电脑三维电视广告画面制作依据一定的原理进行。

电视广告制作总论

前期大量的工作形成的广告创意集中反映了广告主的市场主张和商品诉求点，是广告主最终要通过电视媒体向观众展露的形象，广告片制作的好坏在很大程度上体现着广告经营者（广告公司及其他广告从业者）前期市场分析工作的科学与否，体现着广告创意人员创意能力的充分发挥与否，也决定着广告主的形象（形象广告）和商品（商品广告）的市场命运。

电视广告创意五花八门，表现内容不拘定式，时间长度也相应有变，但从其制作过程中所涉及的工具器材上划分，大致可分为实景拍摄型、电脑创作型和素材剪辑型三大类。

一、电视广告制作类型

1. 实景拍摄型

实景拍摄型电视广告就是在广告创意稿形成之后，由广告创作人员根据创意所表达的内容，由广告片导演调度真人进行表演，并由摄像机（或摄影机）记录下表演过程，经后期剪辑处理、配音配乐而形成的电视广告。如图5－1奥迪汽车的电视广告。

主题：奥迪油箱在哪里

会议中，一个男人拿着手机，摊了摊手，只说了一个字："呃。"

在荒野公路旁的一个小加油站外边，一男一女坐在一辆红色的奥迪车中，表情凝重。

图5－1

在一个高尔夫球馆中，一中年男子接到电话，也只说了一个字："呃。"

在机场外边，一个老年男人问推着行李的年轻女人："油箱在哪里？"女人也不知道。

在加油站外的奥迪车中，那两个男女同时说在"左"、"右"，看来他们也不知道。

一个男人在家看电视，电视里的智力问答节目主持人说："问题是，油箱在哪里？"观众纷纷鼓掌。

高尔夫球馆的中年男人、机场外的女人、正在开会的男人都表示不知道油箱在哪。旁白："奥迪车的油箱在哪里很容易被忘记。"

在另一个加油站，带着一个男孩的妈妈自言自语地问："油箱在哪里？"儿子在后面说："我没拿。"

2. 电脑创作型

电脑创作型电视广告是指在电视广告创意文稿或广告创意故事版形成后，由制作人员运用电脑软件的图画音乐表现功能，将创意人员的想法用音画表现出来的电视广告制作方法。

电脑制作型电视广告一般表现一些较为抽象且不易由摄影机拍摄出来的画面。由于目前电脑 IT 业的发展，使电脑拥有强大的物体造型建模能力和材质渲染能力，因此，运用电脑技术制作电视广告的做法正日益兴盛，并开创了一种新型的电视广告表现方向。例如，著名的纳爱斯营养维 C 牙膏电视广告就属于电脑创作型电视广告（见图5-2）。

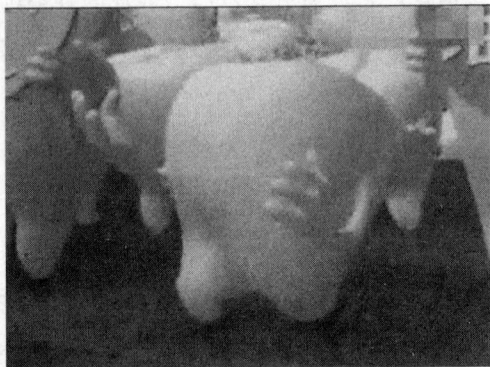

图 5-2

在本书中我们将电视栏目片头也归结为一种电视广告体裁，由于电视栏目片头的表意极具抽象性，其制作手段大部分采用电脑创作。

电脑创作型电视广告按其画面造型的建模维度不同，可分为三维动画型电视广告和二维动画型电视广告。

3. 素材编辑型

素材编辑型电视广告是由素材编辑而成的。素材是指广告经营者（广告公司或独立广告从业者）通过购买或无目的拍摄制作而拥有的音画样品。如果通过编辑这些购买来的或无目的制作的音画样品，可以明确表达创意人员创意意图，也可能形成优秀的电视广告作品。广告素材编辑是指广告制作人员运用后期制作设备，将各种素材（实拍的和三维的）有效地合成，表达广告创意。

还有一些电视广告作品是通过抠像技术合成制作形成的。所谓抠像是指将实景拍摄来的画面运用电脑技术将其中的一些内容保留下来，而将其他的内容（主要是一些渲染气氛、突出主要内容的背景）替换而形成合成的广告画面。

实景拍摄型电视广告的制作在原理上是所有其他各类电视广告的基础。只要认识了解了实景拍摄类电视广告的制作原理，其他各类电视广告制作都可以依此理而类推。

实景拍摄型电视广告的制作原理类似电影和电视节目的制作，但又由于电视广告有别于电影或电视节目的传播目的，所以其制作表现方法又与电影、电视节目有所区别。

二、实景拍摄型电视广告与电影、电视节目的区别

电影是通过一些特定的故事情节，由电影演员演绎出一个故事，其根本作用是在制造一种娱乐，也就是说，电影本身就是一种商品，观众通过观看电影而获得感官视听享受，观众观看电影的过程就是消费的过程。同样，电视节目本身也是一种商品，电视观众收看电视节目的过程，也是观众对电视视听产品的消费过程。

看作品本身是否是商品，是电视广告区别于电影和电视节目的根本所在。

电视广告从其承载的基本功能上看，它本身不是商品，而是一种"引导"，引导或劝说消费者对其所表现的商品进行消费、购买。电视广告从本质上讲是对商品的一种"引导"，所以在其表达方式上就存在着有别于电影或电视节目的地方。

三、实景拍摄型电视广告的两种类型

纯粹实景拍摄型电视广告主要存在两种类型，即故事情节型电视广告和主题型电视广告。

1. 故事情节型电视广告

故事情节型电视广告是指广告内容或广告所要阐述的概念是通过一个故事情

节来展现的。譬如，2006 年陈凯歌为美国知名网络运营商雅虎在中国拍了一部形象广告《阿虎》，就是采用典型的故事情节表现方法。

主题：生活，因找到而快乐

图 5 - 3

故事情节：插队女知青要坐四天长途车回家，但是她的狗阿虎一直追赶着汽车。第一天，阿虎一直跟着长途车，女知青请求司机带上阿虎，但是被拒绝了。晚上，女知青让阿虎自己回村子，但阿虎还在追着长途车，天下着大雨，它依然在不停地奔跑，车停下来休息时，阿虎就在车门口等着自己的主人。第二天晚上，司机提出来明天带上阿虎，女知青拒绝了，说阿虎自己会跑。第三天在车上，女知青想着和阿虎在一起的点点滴滴，不知不觉睡着了，当她醒来时，车停了，阿虎并没有在门口。女知青下车开始往回走，去找她的狗阿虎。画外音：尽管我千百次众里寻它，千百次在山谷中用歌声召唤，我没能找到我的狗，可我感觉阿虎没有离开我，我也没有离开阿虎，这种感觉一直到永远。

标版，广告语：雅虎搜索，帮你找到它。

标版、画外音：生活因找到而快乐。

这是一则以亲情感人的形象广告，片子通过一个完整的小品故事情节，来表达父辈与子辈之间的隔阂和沟通，广告画面叙事完整，是一则类似小品的生活片断，是一个完整的故事情节。

2. 主题型电视广告

主题型电视广告是指由许多相对独立的画面组成，画面与画面之间表达的主题统一，但前后没有故事情节性的逻辑联系，即广告中闪现的画面不是发生在一个有顺序感的故事中，它们只是为表达一个共同的主题而被拼接、编辑在一块儿的。譬如 2008 年北京奥运会期间，CCTV 拍摄了一部公益广告《迎奥运，讲文明，树新风——主持人篇》，就是典型的主题型实景拍摄的电视广告。

主题：迎奥运，讲文明，树新风

这则公益广告讲述了每一个主持人都目睹了一件好人好事，表明了社会对讲文明、树新风的需求。

王小丫看到了，一个人匆匆走在路上，不小心文件掉了一地，后面的女孩帮她捡起来。

字幕：文明从这里传递……

宁辛看到了，一个女性崴到了脚，摔倒在地，旁边路过的人立刻上前帮忙。

鞠萍看到了，当一个人要从座椅上摔下来时，路过的同事扶住了他。

崔永元看到了，一个人拉着沉重的三轮车上坡时，一个年轻人跑来帮助他。

朱军看到了，一个人推开了就要被倒下的货物砸到的女孩。

字幕：文明在身边，口口相传。

董卿看到了，在咖啡店一个女孩为另一个女孩扶了扶要掉下桌子的咖啡杯。

图 5 - 4

欧阳夏丹看到了，一个女孩为赶电梯的人及时打开了电梯门。

李咏看到了，在十字路口开车的人礼让行人先通行。

字幕：文明在身边，手手相传。

张斌看到了，一个女孩及时阻止了一辆正在倒车马上就要撞到东西的汽车。

周涛看到了，一个男孩为女孩打开大门。

字幕：文明在身边，心心相传。

一个小男孩跑过草地，捡起了别人掉落的福娃，还给失主后跑开了。

字幕：爱心传递你我，文明就在身边。

标版：北京奥运会标志。

字幕：迎奥运，讲文明，树新风。

本则广告中所有画面片段之间不存在故事情节型逻辑联系，所有镜头画面之间，也没有对应关系，但这些画面组接的结果却形成了一种直指心灵的令人震撼的主题，宣传社会文明的传递，营造和谐社会氛围。

实景拍摄的这两种电视广告形式在表达创意和展现商品服务功能上没有高下之分，但其却各自有自己的画面编辑原理。

情节型电视广告是通过一个较为完整的故事情节来表达一定的产品式服务理念，它的画面排列原理等同于电影的画面编辑原理。其实，情节型电视广告就是一个时间长度较短的完整电影片段。

电影是用感光胶片来记录故事情节的，它出现在 19 世纪末 20 世纪初；电视录像是运用光电感应原理用磁带记录故事的，它出现 20 世纪中叶。虽然电影和电视在记录故事情节时，采用的记录技术不一样，但它们用画面语音表达故事的思维方式是一样的，电影语言是它们共同的叙事方式，比电影出现较晚的电视艺术在叙事表达上沿袭了电影的方式，并且由于电影和电视各自不同的商业特点，也一直使电影叙事方式的发展引导着电视叙事语言的前进。

其实，现代电视媒体播放的广告优秀作品大部分是由电影胶片制作完成的，最后通过专用的"胶转磁"（胶片信号转变磁带信号技术的简称）设备来灌制磁带，最后由电视台播出。这样做是因为胶片对于现实物象的记录色彩效果高于由摄像机直接拍摄的磁带效果。

本节思考与练习题

1. 电视广告制作类型有哪几种类型？
2. 实景拍摄型电视广告与电影、电视节目有何区别？
3. 举例说明实景拍摄型电视广告的两种类型。

第2节

电视广告的画面编辑原理

电视广告的画面编辑原理源于电影电视画面的叙事语言。电影电视叙事语言的发展经历了一个逐渐探索的过程。

一、蒙太奇手法

最早期的电影是不经过剪辑的，其一般制作过程是将电影摄像机固定放置在一个位置，然后不停机地记录着人物表演者或其他活动物体的表演、运动全过程，这样简单化的电影表现手法只能记录一个场景单一、故事情节单一的事件。比如可以将电影机放在一位魔术表演者面前，让摄像机记录下这位魔术师表演的全过程。

早期的电影片段也大多是此类无场景变换、无情节起伏、无情绪表达（这里说的情绪是指由于电影情节发展和由于多组的画面组合而调动起的观众情绪，而非表演者自己的情绪）的简单画面。

后来，由于一些偶然事件（比如摄影师无意间将两段在不同时间、不同点拍摄的画面放在一起顺序播放）的发生和一些早期电影艺术家苦心思考的结果，人们发现了一种新的电影画面剪接方式：蒙太奇。

蒙太奇（montage）来自法语，原意是指建筑学的"构成"、"装配"，借用到电影中变成了"组接"、"构成"之意。

在蒙太奇的发展过程中，苏联导演库里肖夫、维尔托夫、爱森斯坦和普多夫金都起过重要的实践作用。

维尔托夫认为，电影摄像机比人的眼睛更加完善，把它称作"电影眼睛"，主张通过组织拍摄素材引导观众达到明确的思想结论，提倡出其不意地捕捉生活，同时，他又把电影的任务归结为单纯的摄录生活。他认为蒙太奇就是这种组织的基本手段。他指出，蒙太奇可以选择电影观察的最重要瞬间，将这些观察按照联想的原则加以连接，有节奏地组织素材以加深其情绪感染力。通过镜头画面和字幕的结合来解释拍摄在胶片上的事件的意义。

库里肖夫则把电影看成是外部动作的艺术，它需由造型手段和蒙太奇来再现。他认为内容产生于各个镜头的组合及剪辑，中性的镜头只有在蒙太奇中才能获得含义。

相对于前面的蒙太奇理论的研究者，爱森斯坦的思考更深入。他不仅依靠美学规律，还依靠心理学与社会学的规律来研究艺术作品对观众产生最有效影响的途径。他认为蒙太奇的意义不仅仅归结为选择，也不仅仅归结为将情节元素加以联结，而是按照内在叙事节奏和联想之需来联结材料。他发现两个镜头的对列以及它们的内在冲突会产生第三种东西，即对所描绘的事物进行思想评价的契机，这是蒙太奇最重要的特点。他认为蒙太奇的作用不仅在产生效果，更重要的可以

通过它的特殊功能来阐明思想，在他眼里，蒙太奇是"有机地体现囊括电影作品的一切元素、局部、细节的统一思想概念的手段"。

普多夫金对蒙太奇的理解没有像大多数人那样激奋，认为是电影创作的全部。他认为蒙太奇只是为表达一定的思想意图而组织电影动作的手段之一。更难能可贵的是，他把蒙太奇与思维过程联系在一起，认为蒙太奇比任何艺术更能完整地体现思维形式。

蒙太奇作为一种手法，随着电影中新元素的不断增多，它的形式和手法也在不断丰富。譬如，声音的出现，改变和扩大了蒙太奇的表现领域，产生了声画结合和声画错位的新的蒙太奇形式。彩色、宽银幕、立体声等因素的出现，也为蒙太奇的组合增添了新元素，从而使蒙太奇发展成为一种更多彩的艺术技巧和反映现实的表现方法。另外还要提一提的是镜头内部的蒙太奇，它是由场面调度和移动摄影的运用来完成的。这就是影视中的长镜头。关于长镜头将在后面作专门的论述。

由此可见，蒙太奇既是电影反映现实生活的艺术方法，也是作为电影基本结构手段、叙述方式和镜头组合的艺术技巧，它是在电影创作中根据表达意义的需要以及情节发展，观众注意力和关心的程度，把全片内容分解成不同的段落、场面和镜头，分别进行拍摄，然后再根据原定的创作构思，运用艺术技巧将这些镜头、场面和段落作合乎逻辑、富有节奏的重新组合，使之通过形象间相辅相成的关系产生多种艺术效果，构成一个连绵不断的有机的艺术整体。

因此在一部影片中，对蒙太奇的思考分析可以是多层次的，首先是作为一种独特的形象思维，蒙太奇指导着导演、摄像以及编辑人员对形象体系的建立；其次它也是影片结构的总体安排，包括叙述方式、时空结构、场景、段落的布局；它也可指画面与画面之间、声音与声音之间以及声音与画面之间的组合关系，以及由这些关系产生的意义；它还可指镜头的运用（内部蒙太奇）、镜头的分切组接以及场面段落的组接和切换，等等。

以上电影大师们对蒙太奇理论阐述过多的是从电影实验的总结出发的，其实蒙太奇从最根本上说是一种形象思维的方法。这种形象思维的方法在人类文学、艺术史上早有存在，譬如元朝，中国著名元曲大家有这样一段文字：西风、古道、瘦马，断肠人在天涯。如果我们顺着诗人的描述，在头脑中会有这样一幅逐渐展开的形象画卷：漫卷黄沙的西风，风中萧零的古道，骑着瘦马的一个天涯沦落人行走在空旷的原野上……想到这些的你是否也会产生像诗人描述的那种感觉呢？——断肠而又心酸。

古代的画本册子也是采用类蒙太奇的叙事方式。

蒙太奇之所以能成为一个为人们所理解的叙事方式，是因为它合乎人们观察和理解事物的思维习惯，也就是说，人们的生活经验是蒙太奇这种电影画面语言可被接受的基础。

在说明蒙太奇是什么的时候，有一个较为著名的实验，是由电影大师库里肖夫做的。库里肖夫曾拍摄了三个画面：

① 莫斯尤金朝向右微笑的脸；

② 一支朝向左边的手枪；

③ 莫斯尤金朝向右边恐惧的脸。

然后将这三组画面用不同的顺序组接，向观众传达的信息是完全不同的。

第一种连接顺序是①②③，观众看到的是这个刚刚还是轻松自在的脸，而面对对方的手枪的突然威胁，则再也轻松不起来了，流露出恐惧的表情。观众看到这个片段得到的信息是：莫斯尤金是怯懦的。

第二种连接的顺序是③②①，观众得到的信息是：莫斯尤金是个敢面对威胁的人，他刚刚还是害怕的，当对方把枪对准他时，他反而镇静下来，表现出了大义凛然蔑视对方的威胁的勇敢姿态。

从这个实验中我们可看出，同样的镜头，如果不同顺序进行组接，它们所传达的意义是不同的。这种顺序的依据，实际上就是生活中的逻辑关系。当然在镜头语言中，可以为了不同的意图表达不同的思想。通过蒙太奇的特殊表意功能对镜头进行处理安排，则会形成不同的逻辑关系。由于画面本身具有的真实感，使得不知情的观众对创作者在银幕、屏幕上创造的逻辑关系有种不可抗拒的认同。

可以说一部影片的镜头连接是以人物和观众的视觉或思想为基础的。任何两个相连的镜头都会使人以为它们有时间上的或空间上的关系，或者同时有这两种关系。这个前提具有根本性的影响，观众会以为几乎任何两个接连出现的形象之间都存在某种联系，而不问它们之间是否真有关系。例如，镜头中出现了一个人物，观众就会认为在下一个镜头里看到下面的六种情景：

① 他真正看到或当时正在看到的东西；

② 他所思考的；

③ 他的想象或回忆所引出的事物；

④ 他力图看到的事物；

⑤ 他的思想倾向（例如，他听到了一个声音，摄像机随即向观众展示音源）；

⑥ 在他的视线、思想或回忆之外与他有关的人或事（例如，某人在对方不知道的情况下掩蔽起来，监视对方）。

在①与②中，镜头间的联系是由人物自身确定的，在③与④中，镜头间的联系则是由观众这个媒介来完成的。由于观众所见与镜头中人物所见是吻合的，所以两者的思想意识也是一致的。这正是电影中的基本现象，也是蒙太奇语言之所以能被使用和接受的基础。

蒙太奇理念的运用，使电影画面具备了无限表意的可能性，从理论上说，几乎所有故事情节和抽象理念都可以用画面进行表达，爱森斯坦为了让人们相信蒙太奇的表意功能强大，曾放言说准备将马克思的著名理论著作《资本论》用电影拍摄出来。

其实，虽然从理论上讲蒙太奇电影画面可以表达一切的故事情节和人文情绪，但由于每一影片创作时间的限制和创作者想象力的局限，使单纯用画面进行表意和故事叙述在某些情况下成为不可实现的梦想。但是，现在电影技术的音画结合方式极大拓宽了画面表意和叙事的局限性，只要将画面配以语音内容，就可以极大地提高画面表意和叙事的能力。

请看电视片《迎接挑战》，创作者通过音（旁白）画结合方式，表达了一个极为抽象的生命劝诫话题。

电视片《迎接挑战》

旁　白	画　面
年轻的朋友你可知道世界上最平凡而又最珍贵，最容易被忽视而又最令人追悔的是什么？	（飞快的脚步）
这就是时间，是构成你生命的分分秒秒。当今世界高速度高节奏已成为现代化的标志，新旧更替，斗转星移，时间观念在迅速变化。但是并非所有人都意识到时间计量单位的变化。多么令人遗憾，"一慢二看三通过"竟成了某些人时间的绝妙写照。难道商品有价，时间无价。慢吞吞的节奏断送了多少年华，视虚度为沉稳，无异于漫步在生命的沉船上。	（急匆匆的赶路人）（快节奏的工业画面）（各种钟表）（交通口号牌）（被阻塞的长长的车队）（懒散的人）

二、长镜头

蒙太奇是不同电视画面组之间进行有意义剪接的一个基本原理，也就是说，蒙太奇可以把彼此独立的画面片断有机连接到一起，从而叙述一个事件，表达概念。但是，这些彼此独立的画面内部表意有什么原理呢？

一般说来，进行蒙太奇组合的独立的电影电视画面片断可以分成两类：一类是"场面调度"较为静止的画面，另一类是"场面调度"处于频繁运动状态的画面，也叫长镜头画面。

场面调度，出自法文，初始用于舞台剧，指导演对一个场景内演员的行动路线、位置和演员之间的交流等活动进行艺术性处理。后被借用到电影艺术中来，指导导演对画框内事物的安排，它是导演引导观众从不同角度不同距离去观察银幕上的活动。它包括演员调度与镜头调度两个层次。

1. 演员调度

演员调度指导演通过演员的运动方向、所处位置变动以及演员之间发生交流的动态与静态的变化等，造成画面的不同造型、不同景别，揭示人物关系及情绪的变化，以获得银幕效果。

2. 镜头调度

镜头调度指导演运用摄影机位的变化，如推、拉、摇、移、升、降等运动方法，俯仰、平斜等不同视角以及远景、全景、中景、近景、特写等不同景别的变换，获得不同角度和不同视距的镜头画面，展示人物关系、环境气氛的变化及事件的进展。

通过场面调度可以使演员与摄像机处于运动状态，可保持演员的表演动作和情绪的连贯，以利于在一整体的环境气氛中展现人物关系和事态进展。

场面调度处于频繁运动状态的画面是指导演通过演员和摄影机的运动，利用一个镜头内景别、构图、光影、场面、环境气氛、人物动作等造型因素的变化，来加强这个镜头的意义含量，也就是要通过合理的场面调度，用不间断的镜头记录人和事物在一段时间内的运动状态，也就是长镜头。长镜头画面遵守了空间的统一性，使画面具有完整性和真实性。

场面调度较为静止的画面是指画面的镜头调度极为复杂，可以采用推、拉、摇、移、升、降等各种方式，但演员的空间调度有限，或者说演员表达一个内容、意义相对单一的动作，只进行一些与周围环境和其他事物相关的单一表演，比如人物特写镜头、物体特写镜头等。

英国影片《鹰不飞的时候》中有一个著名的长镜头画面段落。

这部影片描写的是一个真实的故事，说的是一对年轻夫妇在战争期间，在南非某地开创和管理动物保护区的事。为此夫妻俩带着一个孩子生活在丛林荆棘之中。有一天，孩子没有告诉父母就离开了宿营地，碰见一只暂时被母狮放置在那儿的幼狮。孩子并不知道危险，竟把幼狮抱起来带走了。这时，母狮可能是听到了声音，也可能是闻到了人的气味，便赶向兽穴，然后循着小孩的足迹追去。而那孩子并不知道大祸临头，孩子父母见状惊恐万分，他们知道母狮随时都有可能扑向夺走它的宝贝的鲁莽的孩子，接下来导演用了一个全景，把父母、孩子与母狮同时摄入到这个全景中：父亲叫孩子停下别动（母狮也停在不远处），然后他让孩子把幼狮放在草地上，还让他不慌不忙地走过来。随后母狮也安稳地走过来，叼走小狮子，返回丛林中去了。此时，父母才松口气，奔向自己的孩子。

其实，电影中狮子、幼狮、孩子、父母放在一个长镜头将这个故事叙述完整，是导演为追求故事的真实性和惊险感而安排的，这一个长镜头画面也可以用多个场面调度相对静止的分镜头来进行表达。比如：

① 微笑着抱着幼狮行走的孩子；

② 父母望着孩子身后露出惊恐的表情；

③ 孩子停了下来，惊恐地回身望去；

④ 母狮注视着前方，爪子在地上狠抓了一下；

⑤ 父母做出让孩子放下狮子的动作；

⑥ 孩子放下小狮子；

⑦ 父亲招手让孩子过来，而母亲则将手压在嘴上，做了一个静声的动作；

⑧ 孩子轻轻走向父母；

⑨ 母狮目光变得和善起来，并向前走；

⑩ 父母将孩子紧抱在怀里；

⑪ 母狮叼走小狮子回头走掉了。

由此可以看出，其实纵深场面调度的长镜头是"镜头内部的蒙太奇"，它实质上是在镜头内部把一些分镜头表达的内容经过了组合。

缺乏纵深场面调度的镜头一般记录的画面片段时间较短，它们剪接组合在一起一般能制造一种强烈的节奏感和冲击力，而用分镜头画面用长镜头展现则表达了一种不可思议的真实感、现场感和压抑的气氛。

它们各自所拥有的独特的画面表现力使大多数电影都会根据情节的需要将两

者搭配起来综合使用。

蒙太奇的画面编辑方法是电影画面语言，也是情节型电视广告的画面语言。我们通过逻辑思维，将长镜头和独立镜头的画面有机地连接起来，就可以表达一个完整的，可以被人理解的画面情节，再配以声音对白、旁白和背景音乐、现场音效，一个有意义的广告故事情节就可以被讲述出来。

本节思考与练习题

1. 谈一谈你对"蒙太奇"的认识。
2. 说一说长镜头与场面调度。

主题型电视广告画面的编辑原理

主题型电视广告画面的编辑原理其实很简单，就是将能表现广告主题的各分组画面依次排列起来。比如下例：

主题：焦作山水风光旅游电视广告片

自然风光之美离不开人气烘托，人文情感融于山水之间，山水风光才有与人共鸣的灵性。

在本则创意中，画面由人的活动贯穿其中，给焦作风光以一种与人的情绪相结合的美。

本片标版口号为"焦作山光风行"，强调本片是宣传整个焦作市的。同时，"风行"是一种希望，一种目标和努力方向，愿游览焦作山水风光，在全国风行起来！

具体创意分为五部分，即水至清、山至静、人文名胜、待客情悠悠和标版

"焦作山水风行"

画面简述：

（1）本部分画面表达主题为"水至清"，叠画字幕也为"水至清"三字。

清泉流过长满青苔的岩石，涓涓流水声清晰可闻，一羽毛鲜艳的小鸟在轻啄水面，饮清泉。

红叶遍山，灌木丛旁，水流潺潺。几位纯朴、端庄的农村大嫂在洗衣服，山歌飘起。

红的、黄的、绿的衣服晾晒在旁边，阳光温暖和煦。

水流湾湾，几片红叶，轻浮在水面上，随水流漂浮前行。

几眼流瀑，细如发丝，一小男孩歪着头，用嘴接着山泉痛饮。

（2）本部分画面表达主题为"山至静"，叠画字幕为"山至静"三字。

（摄像机机位在洞中）透明光柱，勾勒出山洞的形状，从洞外直射入内。

洞外的阳光中，山崖边，站立着一位穿白裙的小姑娘，结着淡黄色的蝴蝶结，她正用童稚的双手作小鸟飞翔状。

光线下泄，光阴移动，照亮了一石窟中安详石佛的面容。

幽幽树林中，枝干交错，鸟鸣声声，一少年端坐其中，听风吹过耳边。享受这无边的景色。

山谷连绵，阳光普照，几位少男少女站在山崖边，双手合拢，喊山，听回音……

（3）本部分画面表达主题为"人文名胜"，叠画字幕为"人文名胜"四字。

嘉应观内，门洞、围廊、光影，塑造一种宁静的层次感。院中间，一步履稳健的白须老人，在轻步游走。

韩园，孤立于原野上的石马，似在高声嘶鸣，画面中淡入韩愈铭文《千里马》。

孟州大坝，伟崖、雄浑，高峡出平湖，水面平如镜，湖山景色旖旎。

影视城周王宫大全景，亭台轩榭，古风凸显，凭山势而现雄伟……

（4）本部分画面表达主题为"待客情悠悠"，叠画字幕也为"待客情悠悠"五字。

山道上，几位健硕乡民，挑几担山果，晃晃悠悠而去。

丰收的农家小院，玉米棒子、南瓜、山楂堆满各个角落，山村小女孩，打开院门，微笑，她的笑容和屋门上的门画相映成趣。

（焦作）城市街心广场上，穿各种民族服装的朋友手拉手，在跳圆形迎宾舞。

（特写）一天真烂漫的小女孩，微笑着，羞涩地点着头……

在她的身后，是美丽的太行群山，青山层翠，绵蜒至天际，远处的村庄，炊烟升腾，一幅美丽的山水田园图。

（5）标版。画面接上，渐虚。

出字幕（浑厚旁白）：　　　　　焦作山水风行

中国·焦作

在本则广告中，每一小单元（比如"水至清"单元）就是将能表现焦作风景区"水至清"主题的电视画面罗列排列起来，它们彼此独立，但放在一起就共同表达"水至清"这一广告主题。

主题型电视广告画面的编辑原理看起来极为简单，但是要想做出一个感染力强，概念卖点诉求准确的主题型实拍电视广告却是不容易的，因为这种广告的创作关键是选择有代表性的表现广告主题单元画面。如果小单元画面选择不够典型，代表性不强，则看完整广告后会留给人以模棱两可印象。选择典型代表性画面单元的能力是体现一个广告从业者对生活观察、感悟能力的标尺。

本节思考与练习题

广告画面拍摄的前期准备工作包括哪些？

实拍型电视广告制作的前期准备工作

实景拍摄型电视广告的制作是一个较为复杂的过程，大致可以划分为前期拍摄准备、画面素材拍摄、后期合成三个过程。

电视广告制作的程序一般先画面后声音，也就是说，先将广告创意文稿的文字内容用画面语言表现出来，再将编辑好的画面配上声音而不是音画制作同时进行。所以，实景拍摄型电视广告制作的前期准备工作主要是指广告画面拍摄的前期准备工作。

广告画面拍摄的前期准备工作包括：

（1）拍摄小组成立；

（2）主创人员确定拍摄脚本；

（3）主创人员确定拍摄计划；

（4）拍摄场地选定；

（5）拍摄器材和表演道具的准备；

（6）广告模特（演员）的选定。

一、拍摄小组的成立

每一则具体的电视广告制作都是一项较为复杂和繁琐的工作，也是一项很专业的工作，它需要由各种专门人才分工合作，共同完成。

电视广告拍摄小组一般包括导演组（包括导演和副导演）、摄像组（包括摄像师和摄像助理人员）、灯光照明组（包括灯光照明师和灯光照明助理人员）、录音、化妆、服装、美术、烟火、特技人员和剧务组成。

拍摄小组由导演进行总体指挥调配，通过与广告文稿创意人员进行沟通，通力合作，共同完成一项广告拍摄任务。

二、主创人员确定拍摄脚本和拍摄计划

广告创意文稿只是创意人员所要表达的意念的一个文字稿，文字与最终的广告画面有一定差距。同时，面对相同的文字创意稿，创意人员、拍摄导演、摄影师和演员之间的理解和感受也不太一样。所以，当拍摄小组主创人员确定后，必须与文案创意人员进行全面的沟通，通过反复讨论，共同绘制每一个画面的具体图样，定出拍摄脚本画面故事板，形成统一明确的认识，以保证广告文案的表达初衷不被拍摄创作人员根据自己意愿随意更改而走样。

三、拍摄场地的选定

电视广告一般在两种场地内拍摄制作，即摄影棚内和外景场地。摄影棚是指在一个巨型的房间内搭建仿实景拍摄场地，大型摄影棚可以仿建各种户外场景，同时摄影棚内灯光、道具、录音、特技器材完备，且外界人士不易进入干扰，不

受天气变化影响，可以高效率、仿实景地进行各种拍摄，摄影棚内拍摄特别有利于一些需要人工制造特殊效果的广告片的拍摄。

但是，由于采光、规模的限制，并不是所有的广告都可以在摄影棚内拍摄，比如一些风景名胜景区旅游片的拍摄，就不可能在摄影棚内。如果在摄影棚内完成不了的广告，就必须寻找外景拍摄地点。

四、拍摄器材的准备

电视广告的拍摄器材主要有摄像机、摄影机、照明灯、移动轨、升降架、反光板及剧情要求的道具和其他一些辅助性的外围周边器材。其中移动轨、升降架、照明器材及反光板的作用在下文中将对它们作具体的说明，在此不作赘述。

本节思考与练习题

广告画面拍摄的前期准备工作包括哪些？

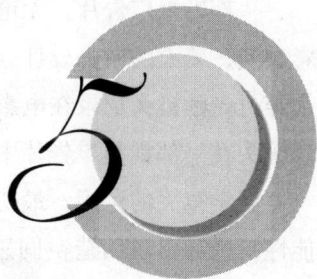

镜 头

本节中我们将会以电影镜头作为主体展开论述，这是因为虽然现在录像技术已广为普及，但电影胶片制作的电视广告仍有不可替代的价值。电影胶片在记录画面的优越性仍然是电子录像机所达不到的。比如，电影感光胶片的颗粒已达到每平方英寸3亿粒以上，用它拍出的图像清晰度很高。但电视录像即使用最好的摄录设备，每帧画面的电子束扫描行数也只能达到1350行左右，再加上录像每播放、复制一次，图像、声音质量的多种因素都有损耗，从而大大降低了清晰度。

另外，各国电视录像设备的制式、型号多种多样，所以用录像磁带制作的电视广告在世界各国进行统一广告发布十分困难，必须经过翻录，即由甲方的制式、型号复制到乙方所需的制式、型号磁带上去。这样信号又要受到损失，质量再一次降低，而大家是不愿让代表自己形象的电视广告在各地电视上出现信号差、制作粗糙的效果的，所以他们一般愿意采用16毫米或35毫米电影胶片制作电视广告，然后由底片直接转成磁带，再进行后期制作和媒体播放。

一、不同光学镜头的特性及造型特点

1. 光学镜头

正像每一部电影的制作一样，每一则电视广告画面效果和画面表现力的形成与其拍摄器材（摄影机或摄像机）的不同规格的镜头和滤镜的使用有极密切的关系。那么就让我们来探讨一下摄影器材的光学镜头的特性。

在电视或银幕上我们看到的黑白和彩色影像，是通过光学镜头的"曝光成像"作用获得的。如何取得满意的画面影像，光学表现手段是首要的决定因素。光学表现手段包括光学镜头及其光学附件，它们在画面中起着重要的造型艺术作用。

一部影视广告片，无论是创意人员的文字描写，导演的艺术构思，演员的精彩表演，美工的精心设计，以及化妆、服装道具……摄制人员的辛苦劳动，都必须经过光学镜头记录在电影胶片或录像磁带上，最后呈现在观众面前。因此，光学镜头在一部视频广告片中的重要技术作用是尽人皆知的。

光学镜头的运用，最初只是获得电影电视广告画面的技术手段，其他许多可能性，诸如可以创造空间感、深度感、透视感、节奏感，可以表现影像的虚实关系，视角的仰俯变化等还没有被发现。当时摄影师只完成拍摄活动影像任务。拍摄是在一个固定点上进行，视点高度与人的身高相同。摄影机面向被摄体，像观众在剧院看戏一样，只是机械地再现动作。当时摄影师的唯一要求是获得清晰的影像。

由于艺术创作水准的不断提高，电影和电影广告创作者，对电影技术也不断提出新的要求。平面的绘画布景为复杂的主体布景所取代；演员的表演范围不仅要在镜头前，而且要在布景的深处；要用前景来增强画面深度感；镜头不仅要表现日景，还要表现夜景，不仅要表现高调画面，还要表现低调画面，既要创造清晰的画面影像，又要创造虚实变换的特殊效果，既要表现正常的透视关系，还要表现夸大或压缩了的透视关系；蒙太奇镜头的运用，又引申出仰俯角度的拍摄方法。随着科学技术的发展，一台摄像机（摄影机）只配有一个光学镜头的"独眼龙"时代早已过去。不同焦距、不同型号的镜头日益增多，性能日臻完善，光学镜头不仅起"曝光成像"的作用，而且越来越积极地参与画面艺术形象的塑造，艺术气氛的渲染，以及对特写创作意图的体现，摄像用镜头主要按焦距的不同进行分类。

2. 焦距

焦距也叫焦点距离，是指从光学透视的主点（即光学透镜的中心）至焦点的距离。根据光学镜头本身的焦距可调与不可调，分为变焦距镜头与定焦镜头两种。在变焦距镜头出现以前，均为定焦镜头，即每个光学镜头只有一个固定的焦距。在定焦镜头中，根据镜头焦距的长短，又分为标准镜头、长焦距镜头、短焦距镜头。光学镜头的焦距用 F 表示，其度量单位一般为毫米，如 50mm 或 F = 50mm。

摄影界习惯把焦距等于（或接近）画幅对角线的光学镜头称作标准镜头（也叫常用镜头）。因为它的视角相当于人眼观察景物时最清晰的视角大小。不同画幅尺寸的摄影机其标准镜头的焦距不同。比如，35 毫米摄影机一般把焦距 40 毫米或 50 毫米作为标准镜头，而 16 毫米摄影机则把 25 毫米作为标准镜头。大于画面对角线的为长焦距镜头（也称窄角镜头），小于画幅对角线的为短焦距镜头（也称广角镜头）。在 35 毫米摄影机上使用的镜头，焦距大于 50 毫米的为长焦距镜头，焦距小于 40 毫米的为短焦距镜头。不同焦距镜头的画面造型特性各不相同。

焦距的长短决定着视角、视野和成像比的大小，也影响着影像的景深范围和空间透视结构。焦距与视角、视野、景深成反比。焦距越长视角越窄，视野范围越大，景深范围也越大。焦距与成像比成正比，焦距越长，成像比越大，焦距越短，成像比越小。

在同一视点上拍摄同一对象（即摄影机与被摄体之间的物距不变），运用不同焦距的光学镜头，所得电影画面的视野范围不同，透视关系不变。用不同焦距镜头欲获得主体物的同等景别（同等成像比），则必须改变拍摄距离，其画面的透视关系也随之改变。我们拿 25 毫米和 100 毫米镜头为例加以比较，如果用 25 毫米镜头在 2 米的距离上拍摄，那么用 100 毫米镜头欲得同样大小的景别时，摄影距离要增加 100/25 = 4 倍，即在 8 米的距离上拍摄。

焦距越长或越短，所拍摄画面与人眼正常感觉的差距越大，影像变形的效果

也越明显，有时为了创造某些特殊的画面造型效果，偶尔也用 800 毫米、1000 毫米超长焦距镜头，或用 14.5 毫米、9.8 毫米等超广角镜头，或者加用广角附加镜，以及多重影像附加镜等。有时为了取得小件物体同等成像比的影像，也可以将镜头颠倒过来，安装在摄影机上使用。用非标准镜头拍摄出来的画面虽有强烈的吸引力，但它们有悖于人们的视觉经验，这类画面在影视广告作品中被巧妙利用，可以使影视广告得到令人震撼的观感效果。

3. 广角镜头

运用广角镜头拍摄的画面其造型特点为：视角广、景深大、视野范围宽、成像比小。前后景物大小对比鲜明，前景大，深处景物越远越小，夸张了现实生活中纵深方向物与物之间的距离。沿纵深方向行驶车辆瞬间即逝，远离摄影机的演员几步便可走近镜头。这不仅可以增强画面空间感和透视感，而且有助于运动物体速度的表现（如高速飞驰的汽车）。因此，广角镜头适合于拍摄具有多层景物的全景和远景，不需要把摄影机位拉远就可以在面积不大的布景或实景中拍到广告情节所需要的中景或全景。它有利于表现宏伟的群众场面，辽阔的田野、壮观的建筑、飞驰的汽车、复杂的纵深高度等具有多层景物的场景，并能弥补布景或实景不够宽阔、不够雄伟的不足，如果再配以仰俯角度，更能在观众面前展示出不寻常的视觉形象，加深观众的艺术感受。同时，由于广角镜头景深大、视野宽，机器稍有晃动，不容易影响画面影像的清晰度，也便于准确捕捉运动着的被摄体，所以，摄影师习惯用它拍摄移动镜头。同时，它的成像比小，具有明显的曲像效果，当用它拍摄肖像特写时，会使人的鼻子变大、耳朵变小，歪曲了人物形象的正常透视关系，会产生一些意想不到的奇特广告画面效果。

4. 长焦距镜头

要想表现小件物体，如一只眼睛、一块手表、一枚戒指等，广角镜头便无能为力了，这些任务多由长焦距镜头担当。长焦距镜头与广角镜头具有完全相反的造型特性，它视角窄、视野小、景深也小，但成像比大，与标准镜头相比，在同等距离拍摄，等于将远距离的景物拉近（比如可以拍到太阳的近景），可使小件物体充满画面，压缩了现实环境中纵深方向物与物之间的距离，使多层物仿佛有贴在一起的感觉，减弱了画面的纵深感和空间感。演员沿纵深方向走动会产生踏步不前的感觉，减缓了动作的速度，所以一般不用它来表现多层景物的场面，不拍具有纵深场面调度的中景和全景。又因长焦镜头的景深范围和画面视野小，不易准确捕捉运动中的被摄体，稍不留意，主体物就会滑出画面，镜头略有抖动，画面抖动也极为明显，因此一般避免用它拍摄移动镜头。但是，由于它可以使小件物体获得占满画面的影像，因此在窥视人物心灵、描写细节、烘托某一特写气氛时，能发挥特有的功能。

此外，在猎取不易接近的场景时，可以用长焦镜头在远处拍摄，或者为了解决远距离横向或垂直移动拍摄的困难时，也往往借用它摇摄溜冰、赛马、追逐、飞鸟、攀登等场面，以造成跟拍的错觉。因为长焦距镜头景深小，除主体物以外，前后景物均处于模糊状态，这样摄影师不仅可以通过调焦点变换画面的纵深调度，突出对主体物的表现，同时，也可以利用前后景物的模糊，通过横移或横摇的运动形式，增强被摄体的动感。

长焦距和短焦距的光学镜头具有不同的技术与造型特性，摄影师充分掌握与运用这些性能，可以造出丰富多彩、引人入胜而又利于表达广告画面内容的艺术效果来。

5. 变焦距镜头

除了上面谈到的长焦和短焦镜头以外，还有一种变焦距镜头。变焦距镜头是与定焦距镜头相对而言的。所谓定焦镜头，即前面所说的，指一个光学镜头按其光学结构只有一个固定的焦距、一个固定的视角（或广角，或窄角，或与人眼接近的正常视角）。在变焦距镜头问世之前，摄影师拍到各种焦距的效果，一台摄影机往往须配备3—6个焦距不等的定焦镜头。而变焦距镜头则是将许多不同焦距的光学结构组合在一个光学镜头里，这样，摄影师在不更换镜头的情况下，便可在该镜头可变焦距范围内，在拍摄过程中，任意调节焦距的长、短，或任择一点，拍摄不同焦距的画面，大大扩展了定焦镜头的配套系统。

早在20世纪30年代，变焦距镜头已开始问世，但由于技术性能达不到要求，人们对它所具备的优越性，相当一段时间仅停留在理性的认识上。随着变焦距镜头的技术质量的不断完备和提高，它首先在电视业得到广泛运用，而后在电影业得到迅速推广，目前已成为摄影师必备的工具之一。当前常用的变焦距镜头规格有：5：1（20－100毫米）、6：1（20－120毫米）、10：1（25－250毫米）、20：1（25－500毫米）等多种。

作为画面造型表现手段，变焦距镜头最为突出的特点是：

（1）在固定的摄影点上，可以由远景渐变为近景，或反之。用变焦距镜头拍摄产生的景别变化，可使观众产生推近、拉远以及纵向跟拍的错觉。

（2）变焦距镜头在使画面景别渐变时，只改变视角大小，不改变拍摄距离，

因此画面中景物的透视关系不变，画面的成像比随视角大小的变化而变化。

（3）运用变焦距镜头拍摄的画面，起幅和落幅由于不断调节焦距长短，其视角大小不同，视野范围不同，景深范围也随之改变。

（4）在更换镜头，不改变摄影点的情况下，摄影师可根据内容和构图的需要随时调节画面范围的大小，成为完成内部蒙太奇的手段之一。

（5）它可以在极近、极远，或很不方便的位置上模拟推、拉、跟拍的效果。加之运用现代摄像摄影机上普遍安装的变焦速度自控装置，必要时可使景别变化快速、平稳，操作简便。

这些特点丰富了画面造型表现形式，开阔了观众视觉享受的领域。这对表现特定的画面内容、突出重点、渲染艺术气氛、刻画人物内心活动都会起到其他技术手段无法取代的作用。（顺便指出，切莫将焦点虚实的变化误认为变焦距。画面影像虚实变换，主要是调节焦点所致。）

采用定焦镜头拍摄运动摄影效果，除摇摄外，都必须借助移动车、升降机，以及一切可以用来改变摄影师位置的工具。在无法使用上述运动工具的场所，必然在一定程度上束缚导演和摄影师的手脚。变焦镜头的问世，为摄影师在任何摄影点上拍摄模拟拉或跟拍的效果提供了极大的方便，具有无可比拟的优越性。它所产生的造型是新颖的，别具一格的。比如演员行走在山林幽谷，攀登在悬崖断壁，演员操作在十米高台，驰骋在万马奔腾的疆场等等，过去只能分别以远、中、近景来表现，有了变焦距镜头，通过变换焦距，环境与人物浑然一体，清晰可见，更显出其生动、真实、感人、可信。譬如河南卫视宣传片泼墨山水篇中，从河南卫视标志渐拉为整幅山水画的镜头，就是变焦镜头的运用。

变焦距镜头是一种拍摄器材，但是变焦距镜头表现画面造型变幻的方式可以成为一种画面语言思维方式，也就是我们在电视广告和电影电视节目制作中，可以用变焦距镜头表现画面的方式来制造一个实际变焦镜头无法完成，但符合变焦理论的画面片段。

比如：1998 年法国世界杯广告宣传片的制作就是采用虚拟变焦的画面思维方式。

一个虚拟的拍摄镜头首先展现出法兰西体育场的画面全景，然后这个虚拟镜头快速向观众席上一观众推去，镜头从一欧裔观众的面部穿透突破，画面又是法兰西体育场全景的画面，这个虚拟镜头又快速向观众席上一观众推去，镜头这一次是从一亚裔观众的面部穿透突破，然后是非裔……

又比如美国有一部名叫《十的能力》的科教片，长度约 10 分钟，拍得很成功。该片制作人员运用了虚拟的 10 倍变焦距镜头的推近、拉远，形象地表现了 10 的 16 次方的概念。

影片一开始表现一对青年男女在草地上野餐，俯拍。随着虚拟 10 倍变焦距镜头的焦距由长焦距缓缓变为短焦距，观众的视野渐渐扩大，这时青年的身影越来越小，再用 10 倍变焦距镜头拉开，观众的视线逐渐离开地球，再拉开、再拉开，银幕上出现太阳系、银河系、河外星系及至无限宽阔的宇宙空间。

人的视野是有一定的局限的，宇宙到底有多大，以往总是用数字表现，这部影片却很简练、很形象地展现了宇宙空间。镜头慢慢拉开，实景与特技衔接得很真实、自然。

这部片子实际上并不是用一个放置在太空的巨型变焦摄像拍摄的，而是采用了一种与变焦摄像画面变换原理相同的画面处理方式来组接镜头完成的。

最早画面片段的内部蒙太奇的形成主要是靠人物调度和定焦镜头的运动摄像来体现。有了变焦距镜头，在人物位置不变、摄影点不变的情况下，也能根据电影、电视剧情和影视广告内容的需要，发挥内部蒙太奇的艺术作用。

在刻画人物心理活动上，变焦距镜头也有独到之处。如电影《桃花扇》中李香君支撑病体，迎接久别重逢的侯公子，由于过于激动而起步，又忽然停止。侯公子随众人急步入院，目光触到香君，也突然停止。接着导演没有给李香君正面镜头，而是用变焦镜头拍了一个代表李香君主观视线的画面，镜头视点是静止的，利用变焦距的变化使画面景别迅速从侯公子的全景变为近景，表现李香君看到侯公子时欲进又止，但心却急于扑到侯公子面前的情景。侯公子解下斗篷，轻轻披在李香君身上，李香君幸福、温情地回身看公子，突然被公子一身清朝打扮惊呆了。这个一直被她敬重、爱慕、朝夕思念的亲人，竟成了一个民族叛徒，气愤、绝望一起涌上心头。这时影片又用变焦距镜头拍摄了一个揭示李香君心理活动的主观镜头：正要上前为自己开脱的侯公子急速由近景变成全景。这充分反映出李香君对背叛者的厌恶鄙视。此刻李香君与他虽近在咫尺，但他们的心却相隔天涯。这里两次变焦距镜头的出现，一次推近，一次拉远，前后呼应，对比鲜明，恰当地发挥了特殊的造型功能，表述了它所具有的美学含义。通过这一造型表现手段，生动、细腻、准确地刻画了"相见"、"绝情"时人物的内心变化。

变焦距镜头问世后，曾有人认为，推拉镜头将会被它取代。这种看法似乎有一定的道理，但却存在着片面性。变焦距镜头与一般推拉镜头相比，两者表现的

透视关系、视野范围是完全不同的。一般用定焦镜头拍摄的推拉画面，只改变物距，起幅与落幅的视角大小不变，相当于人站在远处看物体的全貌，然后慢慢走近看它的局部。推拉过程，景物的透视关系接近人的正常感受，比较自然，随着摄影机的前移或后退，两侧的景物不断从身旁滑过，身临其境，用变焦距镜头拍摄，只改变视角大小，不改变从摄影点到被摄物体之间的距离，画面景别的逐渐缩小或扩大，相当于人在固定的位置上看某一物体，开始看它的全貌，而后渐渐集中视线看它的某一局部。镜头起幅与落幅的视角不同，因而画面中景物的空间结构、景深范围也不同，和人在现实中的感受差别较大。变焦速度过快时会产生异常的、不自然的感觉，因此，它具有自己特殊的造型作用，它与推拉镜头表现着两种不同的美学价值，在拍摄条件困难的情况下，可以用它模拟某些推拉效果，但并不能取代推拉镜头。特别是在拍摄表现运动着的物体的主观镜头时，更不应随便以变焦距镜头来代替，那会使人感到不自然、不真实。

以上谈到这些镜头运用规律都是在大多数情况下的一般规律，实际上，电视广告由于画面表意的特殊性，可能在某些情况下反向运用以上这些经验性规律会取得更有冲击力的画面造型和更为集中的广告诉求点。

同时，由于变焦距镜头拍摄的画面景别变化是靠调节焦距长短完成的，摄影机与被摄体之间的实际距离不变，因此更适合反映静态中的人受主观意识支配时视线的变化，不适于表现动态人物的主观视线。由于变焦距镜头与人在运动中观察事物的习惯不同，焦距变换的速度快时更容易产生异常的不自然的感觉，因此，非必要时不可轻率使用快速变焦，一般应取慎重态度。最好与摄影机的移动、推拉、升降以及人物的调度相配合，会更有效地发挥它的造型表现力。

归纳起来，变焦距镜头的造型作用有：

（1）模拟推拉镜头的效果；

（2）模拟纵向跟拍的效果；

（3）刻画人物心理；

（4）丰富画面造型形式；

（5）增添内部蒙太奇调度的造型手段；

（6）在不换镜头的情况下，根据表达内容和构图的需要，得心应手地调节景别的大小。

当然，在某种程度上，变焦距镜头也存在着一定的不足：

（1）光圈不能开大，因此纳光量受到很大影响；

（2）广角部分存在像差；

（3）镜头中心部分与边缘部分，纳光不均匀；

（4）与定焦距镜头相比质量仍不够过硬。

通过上面我们对摄像镜头的分析，就可以根据具体要拍摄的广告的具体创意及对脚本的分析，选定合适的摄像镜头。不管是用电影胶片拍摄，还是采用电子摄像机拍摄，它们在光学镜头选用上原理一样。但是，由于电影摄像机是采用化学胶片记录影像，电子摄像机是通过机器内部的光电反应由磁带记录画面信号，即使它们采用相同的镜头，最后记录的影像效果也是不同的。

电影摄像机的主体部分是机械曝光装置，它本身不影响画面的色彩、光度值，电影胶片的感光性能、质量是影响画面效果的最终决定因素。而电子摄像机的主体部分是光电信号传输装置，因而不同型号的电子摄像机对电视广告最终画面的影响是巨大的。

6. 滤光器的使用

在实际拍摄中，为了使拍摄的画面效果具有某种人为的意象色彩，摄影师往往需要在镜头前附加一定的镜头光学附件，这些光学辅件被称为滤光器，它包括滤光镜、渐变滤光镜、中性灰阻光片、校色温滤光片、雾镜、柔光镜、偏振器、"镜头"纱等。摄影师运用它们可以调节光的波长、振幅、光波的振动方向等，达到校正色温、校正胶片的感色、校正人眼对色光的分光敏感度存在的差别、调节天空影调、调整画面反差、调节空气透视、柔化影像以及对偏振光的多种处理，以便全部或局部调节画面的影调与色调，进而获得预期的画面造型效果。因此，这些光学附件也是摄影师光学造型手段的重要组成部分。

但是，中外摄影师对待光学附件大致持有两种截然不同的态度。有些摄影师拍摄任何一个镜头几乎都不忘运用滤光器，在他的光学镜头前或加纱，或加灰镜，或加滤光镜，或加柔光镜，为了精心营造每一幅画面，有时甚至可以同时加用三四块滤光镜。而有些摄影师则持完全相反的态度。他们认为，不应放弃价值几万元的精密光学镜头，而在它的前面放置一块廉价的光学玻璃来破坏高质量的影像，因此他们几乎不用滤光器。

我们也倾向于建议不采用任何滤光镜来改变高质量的原景画面，因为现代电脑技术的发展使所有镜头光学附件可以产生的效果都能在画面的后期处理生成，并且电脑还提供了远比现有镜头光学附件更完善、更精确的画面处理程序。但是，如果原始画面素材质量达不到要求，或已经被光学附件作了扭曲处理，则会对画面后期电脑处理带来一定难度，并会限制画面后期处理的再创造空间。

二、技术镜头

上面讲到的是不同光学镜头的特性及它们的一些造型表现特点。接下来讨论的镜头不再是光学意义上的镜头，而是构成广告画面的镜头。对摄影师来讲，镜头的另外一种理解就是画面，就是机位。镜头是画面构成的基础，每一个画面都是镜头的最终外在形态。

对于摄影师来说，拍什么并不重要，因为任何景物都可以在镜头再现，也可以用摄影机胶片式摄像机与磁带记录下来。重要的是怎么拍，用什么手段，选择什么造型元素，又怎样将其组合在一起构成画面，并表达广告主题。

每一个镜头都有一个机位，同时也体现了摄影师对每一个画面的设计。摄影师在创作的其他条件完备以后，最为关注的也只有镜头这一点了。所以，摄影师在看广告创意画面分析和实景拍摄时，要重视对镜头构成的分析、镜头位置规律的分析，并由此引入对画面元素构成的分析。

1. 构成镜头主体的人物位置和形体关系

电视广告画面创作在画面构成的思维模式上，基本是按以下排列顺序：

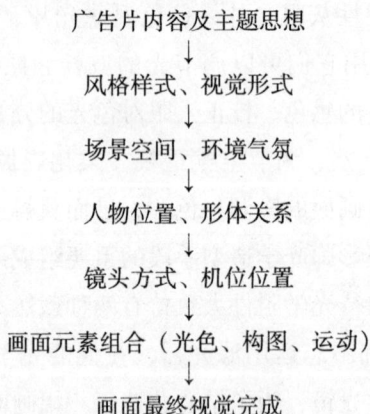

广告片内容及主题思想
↓
风格样式、视觉形式
↓
场景空间、环境气氛
↓
人物位置、形体关系
↓
镜头方式、机位位置
↓
画面元素组合（光色、构图、运动）
↓
画面最终视觉完成

作为导演及摄影师，在确定了场景及环境气氛之后，重要的就是要确定人物的位置和形体关系。因为它直接影响着镜头的画面构成。

通过对影视广告片的分析，人物按位置排列，有如下六种基本形式：

（1）前后排列

人物按线性关系前后排列。两个人面朝一个方向，区别在于两人的空间距离有近有远，位置可能是一条直线，也可能是一条斜线，但都还是前后位置效果。

（2）并肩排列

（3）背背排列

（4）对面排列

（5）直线排列

人物直线排列时方向可能相同或相反。比如两个人靠在栏杆边，或趴在某一矮物体边上，方向可相同，也可相反。

（6）直角排列

人物呈直角排列关系时，人物肩与肩基本构成90°关系。

除了上面罗列的人物位置关系外，在电视广告镜头的拍摄方式中，静止人物的镜头关系拍摄数量还是比较多的，这是由广告内容的叙事和人物常见形态所决定的。

在广告画面镜头中，人物形体关系排列有如下几种形式：立姿、坐姿、倚姿、跪姿、躺姿、趴姿。

从广告画面创作角度而言，既然镜头在设计和构成中，人物位置关系和人物形体关系各有六种不同形式，那么这就要求我们在实际拍摄中，根据不同的内容、不同的场景，安排不同的位置关系和形体关系，加以组合，并保证场景之间的不重复和富于变化。这样镜头画面才会有丰富的视觉效果，才会使构图元素产生明显的区别，才会真正保证场景间的镜头差异和视觉差异。当然，镜头的变化与否，根本上还是取决于电视广告创意所要表达的核心意思。

2. 镜头的三种典型关系

构成广告叙事与视觉的基础是镜头。画面镜头意义的揭示来自于镜头的类型，镜头意义的创造来自于镜头的排列。镜头画面大体可以分成三种较典型的类型：

（1）关系镜头

关系镜头在实际拍摄时又可以称之为场景主镜头、交代镜头、空间定位镜头或整体镜头。关系镜头一般是以全景系列镜头（大远景、远景、大全景、全景）景别为主。

关系镜头还可以造成视觉舒缓，强调环境的意境。在镜头排列中，同时可以强调景物的造型效果，场景的写意功能，造成视觉的停顿、节奏的间歇。

关系镜头运用的数量变化会使广告片的视觉风格、表意风格发生变化。关系镜头多会使广告画面的视觉节奏舒缓，反之，则会使广告片的视觉风格变得急促。

（2）动作镜头

动作镜头又称为局部镜头、小关系镜头、叙事镜头。

动作镜头的景别处理以中景及近景系列景别为主。

动作镜头的任务，主要是表现人物表情、对话、反应，再现、强调人物动作及过程、动作细节、动作方式、动作结果等。同样，动作镜头在一部广告片中的运用数量，也决定着一个片子的节奏、风格，只是它们作用与关系镜头的作用相反。

（3）渲染镜头

渲染镜头又称为空镜头，大部分是有较少人物的景物镜头和环境镜头。

渲染镜头的景别并无特殊的规定性，完全取决于广告创意的要求。

渲染镜头使用过多，会使广告片具有较弱的叙事效果，增加情绪效果和写意效果。这类镜头构思，一般具有强烈的绘画效果，画面色彩写意性、光线效果更为鲜明，角度、构图更有形式美感。

实拍型广告的广告画面，都是由关系镜头、动作镜头、渲染镜头这三类镜头组成，只是每一个广告片的具体创意内容不同，画面表现风格不同，这三类镜头在数量运用排列上各不相同。

3. 镜头存在的三种典型场景

场景是决定镜头存在的基本条件，画面拍摄时，导演、摄影师对镜头的结构是根据场景的形式来进行的。场景可以被有意识的划分为三种类型：

（1）有对话无动作

这类场景在拍摄时，人物以对话为主。无动作是指人物无形体位移，只是上肢有时会动作，但脚不移动。在这类场景中，环境对人物的陪衬很重要，且对人物形象和人物对话有辅助造型任务。

在这一景别下，摄影师应多设计机位分切、跳拍、移动调度，多设计镜头景别，应该考虑构图，考虑光线的感觉和效果，考虑镜头的角度，考虑背景的虚实与人物的关系，考虑镜头是否必要作相应运动以弥补人物的不动。

（2）有对话有动作

在这类场景中，摄影师应该根据镜头考虑动作与空间的关系，考虑动作与光线的关系，考虑动作与机位镜头的关系。

（3）无对话有动作

这类场景在拍摄时，摄影师要多考虑光线对动作表达的效果、镜头方向对动作的帮助，以及对构图、背景的表达，适当考虑镜头的运动处理对人物动作的表达，更要考虑镜头运动方式与人物运动的方式互顺或互逆关系。例如，人物向镜头纵深走去，镜头拉开是互逆运动；人物迎面走来，镜头推上去也是互逆运动。反之则是互顺运动。

在实际拍摄时，镜头变化是绝对的，镜头不变是相对的，而场景的形式又决定了镜头方式。在创作中，我们要根据场景形式来结构画面，并有意识在镜头排列组合中丰富镜头式样。

4. 镜头的基本构成

画面是由镜头位置规定的，分析、研究了镜头的基本构成，实际上解决了任何画面的构成问题。

有人物画面的最基本的人物形式是双人对话，我们就以双人对话场景来说明一下镜头构成。见图5-5。

图5-5中A与B形成一条假想虚线，这条线既是A与B的交流视线，又是人物之间的关系线——轴线，并以这条假想线为准，将空间分为上方和下方。

图上方，被称为表现空间、背景空间、现实空间。因为这个空间在九个镜头的任何一个中都会拍到（有整体有局部）。

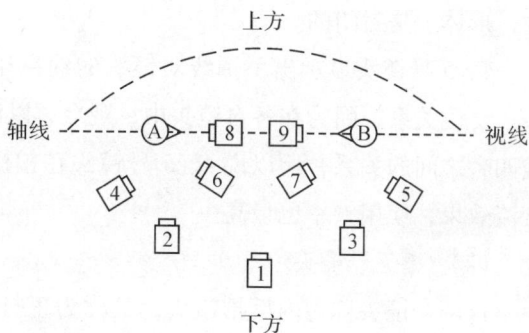

图5-5

图下方，被称为调度空间、想象空间、暗示空间。在这个空间可以进行镜头调度，但无法进入画面，永远是让人想象的。

同时需要说明的是，上下两个空间是可以互换的，并且在互换画面的空间组合下，可以丰富画面观感。

一般来说，画面的镜头构成大致就是这九个类型。

（1）1号镜头

这类镜头拍到画面大都是全景系列景别，交代了画面的环境关系，决定了背景、光线、空间、画面人物的轴线关系、人物位置，所有的其他镜头都是从这一点发散出去的，是以这一点为依据的。

（2）2、3 号镜头

从画面形式上看，2、3 号镜头在画面效果上只是与 1 号镜头的景别不同，距离不同，人物数量不同，但在背景关系、视线关系、拍摄方向上都十分接近，人物面孔基本一致，在镜头连接后给人产生原地跳接的感觉。2、3 号镜头极容易拍摄，换景别就可以，光线可以不变。

（3）4、5 号镜头

这两个镜头处在镜头平面图的最底边外侧，被称之为外反拍摄镜头、对称过肩镜头、局部关系镜头，景别多以中景、中近景、近景、特写为主。

人物视线在 4、5 号镜头中由于朝向的不同，视线是内向的，而且是对应的。由于镜头焦距作用和镜头焦点作用，4、5 号镜头中往往前景人物是虚影像，后景人物是实影像。人物表达也由于镜头作用，面对镜头的人物处于主导地位，表演是开放的，形体也是开放的；而背对镜头的人物则处于次要地位，表演是封闭的，形体也是封闭的。

4、5 号镜头显示出了轴线对镜头的约束作用，更强化了人物之间的位置关系、交流关系，因为在各自镜头中，观众可以清楚地看到人物、位置、环境、视线四者之间的关系，所以说 4、5 号镜头在拍摄中是表现局部关系的镜头，最具交流效果，使用频率也最高。

（4）6、7 号镜头

这两个镜头称为内反拍镜头，又称为正打、反打镜头，景别一般以中近景、近景、特写为主。

双人交流镜头中，向两个不同空间背景拍摄的一方为正打，另一方则为反打，先拍为正，后拍为反。6、7 号镜头剪接在一起，视线互逆而且对应，形成交流关系。

从视觉效果上分析，6、7 号镜头拍摄时越接近轴线，画面人物越有交流感，越有参与感，越有渗透感。

在使用正打、反打镜头时，画面外的空间、距离、位置、人物等完全要靠观众去想象、去丰富，并在上下镜头的联系中得以证实。

（5）8、9 号镜头

8、9 号镜头一般也称为正打、反打镜头，同时由于这两个镜头比较特殊，它们的镜头视轴方向与人物轴线方向基本平行或重合，也被称为骑轴镜头、视轴镜头。

由于人物视线看中的关系，使画面上产生人物主观视点的镜头效果，极具交流感和参与感。使用这类镜头会加快画面的视觉节奏。

需要强调的是，上面讲到的九个基本镜头构成是以人物交流视线（轴线）划分的两个空间中的一个来举例的，在轴线一侧有九个基本镜头位置，而在轴线的另一侧也同样有九个基本镜头位置，并且每一个镜头位置都可以有不同的景别变化，这些在拍摄中都可以充分利用。

在讲完了镜头的基本构成之后，我们想说的是，要拍出一部成功的作品，问题不在于一场戏（一段画面、一个情节）中，你在拍摄时已选用了九个镜头位置，并变化了景别拍了无数个镜头，而在于你将这些镜头如何有顺序的、有目的的、有风格的排列出来，剪接出来。

5. 轴线规律

我们知道，影视广告画面是幻影，是通过两度空间的平面表现现实二维空间，而且实拍型影视广告又是由许多镜头组接起来表现一个完整的可视形象，因此，在把现实空间转换成幻觉空间时，必须涉及一些规律性和技术性的知识，不掌握这些基本规律性的知识，在画面组接时会产生一些上下镜头把方向搞错，接不起来硬接的笑话。

要想准确再现现实空间的位置、方向，不使观众产生混乱、跳跃的感觉，在确定镜头调度时，必须遵守轴线规律。轴线规律可简述如下：

（1）定向角度

轴线规律首先涉及定向角度。所谓定向角度，是指一场戏总的拍摄方向的角度。这个角度可以辨明一场戏中人和景的基本位置，它是由这个方向的全景，以及与该方向相一致的其他景别的镜头来体现的，是一场戏的主要拍摄方向。也可以这么说，在上节中我们选定在图中上方或下方拍摄时，就选定了那场戏的定向角度。

拍摄一组画面时，导演和摄影都首先选择一个定向角度，在这个角度里人和景最富有表现力，以它为准分切镜头，确定以什么角度和运动方式表现这场戏，确定光线的处理。从这个总角度拍摄的全景叫定向全景。现场拍摄时，一般也先从定向全景开始，其他角度的镜头造型也都以此为准，以便观众辨明这场戏中人和景的基本位置。在外部蒙太奇组接的场景中（分切或场面调度），明确定向角度更为重要。只有把握了定向角度，不同景别、方向的镜头遵循轴线规律连接后，才不会使观众搞乱方向，才能在观众头脑中形成一个完整的场面调度，得出一个事件、一段画面的完整印象。

（2）轴线

要用影视平面画面表现立体空间，并通过上下镜头连接不搞乱方位，给观众一个完整的空间视觉形象，必须搞清楚什么是轴线，拍摄中如何处理好轴线。

沿被摄主体的运动方向（或视线方向）画一条假定性的直线，或在被摄体之间画一条假定性的直线，均称轴线。在一场戏中，定向角度确定在轴线的哪一边，其他镜头的角度一般也都应在轴线的哪一边，这样才能保持方向的统一。在没有过渡到轴线另一侧的条件时，不能随意跳越轴线，否则就会出现方向、位置颠倒的镜头错误。

轴线分关系轴线、方向轴线、动作轴线等。

① 关系轴线

两人坐着交谈，或一个要出门，那么两人之间，人与门之间画一假想的直线，这为关系轴线。如果随意越轴安排镜头拍摄，则会出现画面中坐着谈话的两人忽然交叉换位的感觉。

一人要出门，人和门之间连一虚线，全景在轴线一侧拍摄，近景便不能跳到轴线另一侧拍摄，否则方向便错了，会造成全景时人要出门，跳成近景时人突然回走的感觉。

② 方向轴线

汽车向前行驶，沿车的前进方向画一虚线，一人向左看，沿他的视线方向画一虚线，这可称为方向轴线。摄影机位均不能越过这一轴线，上一镜头在轴线哪边拍，下一镜头仍需在哪边拍，否则上下镜头连接后，使会发生前进方向或视线方向的错误。

③ 动作轴线

两军对垒，或两组球队竞赛，由双方进攻的点连成一条虚线，这是动作轴线。摄影机只能在轴线一侧拍摄，如果不遵守轴线规律，一会儿把摄影机放在这一侧，一会儿又放在另一侧，将来镜头连接后，两军进攻的方向便全搞乱了，分不清谁向谁进攻，分不清谁是进攻一方，谁又是溃败的一方。

其实，轴线是可以在一定条件下被超越的，甚至在现代风格的影视和广告作品中，为了追求特定的风格、效果，轴线可被随意的、无条件的超越。

通过长期的影视创作经验积累，摄影师们总结了如下六种正常越轴线处理的基本形式：

① 空镜头越轴

在越轴前的一个镜头剪接插入一处空镜头，由于空镜头无人物关系概念，无空间概念，无视线方向概念，所以在下一镜头中改变原来的轴线关系，建立起一个新的轴线关系。而这个空镜头一般具有渲染作用或顿歇作用。摄影上也要考虑这个空镜头与前后镜头在构图上有一定连贯性。

② 人物中性视线镜头越轴

在越轴前的一个镜头中，剪接插入一个人物中性视线（看镜头视线）的镜头，然后在下一个镜头中改变原来的轴线关系，建立起一个新的轴线关系。

③ 人物反应（暗示）镜头越轴

在越轴前的一个镜头中，剪接插入一个人物反应（暗示）镜头，然后在下一个镜头中改变原来的轴线关系，建立起一个新的轴线关系。

④ 摄影机机位运动越轴

机位运动越轴是在场景空间中，借助摄影机的运动，在镜内（画面内）看到人物位置改变、视线改变、背景改变、空间改变的同时变化。

⑤ 利用枢轴镜头越轴

这种方法是在拍摄上利用了场景中的景物、人物作为贯穿关系，在视觉上有一个参照物，形成空间关系和轴线关系。像我们在拍摄中采用的门里、门外、窗里、窗外、车里、车外，都是借用场景景物特定关系进行的枢轴越轴处理。

⑥ 利用人物运动越轴

在场景调度中的人物调度中，利用人物的运动（加之剪接的应用），进行越轴，这种方式实质上也是硬越轴的一种，只不过是利用人物运动＋剪接，视觉上看起来好像顺畅一些罢了。

上面所述越轴方法，给我们在拍摄中镜头越轴时提供了参考及处理的合理性。

三、镜头连贯

电视广告画面是一种连续的，具有造型性的视觉艺术。电视广告摄影创作的重要内容之一就是在完成广告画面叙事环节的同时，要有机地运用摄影造型元素，保持所有镜头画面的视觉连贯。

摄影师对单一画幅（画格）、单一镜头要保证其相对的独立性，使其具有视觉可看性，又要使具有视觉独立性画面与画面之间（上、下镜头之间）有一种承继关系和延续关系。摄影师在创作设计上、画面构成上、造型元素运用上以及手段组合上，保持镜头画面的这种连贯性，其目的要使具有单独视觉意义、叙事意义的单一镜头画面排列在一起时，既不产生视觉阻断，同时又能产生出整体的视觉含义来。

从某种实际意义上讲,摄影师拍摄的画面既奠定了剪接的基础,又制约着未来的剪接。

导演和摄影师在表达每一个叙事镜头画面或写意镜头画面时,必须要将其看作一个视觉链环中的具有连贯性的整体的一部分,使观众在看广告画面时能够从局部到整体,从元素到构成,从单一到连贯,感受到它们之间的相互联系。

我们在讨论镜头画面的视觉连贯性时,实质上涉及两个问题:

(1)镜头画面中所有造型元素的延续与连贯;

(2)镜头画面中视觉逻辑、整体效果的连贯。

连贯的实际含义,既有形象的相同方面,又有形象的差异方面,既有铺垫关系,又有承继关系,既相互衬映又相互制约。

下面我们就广告画面摄影和剪接中常碰到的几种连贯关系,来说明怎样使画面连贯。

1. 画面人物位置的连贯

人物是画面拍摄的主体。镜头画面中的人物应占据画面主要位置,并成为人们视觉关注的重点。

问题的难点不在于一个镜头、一个画面(画幅)中的人物在构图时应处在什么位置,而在于上下镜头和若干镜头画面中,人物既要保持相应位置,又要使每一个画面构图好看而连贯,使观众在观看时不因人物位置的任意布局而产生人物错位现象和视觉阻断。这就要求摄影师在拍摄每一个镜头时,应十分清楚其所要完成的每一个镜头画面的作用、位置和效果,以保证广告画面叙事、造型、写意和风格表达的统一。

人物位置,是指人物在画幅空间中占据的点,同时又是平面上点的构成与边缘关系。按竖向划分,画面一般可以分为三个区域(见图5-6)。

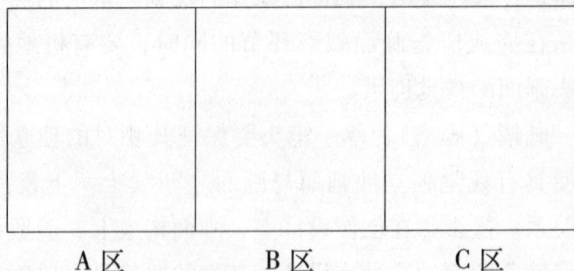

A 区   B 区   C 区

图 5-6

拍摄时，每一镜头应将被摄主体（人物）在上下镜头画面中保持在相应的区域上，而不能任意地变换位置，以保证人物在镜头切换中的视觉流畅，镜头画面正是因为这种位置的连贯而构成视觉顺畅关系，否则将会产生笨拙的视觉跳跃。

例如，我们拍摄了一组（比如七个镜头）画面，人物的景别有远景、中景、近景和特写，其中六个画面中，人物处在 C 区，而有一个处在 A 区，如果我们将六个人物处于 C 区的镜头剪接在一起，则会产生连贯的感觉；如果我们将人物处于 A 区的镜头剪接在六个 C 区人物镜头中，则会产生一个微小的视觉跳跃；如果将 A 区画面多次插入人物处于 C 区的六个镜头中，则会产生连续且让人在视觉上感觉怪异，甚至不舒服的跳跃。

从摄影学角度分析，摄影师在拍摄时，之所以强调画面中人物位置匹配的重要性，主要是顾及以下几点：

广告画面的叙事风格；

广告画面拍摄主体（人物、商品）的构图处理风格；

保证视觉上的叙事连贯；

摄影镜头画面处理的完整。

如果我们在拍摄中，一定要形成（造成）人物在 A 区与 C 区的连接，除了画面叙事的要求外，为了保证视觉的连贯性，一般有下列三种剪接方法：

（1）过渡剪接

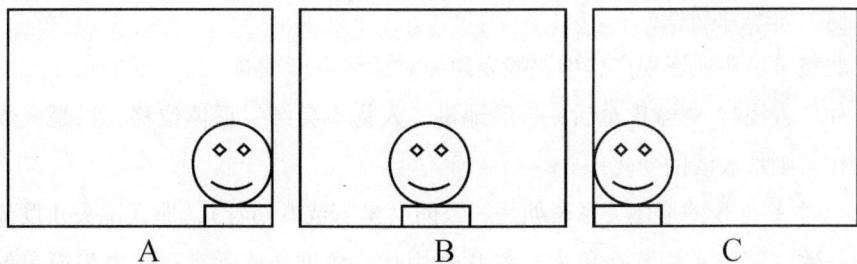

图 5-7

比如图 5-7，在拍摄完 A 画面和 C 画面之后，摄影师有意识地拍摄一个画面中人物在画幅中区镜头 B，用以过渡。

哪怕 B 画面在剪接中以很短的方式出现，比如 15 帧到 25 帧，就可以在视觉上形成了人物位置的区域过渡，这样的镜头，位置上是匹配的，有过渡处理，视觉上便没有阻断感觉。

（2）特技剪接

如果不按过渡剪接方式多拍一个镜头 B，而将 A、B、C 连接在一起，那只有采用特技的方式。在 A 画面与 C 画面连接时，用淡出、淡入、叠画等方式，从视觉上让镜头画面中人物位置的不一致有一个视觉的缓冲，从而形成流畅感。

（3）硬接

从现代影视文化观念上看，任何镜头、任何画面都可以往一块儿接。就是说，现论上没有不能往一块儿接的镜头，只不过在实际上，这种类似 A 画面和 C 画面不相匹配的镜头连接起来，会在叙事上、视觉上造成一定的混乱。

当然，影视广告本身不同于电影或电视，在某种程度上，其画面本身不是为叙事，而仅仅是表达一种商品概念和形象概念，所以其镜头剪辑在技术处理上更为随便，但每个镜头在画面内容和前后镜头的画面逻辑上要求更高。

2. 画面角度的连贯

角度是影响画面视觉的核心。影视广告中的流动画面的每一个角度，将成为进入观众视觉的第一要素。

摄影师处理画面角度时，一般从表现空间、透视、画面构图、背景关系、人物形象、前景关系、光线效果、色彩取舍等方面考虑。

但问题的关键不在于摄影师拍某一镜头用什么角度，而在于摄影师和导演在一个镜头段落中，在与剪接发生联系的连贯镜头中采用什么角度。

摄影镜头画面角度的连贯有如下两个方面：

（1）非叙事镜头

非叙事镜头在影视广告中一般表现为对话镜头。

如广告模特 A 与 B 对话，一般地讲，人物不会产生形体位移，只是人物上肢动作与画部表演的变化。

此时 A 与 B 的形体关系假如是一致的（坐着或者站着），那么镜头角度就应保持一致，即拍 A 用什么角度，拍 B 也用什么角度，或者有一种更为简单的理解方法，即 A 看 B 或 B 看 A 的视线就是镜头的方向，我们称之为 A＝B 的角度方式。否则的话，就会产生视觉的不适应与跳跃，在镜头对切中视觉的变异。

（2）叙事镜头

叙事镜头在影视广告中是指非对话镜头，即动作镜头。

当影视广告的人物模特不在对话而在运动和动作之中时，运动和动作则构成了叙事主体，表演的重点是形体位移与动作幅度。在这种情况下，恰恰需要每一个镜头画面角度的变化，来形成每一个镜头的画面构图的不同。如果这时镜头角度都一样，则不利于空间表达，不利于构图的丰富性，不利于视觉的多样化。只有在这种仰、平、俯的交替、交错变化中，才能求得视觉造型性，才能有助于表现空间中的人物运动与动作。

所有角度变化所达到的视觉匹配并不是单一的、局部的，而要要求广告导演、摄影师根据广告创意的要求，有一个整体的安排，在镜头连贯中考虑仰、平、俯的组合关系。

3. 画面动作的连贯

镜头画面中被摄主体（人物或商品）的动作是构成画面叙事概念表达与视觉的核心。

就单一镜头而言，动作记录与表达并没有什么困难，只要表现清楚就可以了。但是，如果分别记录两个动作（或者说是一个动作的两次记录）的两个镜头，当剪接并置时，这两个镜头之间的动作就会有一个协调问题。

作为摄影师，在完成导演的每一个分镜头时，要明确这个镜头的动作与上一个镜头的什么动作相接，又要明确这个镜头将要被下一个镜头中的什么动作所使用。只有明确这一点，才能在拍摄中顾及动作的匹配连贯问题。

在镜头画面动作的连贯中，有两点是值得我们关注的：

（1）动作幅度的连贯

同样的一个动作，在两个不同景别的镜头中，会体现出不同的幅度关系。在全景中的动作会显得慢一些，而在近景中的动作会显得快一些，这是由于画幅范围对人眼造成的视觉效果。

摄影师在拍摄时，要根据画面不同景别的要求，调整上下镜头有关的动作幅度，以期达到所有镜头连接在一起后，既使动作能够协调一致，又具有连贯的视觉效果。

如果摄影时需要将全景景别画面与近景景别画面相接来表现一个动作，那么，拍摄中则需让全景中的动作幅度略微加大，速度加快，才能与近景相配合。或者将近景中的动作幅度略微减小，速度放慢。

（2）动作点的连贯

这个问题对于摄影师来讲比较简单，只要是在两个不同的方向、距离、景别上将准备切换（转换）镜头的动作拍摄下来就算完成任务了。当然，这其中也

有动作幅度、速度的控制问题。

动作点的连贯，更多地应考虑镜头的剪接问题。

我们知道，人类任何一种较为简单的动作大约在一秒钟之内完成。例如，广告中常常用到的"扶眼镜、坐下、挥手、跳跃等"，而这些基本动作有时往往是我们剪接利用的点。

如果按实际拍摄划分，我们能人为地将任何一个动作分为三个部分：动作启始部分、动作过程部分、动作结束部分。在实际拍摄中，摄影师要从这三段划分中找出拍摄开机、停机点。

在拍摄时，我们可以在每一个机位都将这个动作完整地记录一遍，但问题的关键在于，我们最后怎样寻找剪开点和剪接点。

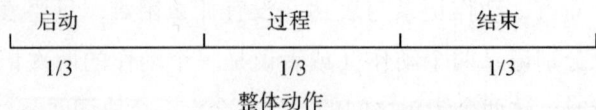

启动	过程	结束
1/3	1/3	1/3

整体动作

一般来说，有下列三种运用剪接方式：

① 对半剪接

即前一个镜头用拍摄的前 1/2，后一个镜头用另外拍摄的 1/2，这种连接方法动作清楚连贯，便于观众看清两个镜头对同一动作的分解和转换。

② 前 1/3 与后 1/3 剪接

这是一种极为大胆、省略的连接方式，在运动型快节奏广告片中运用较多，一个动作只用上一个镜头的 1/3，而下一个镜头也仅用 1/3，中间部分完全省略。这种方法完全是用动作的启动和结束来暗示动作的全部过程。它符合换镜头分割时空的原理，既有节奏效果，又省了近 1/3 的时间，增加了单位时间内的画面信息量。

目前，影视广告中大量采用这种方法，既有利于广告题的表达，也有利于对画面节奏的控制。

③ 前 2/3 与后 2/3 剪接

这样可以延缓动作的节奏。

以上的三种动作剪接方式可以在 NIKE 中国本土化广告"令人望而生畏的，中国不只有珠穆朗玛峰——王治郅"、"中国人得心应手的除了乒乓球，还有篮球——阿的江"、"美国西部之外，中国也有神投手——胡卫东"中体会到。

4. 画面主体方向的连贯

画面主体方向实际上就是主体运动的方向。主体是在一定空间里运动的，主体方向影响到空间。

运动方向决定着广告画面的叙事关系和人物关系。同时，人物的运动方向还反映人物的轴线关系。摄影机的拍摄，首先要保证和维护轴线关系，这样才能保证方向的连贯。

保证画面主体方向的连贯，摄影师要注意如下几个问题：

（1）叙事方向

广告叙事规定情景的运动方向与主体可能相同或相反，但在表现内容上应是顺向一致的。

例如，两个人相向坐在同一前进的汽车中对话，要求摄像机不管拍甲还是拍乙，方向相同还是相反，都要求车外场景（比如路旁树木）的运动方向不使人产生错觉。

（2）逻辑方向

前一个镜头的主体运动方向和叙事情节，规定下一个镜头的主体运动方向。

例如，A 与 B 打电话互约时间见面，说好在某一个地方见，A 放下电话从画右出画，那么 B 就要从画左出画，下面 A 的镜头都是向右运动，B 的镜头都向左运动，这样安排 A、B 碰面，画面拍摄和剪接的逻辑关系才能让观众觉得舒服。

（3）出入画关系

广告画面创作中出画入画是一种手段，目的是想分隔场景、分隔动作以暗示时间流程。

出画入画的原则是：左出右进、右出左进、上出下进、下出上进。

一个人从桌边上站起来，准备去书架找书，从画面左边出画，离开桌子，下一个镜头便应该从画面右边进入画面，到书架上找书。同样，如果他从右边出画，则与相接的下一个镜头人物应从左边入画。

一个人在楼梯上向下出画面，则下一个组接画面应从上进入画面，比如他下楼后走出门洞。

镜头画面组接的这些出画入画原则，在同一空间场中必须遵守，否则，就会形成叙事错觉。但是，只要上下画面换场景、空间，就不必维持这些原则了，可

以任意出画入画。

5. 画面视线的连贯

人物视线其实是一条假想线。一组画面进行连贯剪接时，人物的视线一旦构成，就决定了下列"四定"关系：

（1）定位置

我们能从视线中判断双方是以什么样的形体位置交流的。

（2）定轴线

视线构成人物交流的轴线位置，那么，进行机位调度时则要遵循轴线关系进行拍摄。

（3）定关系

上下镜头中，基本上是上一个镜头的视线，决定下一个镜头视线。

（4）定高度

上一个镜头的视线高度，决定下一个镜头的视线高度。

画面视线连贯的两个原则：

（1）交流双方，上下镜头必须是对应的、互逆的

交流双方视线对应、互逆是视线连贯的基本原则。我们在分切跳拍广告画面镜头时，除了记住道具、动作接续外，视线对应是一个很关键的原则，如果画面中 A 看画左，B 也看画左，则无法在画面组接中表达 A 与 B 交流的意念，只可以表达两者的拒绝和冷漠。

（2）单人画面的人物视线要比平视略高一点

单人拍摄视线要比平视略高，是从镜头美感方面考虑的，但在具体操作时要根据广告创意和表达设定人物视线高度。

6. 画面光线的连贯

光线的处理有技术的问题，也有艺术的问题。对摄影师而言，光线的连贯更多的是技术上的问题。实际上，一个影视广告中，有众多镜头，在不同景别、不同角度、不同构图中，要保持所有画面的光线在整体感觉上一致，是一个很难的工作。

光线的连贯所包含的内容有光线基调、光源方向和高度，光源的性质、范围和面积，光源的照度、光线的反差、主副光关系在各镜头间应保持相对的一致。要做到这些，要求摄影师在主副光照度、曝光组合、亮部层次控制，暗部层次控制等项技术上，严格掌握各镜头之间的统一。

本节思考与练习题

1. 说说不同光学镜头的特性及造型特点。
2. 谈一谈你对技术镜头的理解。

6

电子摄像机、胶片

电子摄像机的主要类型有两种，即广播电视用摄像机和特殊用途摄像机。拍摄电视广告主要用广播电视用摄像机。

广播电视用摄像机按其性能指标和用途的不同，可划分为广播级、业务级和家用级三种级别。

一、广播级摄像机

广播级摄像机是最高档的，可用于电视节目制作和电视广告拍摄，其成像质量好，彩色、灰度都很逼真，几乎无任何失真，具有优良的暗场图像。在允许的工作范围内，广播级摄像机的图像质量变化很小，即便是在工作环境恶劣的情况下，如寒冷、酷热、低照度、潮湿等状态下，也能拍出比较满意的图像，性能稳定，自动化程度高，遥控功能全面，只是体积稍大。

判断摄像机性能优劣的主要技术指标有如下几方面：

1. 灵敏度

灵敏度是用在同一照度下，拍摄同一景物得到额定输出时的光圈的大小来衡量的。通常在照度为 2000 勒克斯，色温 3200K，拍摄白反射系数为 89.9% 的景物，信号输出为 700 毫伏。此时摄像机使用的光圈越小，表示摄像机的灵敏度越高。例如，光圈为 F5.6 的就比光圈为 F4 的灵敏度要高。

2. 信噪比

信噪比是指在标准照明度 2000 勒克斯下，摄像机图像（亮度或绿路）信号的峰值与视频噪波的有效值之比。信噪比的数值与测量条件有关。信噪比是不同档次摄像机的主要指标，该指标越高越好，例如，信噪比为 60dB 的比 58dB 的要好。

3. 图像清晰度

图像清晰度是指摄像机分解黑白细线条的能力，通常用图像中心部分水平分解表示。如水平分解力 700 线则表示在拍摄一幅水平方向具有 700 条黑白相同垂直线条的图像时，监视器上出现图像的中心部分还能看清楚黑白线条。水平分解力越高，图像的清晰度就越高。一般广播级摄像机的全图像水平清晰度都是一致的。

4. 最低照度

最低照度是指在一定信噪比条件下，比较被摄景物所需照度的大小。照度越低，说明摄像机的灵敏度越高。

5. 几何失真

几何失真表示重现图像的几何形状的差异，表现为枕形、桶形、菱形等多种失真形式。它主要是指摄像管摄像机的一大指标，对于广泛使用 CCD（电荷偶合器件）的广播级摄像机来说，几何失真很小，几乎很难测量出来。

6. 重合精度

摄像机拍摄画面的过程一般是由内置于光学镜头后的棱镜将进入摄像机的光线分解为红、绿、蓝三色，三种基本色分别通过不同的电子信道传输，最后由摄像机内的编码器复合生成图像信号，记录于磁带上。也就是说，摄像机重现彩色图像是由红、绿、蓝三个基本色图像混配出来的，这就要求三者在空间位置和几何位置上必须一致，否则混合出的图像必然有红、绿、蓝等边出现。摄像机拍摄画面的重合精度越高，则摄像机性能越好。

还有其他一些指标也是用来判断摄像机性能的，如自动化程度，耐冲击震动的能力，工作环境的温度范围以及信号接口的多功能化，操作的方便性等等。熟知并把握判断摄影机性能的指标，就可以指导我们在广告拍摄前期准备工作中选用合适的摄像器材。

二、电影胶片

当拍摄小组人员按照创作小组事先研究的拍摄方案选定好摄像机、镜头等主要拍摄器材后，就该确定与拍摄器材匹配的音画信号记录媒体了。

电影机用电影胶片作画面信号记录媒体，电影胶片类似于我们常用的幻灯片，或者说胶片就是被连接起来的幻灯片。

说到胶片的类型，我们有必要对自然界的光和色作一简单介绍。同时，透彻了解光和色的特性，也可以指导我们在电视广告画面后期处理中按照广告创意表现的要求对画面进行艺术化处理。广告摄影中用光是为了表现色彩和层次，是真实记录物体的重要表现手段。色彩运用不是色彩的堆砌，也不是画面上颜色愈多就愈鲜艳；而是运用相应的色彩，通过冷暖色调、明暗亮度、色彩对比以及色区的分布等构成画面，在两度平面上再现三度空间效果的相互关系，达到创作优美生动的广告画面的目的。

光与色的关系、光与物的关系，是人们在生活实践中经常遇到的。当光线明亮时，才能看到物体和它的颜色；当光线暗淡的时候，物体的颜色就不明显；当没有光线的时候，什么颜色也看不见。这就是说有光才有色，一旦没有光，颜色也就从人们的视线里消失。

当太阳通过棱镜发生折射后，便出现一条红、橙、黄、绿、青、蓝、紫的光带。如果这条光带再通过棱镜，又将变成白色的光线。这说明阳光是由各种色光组成的。

色光的不同颜色是由不同的波长和折射角而分出的。一定波长的光呈现出一定的颜色。波长在 380 毫微米到 780 毫微米之间七种色光，人眼可以看见，称为可见光；波长大于 80 毫微米的属远红外线；波长小于 380 毫微米的光属于紫外线，人眼看不见它们，因此称之为不可见光。

自然界的万物呈现多种颜色，都是光线照射的结果。人的眼睛之所以能够感觉到颜色，是因为眼球视网膜里有对色彩产生不同感觉的三类神经细胞，分别是感蓝单元细胞、感绿单元细胞和感红单元细胞。这三类神经细胞受到各种不同波长光波的刺激后，能产生各种不同的色感。人眼有这种感蓝、感绿、感红的三类神经细胞，就可以感觉到各种各样的颜色。这就是说，不管颜色多么丰富多彩，都是由绿、红、蓝三类感单元组合而成的，因此，红、绿、蓝三色被称为三原色。

视觉上的三原色处理是彩色胶片制作的理论基础。彩色感光片的感蓝、感绿、感红三层感光剂对红、绿、蓝光分别感应，就是根据人眼受三种不同光波刺激而产生色觉的原理研制出来的。

色光按不同的波长分为七色。自然界的万物因其物理性质不同，对七色的吸

收与反射的情况也不同，给人眼视觉神经细胞的刺激也不同，因而产生的色觉也不同。

如果某种物体对照射它的白光不能分解，只是吸收其小部分而反射出大部分，物体则呈现为白色；若吸收其大部分，而反射出小部分，物体则呈现为灰色及黑色。从白到黑的一系列消色，是物体对不同波长的光波非选择性吸收的结果。

大多数物体对不同波长的光波具有不同的吸收率，这叫作选择性吸收。当光线照射这些物体时，经过选择吸收后，其反射的光与投射的光相比，不仅在亮度上有所减弱，而且在光谱成分上也有所改变。于是，这些物体在白光下对人眼的三类视神经细胞刺激不再相等，因而人眼就产生了各种不同的色彩视觉。假设有一物体较少地吸收光谱中的黄色，而较多地吸收其他色，这一物体则给人以黄色的感觉。这就是说，人眼看到的色，就是物体所不能吸收或吸收较少的色。

由于物体表面的色光，不仅大部分是被反射的光，而且还有被分解后再反射的光，因此，同一物体在不同光源的照射下所呈现的颜色是错综复杂而富有变化的。如在白光照射下是呈白色的物体，在什么色光的照射下就将呈现什么颜色。也就是说，物体本身没有固定颜色，只有对不同光波有固定的吸收和反射的光学特性，而在不同情况下呈现不同的颜色。

色光可以分为原色、间色、复色、互补色四类。

原色即红、绿、蓝三种色光（与绘画的红、黄、蓝三原色不同）；间色光即黄、品红、青及其他近似的色光，它们由两原色光相合而成；复色光即红、绿、蓝及其他近似的色光，它们由两间色光相合而成；间色光中的某一色光中的某一色光相结合，能产生白色的，称它们为互补色光。弄清了色光的两个关系，即组成关系和互补关系，是彩色胶片摄影必不可少的知识。

1. 色光的组成关系

两原色相结合能产生间色光。

红色光 + 绿色光 = 黄色光

蓝色光 + 红色光 = 品红色光

绿色光 + 蓝色光 = 青色光

而红、绿、蓝三原色光相结合则可产生白光。两间色光相结合又能产生与原色光相同的复色光。

黄色光 + 品红色光 = 红色光

青色光 + 黄色光 = 绿色光

品红色光 + 青色光彩 = 蓝色光

而黄、品红、青三间色光相结合，则产生灰色光。

以上色光必须是在色量相当的条件下才能产生。否则，产生的色光将有各种变化。例如：

红色光多 + 蓝色光少 = 橙色光

绿色光多 + 蓝色光少 = 绿青色光

蓝色光多 + 红色光少 = 紫色光

这种量不相当的色光结合，是产生五彩缤纷的色光的原因。

2. 色光互补关系

三原色与三间色光中的每相对应的原色光与间色光称为互补色光。对应的互补色光如下：

红色光 – 青色光

绿色光 – 品红色光

蓝色光 – 黄色光

色量相当的互补色光相结合，将产生白光。这是因为每一间色光都是两原色光相结合而成的。因此，互补色光的相合，实际上就是三原色光相结合。色量不相当的互补色光相结合，则将生灰色光。

广告画面摄影是为了表现色彩，熟悉了以上这些色彩基础知识，可以深入理解光材料的成色原理，为彩色画面摄像带来一定方便，并可以按照色彩间相互合成关系，有效地运用灯光、后期电脑画面色彩处理功能，取得合乎创作要求的广告影视画面。

电影摄像机用的彩色感光片成色原理就是由分别能感受不同原色的化学乳剂对它所能感受的色光进行记录，然后再根据上面提到的色彩叠加原理进行叠加，最后形成色彩艳丽缤纷的彩反转片。

摄影用彩色电影胶片从规格上分为 16 毫米、35 毫米两种，具体选用何种规格要根据具体拍摄所采用的摄影机规格而定。

电影胶片从色温上来看，有日光型片、灯光型片和日光灯光通用型片三种。一般地说，日光型片适应于 5500K 上下的色温，供在日光下摄影；灯光型片适应于 3200 – 3400K 的色温，供在普通照明灯和强光灯下摄影；日光灯光型片对色温要求的幅度较宽。不同型的胶片对色温要求是不同的，如果色温低于感光片的感觉性能时，再现色彩会偏红色，反之，会偏蓝色。

各种彩色片除了具有以上提到的色温适应性的特殊外，还有感光度、反差性、感光宽容度和灰雾度等不同性能。这些性能是与具体品牌的胶片生产商执行的技术标准、技术发展程度和摄影需求者对厂商的制作要求有关。

虽然以上画面色彩的原理讲述只是以电影胶片为例子叙述的，但正像前面阐明的那样，这些色彩学原理对于电子摄像、灯光、布光、后期画面处理有很大的指导作用。通过上面对胶片成像原理的叙述，我们可以再一次更加清楚地回答这个问题：为什么在如今电子摄像技术已经非常成熟的时代，还要采用电影胶片来制作电视广告？这是因为电子摄像机记录的广告画面效果与电影胶片相差太远。电影胶片拍摄制作的广告片即使经过胶转磁处理，画面的色彩饱和度、反差性、画面灰雾度指标都明显好于直接由电子摄像机拍摄的广告片。

电视摄像机的画面信号记录媒介为磁带，其主要格式类型有 1/2 型、Betcam 型、A1 型、DV（数字型）等类别，它们分别匹配相应规格的摄像机。

本节思考与练习题

1. 判断摄像机性能优劣的主要技术指标有哪几方面？
2. 谈一谈你对电影胶片的认识。

第7节

用 光

前期拍摄准备工作安排就绪后，就可以进行实景画面素材拍摄了。在进行一般电视广告画面拍摄时，在拍摄现场，三个方面的问题需要创作人员把握，即表演、灯光和摄影。虽然这三个方面分别由不同的创作人员具体操作（表演由演员具体完成，光影效果由灯光组完成，摄影由摄影组完成），但他们彼此间关系密切，他们彼此间配合的默契程度，决定着电视广告画面最终的成败。这三个方面的创作人员需在现场导演的统一调度下，相互配合共同完成一则广告的画面素材拍摄任务。

有些电影或电视节目拍摄时，为了达到现场感效果，还要进行同期录音工作。但电视广告声音一般为了纯净和表意准确，以及能创造特殊的音响效果，一般不采用同期声，所以广告拍摄时一般不进行同期录音，只进行画面拍摄，这就减少了现场拍摄的环节和复杂程度，但为了在后期配音和配乐时达到真实效果，现场拍摄一般用简单的方式录下同期声，便于后期对口型和控制画面节奏。

由于实景拍摄电视广告的拍摄地有外景场地和摄影棚两种，所以拍摄的光线运用技巧也分为两种类型，即外景场地用光和摄影棚用光。

一、外景场地用光

外景的拍摄是在自然光条件下进行的。太阳是大自然的唯一光源，照到地面上的阳光具有各种光效，但这些光效并不一定能完全满足我们的广告画面创作要求，在一些情况下，还需要由灯光师对自然光进行一定的处理，以符合拍摄要求。

1. 自然光的特征

自然界的阳光有三种形态：直射的日光、散射的天空光和环境反射光。

（1）日光

在自然界，景物的受光面直接被来自太阳的光线所照射，该光被称为直射的阳光。直射阳光照到物体上能形成明显的受光面和背光面，形成清晰锐利的实影。直射阳光如果没有大气层变化的影响，光照度和色温是很稳定的。直射阳光照度很强，在夏日中午照度大约为 180000 勒克司（LX），色温 5600K 左右。

（2）天空光

太阳光经过大气层时，一部分形成景物的直射状态的阳光，一部分被大气层扩散，形成景物的散射状态的天空光。太阳光之所以会具有散射状态，是由于大气中充满了尘埃和水蒸气，它们一般非常细小，对光谱中的短波部分影响较大，所以天空光具有蓝色的色度。由于散射天空光强度比直射光弱，所以只能在景物的背光面中看到它，这就使景物的阴影部分具有蓝色特征。

（3）环境反射光

阳光直射在景物上，一部分被物体吸收转化为其他能量，另一部分被物体表面反射回空间，又照亮了其他景物，形成了环境反射状态的光线，叫环境反射光。环境反射光的强度是由物体表面反光率决定的。反光率较大的浅色表面反射光较强，如沙滩、黄地、雪地等环境的反射光。环境反射具有色彩特征，其色度是随反射面的色彩而变化。在沙漠、黄土地等环境里，环境反射光呈黄色，而在绿草地上则呈绿色，在红墙前环境反射光呈红色。环境反射光的性质是多种多样的。在红砖墙、黄土地等环境里，呈散射状态的光线；而在海边、湖面等处，反射光呈直射光性质。在太阳伞、凉棚、树荫下，环境光又呈半透射状态。环境的反射光与直射的太阳光相比是较弱的，所以只能在景物的背光面和阴影见到。

外景中，阳光下所有景物都是由这三种形态的光线所构成。真实地再现自然光的三种形态，能增加光效和自然真实性。特别是有彩色的天空光和环境反射光，它们不仅能丰富画面色彩，形成彩色的寒暖关系，而且能使画面主体光效与环境发生强烈的关系，互相照应，对电视广告画面拍摄具有再现意义。

2. 外景光线处理的基本方法

在进行电视广告画面素材外景拍摄时，主要有以下几个用光原则：

（1）正确选择自然光效

电视广告画面内容是一定生活形象的反映，画面中人物表现的场景，必然具有时间、地点等特征。恰当的为画面中人或物选择环境特定光线效果，是渲染气氛、创造现场感、增加艺术感染力的重要因素。摄影师必须根据广告创意所要表达的环境状态，选择出相应的环境自然光效。

（2）正确选择阳光的投射方向

当外景确定之后，摄影师首先要考虑拍摄时间的选择，即太阳在哪个位置时（高度、方向）进行拍摄。

在一个确定的时间里，太阳、景物和摄影机构成不同的光线角度，这不仅确定了画面主光方向，而且也确定了画面影调构成，对造型和画面气氛具有重要意义。正确选择阳光照射方位是摄影师进行现场创作的重要因素。

（3）掌握照度和色温变化

随一天24小时的变化，景物的照度在改变，色温也在相应改变。照度的变化不仅决定摄影技术手段的运用，而且也直接对画面气氛有影响。色温的变化直接决定画面色彩的表现。这是摄影师进行艺术创作的必不可少的因素。

正确的选择阳光方向、照度和色温，正确选择自然光的各种光效，是摄影师外景光线处理的重要工作。但有时自然光效并不能完全满足广告创作人员的要求，还要由灯光师用人工光源对景物的受光进行局部的修饰。外景的人工光源有人工电光源和人工反射光源两种。

在拍摄外景时人工光源的任务主要有三方面：

（1）对画面中的局部自然光进行修饰

当选择了自然光效之后，可能整体光效令人满意，而个别局部不能使人满意，这时可以利用人工光进行局部调整和修饰。例如，中午时刻拍摄，环境光效较好，人物光不满意，可以把人物的阳光挡掉，然后用人工光重新处理，也可以利用较强的人工光照明人脸，把自然光的顶光效果冲淡，从而改变人物在中午时段的顶光效果。

顺光拍摄，人物浅色衣服较亮时，可以利用各种挡光设备，对画面局部进行遮挡出阴影，增加画面的暗调。

当拍摄人物近景和特写时，可以利用人工光对人物面孔进行细致的造型上的修饰，使人物形象满足我们的要求。

（2）利用人工光平衡景物的自然光比

自然光的亮度范围非常大，目前最好的彩色胶片的宽容度也远远不能容纳景物亮度范围，电子摄影机使用的磁带的曝光宽容度更小，因此，在拍摄时需要进行光线亮度范围的平衡。例如，平衡画面中天空与地面景物的亮度反差，平衡景物受光面与背光面亮度反差，平衡人物之间的亮度反差，平衡逆光条件下人物与景物之间的反差，平衡特定条件下的光线亮度范围。在早、晚光效下拍摄，夜景的拍摄，阴天、下雨、雪景、海景等的拍摄，都需要用人工光对画面光进行局部修饰和调整。

（3）调整画面色彩

为了造型和表意的需要，或者为了在画面中再现自然光三种形态的需要，往往要用色光对景物加工处理，以便改变画面色彩构成和色调的控制。在外景可以利用人工色光对人物和景物进行色彩调节和处理。

3. 外景照明器材和附属设备

目前电影胶片和电视摄像管还达不到人眼的敏感度，因此在拍摄中需要使用大量的照明器材照明。专家们为我们设计和生产了大量品种繁多的照明灯具和光源。目前我国通用的影视灯具和光源共有两大类三个系列，二十多个品种。

两大类：即高色温光源和低色温光源。高色温光源用于自然条件下的外景和实景拍摄，以便与高色温的阳光进行平衡；低色温光源主要用于摄影棚、演播室拍摄和实景里的夜景拍摄。低色温光源是卤钨灯泡，高色温光源是金属卤化物灯泡——镝铽灯泡（简称镝灯）。

三个系列：聚光灯系列、迴光灯系列、散光灯系列。

聚光灯主要由阶梯透镜、反光碗和可调焦距的灯泡构成。它发射的光线范围可调节，便于控制照明范围，光线具有一定的漫射性质，是影视广告拍摄中使用最多的灯具。

迴光灯有一个较大抛物面的反光镜作反光设备，光线不通过任何透镜直接照射景物，所以发光效率高，面积大。它虽然可以通过调节灯泡位置控制照明范围，但不如聚光灯自如方便。发射的光线具有较强的直射光性质，高度不均匀，易出现"黑心"现象。在拍摄中主要用作仿大面积的阳光效果的照明使用。

散光灯主要有一个金属的反光碗，灯泡位置固定，不能调节。因此，照射面积大，不便于控制照射范围，发射出均匀的直射光，多用在大面积的照明。碘钨灯是散光灯的一种。

外景照明器材主要包括：

（1）电光源

外景拍摄的电光源主要是用色温较高的炭精灯和镝灯，镝灯分交流和直流电源两种。交流镝灯发光量大，缺点是热触发，关灯后不能立刻点燃，需要冷却时间，并且有频闪现象，当交流电源高于或低于 50 赫时，胶片摄影机叶子板（其作用相当于照相机的快门，调节其开角度相当于调节快门的曝光速度）开角度小于 90 度，摄影机频率大于或小于 25 格/秒时，都会产生频闪现象。这一点特别重要，因为电视广告之所以采用电影胶片机拍摄画面素材，一个主要原因就是电影机可以随意制作快放和慢放镜头。要求克服光源频闪现象，宜采用直流镝灯作照明光源。

（2）为了获得较强的光源，在外景拍摄时使用较多散光灯具

散光灯（DJG－W）目前有两种形状：一是喇叭口形的，另一种是方形的。种类较全，有 5KW、3KW、2KW、1KW。散光灯发光率高，照射面积大，具有直射光特性。可以作人物主光或模拟太阳光效。小功率的灯可以作画面局部修饰使用。

外景也可以使用聚光灯，一般都是一灯多用，当装上高色温灯泡时可用于外景，当装上低色温灯泡时就可用于棚内拍摄。在外景拍摄时聚光灯主要用作人物

主光、逆光和环境光使用。

不同类型的灯具，应当用在不同的地方。在需要高亮度、大面积照明的地方使用散光灯照明较方便，如门、窗的投影，较多演员的场面。在对人物进行光线处理或者局部道具照明时，使用聚光灯较为合适，便于控制照射范围，能获得清晰的影子，光斑面积容易控制，余光容易遮挡，射程远而集中。

（3）外景电源

在有电网的地区，可以使用交流电源，无网地区，只能使用发电机组供电。发电机有两种：直流与交流发电机。

（4）反光设备

反光设备主要有以下几种：

① 反光板。平整光源的木板上裱糊银箔或金箔。光滑的箔纸反射光的性质具有较多的直射光特征，方向性较为明显。

② 白色硬质泡沫塑料板。这是一种新型的反光板。它反射光纯正，不改变光源色温特征，反射光具有散射光特征，光质柔和，重量轻，便于携带。

③ 软塑纸。这是代替传统纸板的一种新型塑料纸板，可当有色的反光板使用。它反射的光不仅具有色度而且光质柔和，可以在人物近景中模仿环境反射光效。

④ 反光布。这是电影和电视摄影中使用较多的一种反光材料、反光布有质料、大小规格、有色无色等多种样式，在阳光下可以作为反光板使用。在无直射阳光时，如阴天或夜晚拍摄，可以放在灯前打透射光，起到一块大面积的柔光纱的作用。

（5）挡光设备

在拍摄电影和电视画面时，一般用大面积的纱布或塑料布作挡光设备。当阳光效果不能令人满意时，可以用来遮挡阳光，然后主体另用人工光模仿阳光作主光使用，也可以用来制造画面阴影。

在外景拍摄中常常用反光设备代替灯光设备。它们有许多优越性，不需要电源和沉重的灯光设备，现场不用扛灯拉线，使用方便，携带灵活，可以降低成本。不足之处是，必须有阳光时才能反射。

4. 晴天条件下的用光

晴天外景拍摄主要光源是太阳，人工光源起辅助作用。阳光亮度很强，能与它相匹配的人工光也必然是较强的发光器材。一般小功率照明器材是不起作用的。阳光色温较高，因此外景人工光源也必须是高色温的光源。

人工光源的运用，目前有两种方法：一种是传统的照明方法。这种方法产生于早期好莱坞以演员为中心的创作意识，在 20 世纪四五十年代戏剧电影中得到广泛的发展。另一种强调光的自然真实性、纪实性的光线处理方法。传统的用光方法主要是利用人工光调节阴影部分的亮度差别，使之与受光面具有适当的光比。自然光效法适合表现一种具有纪实风格的画面，表现光效的自然真实，忠于自然光效的结构和光质再现。

两种不同的用光方法，在表现上具有不同性质。传统的方法能使背光面具有明显的固有色特征，人工光往往采用直光形式在摄影机方向或视线方向照明，缺乏光源特征和光源依据，修饰光也是如此，虽然有时采用某些环境光作依据，也仅仅是方向上的模仿，缺乏光源性质和色度上的再现，所以传统布光法像古典绘画用光一样，在造型上只注重明暗的变化和固有色的表现，在艺术上强调戏剧意义的表现，缺少自然光效的真实感觉。

自然光效法是按着光与色、光与影的规律进行布光，强烈地追求环境光效特征的再现。注重色彩和光效在结构上微妙的变化，追求光质的再现，所以它具有强烈的自然真实感。

自然光效法并不意味着只追求现有光拍摄，它不排斥人工光的使用，相反是充分地利用人工光，按着自然光的逻辑规律，适当的加强、突出、强调、夸张某些自然光线的成分，使之达到拍摄技术条件的需要和满足艺术上的追求。它必须遵守自然光变化规律和光效结构逻辑关系。

（1）顺光的处理

太阳光位于摄影机后方时，产生顺光效果，景物获得普遍的、均匀的照明，有足够的亮度，不使用人工光加工就可以拍摄。但画面影调构成中往往缺少暗调子，空间感不强，地面、建筑物、远山、天空等常常处于明亮状态。此时需要用遮挡方法，使画面中造成深色的影子，改变画面影调结构和空间感。遮挡也是光线处理的一种手段。

（2）斜侧光处理

在斜侧光条件下，主体背光面较小，不用人工光加工就可以拍摄，但为了画面影调柔和以及情节气氛上的需要，也可以用人工光在机位方向对阴影进行光比调节。

（3）侧光处理

在侧光条件下，主体一半处于背光面里，画面有明显的明暗对比。传统的布光方法需要对背光面进行人工光处理，与逆光状态的处理方法相同。

自然光效法，可以根据产生画面表现目的的不同采用不同布光方法。当画面需要较大的光比时，可以不用人工光加工，直接用现有光；当画面需要较柔影调时，背光需要用人工光加工。此时人工光必须遵守自然光的法则进行模仿。可以用突出、强调和夸张某些环境和天空光效进行暗面加工。

侧逆光的处理方法与逆光处理方法相同。

（4）两个人物的光线处理

用传统布光法，有两种处理方法：

①平光处理。无论人物处在任何光线条件下都在摄影方位用人工照明，或者分别用两个人工光源，在两个人物视线方向对人物进行照明。

②当一个人物处于侧光或侧逆光时，另一个人物的脸处在背光面里，此时用人工光作第二个人物的主光照明。

自然光效法中不使用人为痕迹较强的传统布光法，而是根据具体环境光提供的可能性和创作的需要采用人工模仿，突出、强调、加强某些环境光或天空光成分进行处理。

（5）三个及多个人物的光线处理

三个人物的光线处理方法与两个人物光线处理方法相同。

人物众多时，画面中心有主次之分，光线处理不能平均对待，应将有主要表现要求的人物用光线给予突出强调，使之与其他人物有机区分。如果主要人物与背景其他人物亮度差别过大时，背景人物尽量用人工光提高亮度，保持画面真实完美。

传统的布光法强调画面造型，主次分明，不重视光线的自然真实，而自然光效法则强调光的自然真实，强调光的结构要符合逻辑关系，同时也强调画面主次关系，要求画面主体突出。

（6）阴影和半阴影的处理

拍摄表演场面时，人物在不断地运动。有时在阳光下，有时在阴影中，甚至在同一个镜头里就可能出现多种不同的光线环境。

遮挡阳光的物体不同，产生的阴影性质也不同。大体分两类：其一是在部分透过阳光的阴影里，如大树下，阳光和阴影交错地投射在树下环境和人物身上，形成光斑点，叫作半阴影。其二是在房屋、凉亭等阴影里，特点是没有阳光和阴影的交错，全部处在阴影之中，叫作实影或阴影。

阴影里的人物处理，自然光往往平淡无层次，因此传统的布光法的处理方法有两种：

①在摄影机位置用人工光给阴影里的人物进行普遍照明，提高主体亮度。如背景里存在直射阳光照射的明亮部分，则照明阴影部分的人工光要考虑其亮度与阳光部分的比值。主体在正面光照射下可能显得平淡、缺乏层次和立体感，因此，常用侧逆光灯打一个光斑，丰富影调层次。

②在阴影处理人物，可以用人工光重新布置主光、副光和修饰光。

人物处在半阴影里，身上同时存在阳光和阴影，形成受光面和背光面较大的反差。人工光的任务就是调节这种反差，使阴影暗部分在画面上有层次，而受光面亮部分又不至于曝光过度，保持这种半阴影光效特征。

自然光效法主要是根据环境提供的光线可能性和画面造型及其表现的需要，用人工适当地加强，突出某些环境光线特征。

人物站在树下，处于半阴影中，斑斑点点的阳光洒在人物身上和地面上。一般做法是在靠近摄影机方位用一块白色泡沫塑料板照明人物，使阴影中的人物亮度普遍提高，再用一块反光板在侧前方模仿强烈的地面反射光效照明人物，使人物暗面中再增加一个次暗面，从而达到人物亮度上的平衡，也增加了人物的立体形态感，还保留了自然光效的半阴状态的真实性。

（7）遮挡阳光的处理

当背景环境光效适合时，人物光常常不合适，如中午拍摄人物镜头，可能把照射到人物身上的阳光用一块挡光纱（布）遮挡掉，再用人工重新布置主光、副光或修饰光。这是传统布光中常用的手段。

（8）人物运动镜头的光线处理

传统的方法：

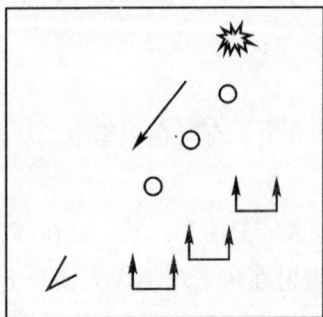

图5-8

①全面布光法，如图5-8。阳光在左后方，侧逆光位，人物从画面纵深走向近处，可以在运动的全部路线上连续地用人工光布置光线，给予人物连续不断的照明处理。这种布光方法的优点是使人物保持同一的光效，缺点是需要大量的照明器材，不经济。

②局部布光法，如图5-9。阳光在左后方，人物由远至近，只在近景时用人工光给予处理。

全景、中景时，采用现有光照明，这样可以节省器材，同时还得到重点突出的效果。

局部布光法是分区布光法的一种。当演员在画面里有个表演区域时，可以按表演区域重点布光，而区域之间的过渡，可以从简处理。

人物在运动状态时，同静态处理法一样，条件允许时采用现有光拍摄，不使用人工光加工。只有在需要时，才采用人工光修饰法和人工光再现的方法。此时，人工光模仿环境的某些光线予以处理，原则是保持画面光效真实。

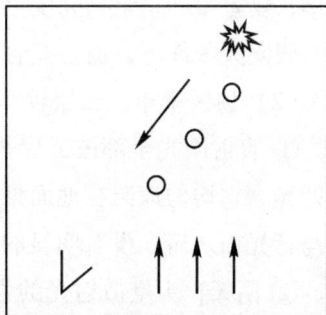

图 5-9

（9）运动摄影的光线处理

传统方法：

①连续布光法。沿演员运动的路线，每一个点都用人工光予以布光，这需要较多的灯光器材。或者可以把灯光反光板放在移动车上和摄影机一起移动，这样可以节省照明器材，获得同样的光效。

②局部布光法。移动摄影经常采用分区布光法，即把人物或摄影机运动的重点区域，用人工光给予细致的处理，而过场部分可以从简处理。

自然光效法：

移动摄影的自然光效法与人物运动的方法相同，可以用现有光拍摄法和人工光修饰法。

在人物运动过程中，光效常常有较大变化，如从阳光下走到阴影里。这种明暗的变化在传统的连续布光法里难以得到如实的再现。人物在连续人工光照明下，无论是在阴影里，还是在阳光下，都表现出相同的调子。而自然光效法则要保持自然光的明暗变化，只是当人物在阴影时，亮度低于胶片曝光宽容度允许的范围，才用人工光进行局部处理，以保持画面光线真实感。

5. 阴天条件下的光线处理

阴天的光线特征：

（1）薄云遮日，又称假阴天。太阳被一层薄云遮挡，直射的阳光一部分被云层扩散形成散射的天空光；另一部分穿透云层直接照亮地面景物。

假阴天的主要光线特征是：

① 地面景物直射在阳光较好，阳光具有明显的方向性，时间概念清楚。

② 天空散射光较强。景物受光面与背光面明显清楚，有光影存在，但光比

较小，反差柔和，景物亮度范围被压缩，色彩鲜艳，饱和度较高。

假阴天条件下，适合宽容度较小的电视摄像机拍摄。

(2) 乌云密布。云层较厚，将阳光全部遮挡掉，构成了阴天的光线特征。

① 直射阳光全部被云层扩散，照到地面景物的光线是被云层扩散后的天空散射光，它均匀地照在地面景物上，失去了直射阳光特征，景物没有明显的受光面与背光面之后，没有明显的投影，阳光失去了方向性，也失去了时间概念。

② 阴天，天空散射光的强度是随着云层厚度而变化，景物的光线都来自天空的垂直方向，所以，景物的水平面照度大于垂面照度。光效结构明暗反差，受时间因素影响较小，光效稳定。

③ 阴天失去了直射阳光，也失去了蓝色的天空散射光，代替它的是透过云层的高色温的天空光，强度较弱，环境反射光不明显，所以阴天景物色彩阴森、寒冷、灰蓝色调，失去了缤纷艳丽特色，使阴天具有忧愁、悲伤的气氛。

阴天条件下的光线处理：

(1) 薄云遮日时的光线处理

由于光的亮度范围不大，反差柔和，有足够的照度，所以可以不用任何人工光加工即可拍摄到所需画面。假阴天一般都采用现有光拍摄，必要时可使用人工修饰、美化画面。

(2) 乌云遮日时的光线处理

传统的布光法认为，阴天的顶光不利于人物形象的刻画，顶光会丑化人物造型。因此反对用阴天现有光拍摄。传统布光法一般使用大量的人工光改变阴天的光线特征，冲淡顶光效果。而自然布光法则追求真实再现顶光特征。

二、摄影棚用光

摄影棚是影视广告创作的重要场所，一切在现实环境中无法拍摄的画面，都要在摄影棚里人工搭制出的布景环境中进行拍摄。

摄拍棚内是黑暗的，四面无窗，没有阳光照射。全部布景环境的光线效果，都是摄影师和照明人员利用专用的照明器材模仿出来的。利用人工光线模仿自然光效，这是摄影棚里光线处理的方法，在完成这个任务时，对用光有两个要求：

其一，要求模仿得逼真。在布景中，利用人工光线模仿自然光效和气氛必须"像"，真实使人信服，这是最低要求。

其二，仅仅真实可信还远远不够，电视广告要求在摄影棚内拍摄出可以激发现众想象力、思想感、震撼力的画面。所以棚内光线处理是通过真实可信的各种自然光效和气氛的再现，揭示、渲染、衬托出一些有艺术感染力的画面。

棚内布光法不同于外景和实景，例如在棚内拍摄一场白天的室内画面，如果只用一台大功率的迴光灯放在太阳的位置上（一高处灯光板上），对着布置的门窗照射，模仿太阳光效，室内除了透过门和窗的亮斑外，其他环境都是黑暗的，光效并不真实，因为棚内不存在自然界的散射光，这就使棚内光线处理比外景和实景要复杂。

一般影视广告画面中人物是运动着的，有时在太阳光下，有时在阴影里，有时光线正常，有时处在反常的光线之中，呈现出各种各样的情况。英国电视台照明指导杰拉德·米勒森说："在现实生活中，我们的眼睛能看穿阴影，而且我们的脑子在不断地解释我们所看到的东西，使我们不觉得异常。"这是人的心理活动调节的本能。我们在看事物时，知觉和意识在不知不觉中起作用，出现了有选择的观看。在生活中你认为美的人物，不论光线对她的外貌有多大的扭曲，在你的眼中都能看出她是美的，这是心理的作用。但摄影机没有这种"心理活动"，所以，摄影机记录的镜头在一定程度上与人们观察到的物象有差别。但有时我们感觉中注意不到的东西，摄影机却能把它们拍摄下来，使人感到震惊。这是初学摄影的人在光线处理中常常能体验到的。所以在摄影棚布光，需要锻炼眼睛的冷静观察能力。

摄影棚用光方法同样存在传统的方法和自然光效法，以及将两者结合起来的第三种方法。所谓第三种方法，即在光源方向上强调真实性，而在造型和表现上又运用某些传统的方法。

光线处理是摄影造型和表现的重要手段之一，但它不能与摄影的其他手段分开，不能孤立地强调光线的作用而不顾画面的构图、色彩和运动的作用。必须全面地考虑，互相关照、互相配合，共同完成影视广告画面的造型表现。

影视广告画面拍摄棚内照明（包括电影画面拍摄棚内照明）还没有形成统一的用光规律模式，而主要由灯光师按照导演和摄影人员的要求，用自己的艺术创新性去发掘一些适合所求画面效果的用光办法，这是一种创造性很强的工作，它要求灯光师要有扎实的灯光运用技巧和敏锐的观察力。就目前棚内摄影的自然光效法来说，是在传统布光法基础上进行一些改进，使光效接近真实自然。

1. 布光前的准备工作

摄影师在案头工作时已经与导演、美工师、文稿创意等主要创作人员交流了创作思想和意图，形成统一而完整的创作构思。全片拍摄基调已经形成，对每场戏、每个画面的时间概念、环境气氛、各种自然现象（风、雨、闪电等）的运

用都已明确。摆在摄影师面前的问题是未来拍摄时如何用光表现。棚内布光与美工师的设计、布景、道具的制作等有关,因此,需要与这些方面工作人员进行具体的磋商。

棚内主要拍摄对象是演员及其活动的环境——布景环境。影视广告布景在许多方面不仅决定了演员的调度和摄影机的角度,而且也决定了照明光线的处理。摄影师必须与导演、美工共同研究,寻找富有表现力的布景形式,并符合摄影在处理光线时的要求。

灯光人员要从广告创意的表现目的、每个画面的表现重点、每个场景的表现内容等方面进行研究,在布景初期要与美工师商量,在未来的布景中,能为摄影师提供多少环境光源以及光源形式。如在夜景中,房间里有多少灯光,电灯还是油灯,吊灯还是落地灯,灯具的位置、灯的形式等都要具体明确,因为这些光源能为摄影创作光效提供光源依据和创作上的可能性。

同时,灯光师在制作期间要与制作部门商量,提出对布景装置的要求,使布景形式尽可能为光线处理创造有利的条件。一般要求布景与天片之间保留有恰当的距离,以便放灯。特别是要使用有特殊效果的灯光装置(比如背景纱、光束效果等)应事先提出要求,搭制布景时安排好挂纱的妆缝位置和灯光位置。为了光线处理的要求,有时可以在不影响生活真实的前提下改变布景的局部结构,比如多开几个窗子,多搭活动景片,顶棚梯横的布景要做到可灵活装卸等。

布景的表现力与真实感,是把真真假假、平面与立体、远与近、虚与实有机结合起来,通过摄影机镜头与光线处理来完成的。

2. 摄影棚内的照明器材及其应用

摄影棚内的电光源主要是卤钨灯泡。目前国内生产的卤钨灯泡,外壳有两种不同的玻璃,一种是石英玻璃,另一种是硬质玻璃壳。由于石英玻璃更耐高温,所以体积比硬质玻璃小 2/3,但硬质玻璃的价格比石英玻璃便宜很多。

棚内灯具和外景灯具大致差不多,也主要是聚光灯、散光灯、迥光灯。但有时摄影棚也使用特殊的灯具。主要有:幻灯(制造天片背景用)、眼神光灯(专用打眼神光用)、闪光效果灯(制造雷鸣闪电的光效用,传统的方法使用炭棒短路的方法制造闪电,这种方法很不安全,现在经常采用超高压的长弧氙灯)。

3. 棚内摄影还需要挡光设备

棚内摄影,为了某一光效往往需要使用许多台灯同时照明才能实现,为了使灯光互不干扰,各自完成本身的照明任务,灯光工作者需要对每台灯具发出的光束加以控制,需要使用各种挡光设备。常用的挡光设备有:挡光板和挡光纱两类。挡光板用于限制光束范围和形状，挡光纱用于控制光束强度和性质。

挡光板有五种形式：灯扉、挡光板、挡光圈、挡光筒、百叶窗。

（1）灯扉是装在灯具上的挡光板，主要有两种结构：一种是由两个页扉构成，另一种由四个页扉构成。

（2）挡光圈是由许多浅的同心圆筒构成，用在迴光灯上，限制光线向边缘扩散，减少光的互相干涉。

（3）挡光筒有两种形式：一种是漏斗形的，一种是套桶形的，可以限制光束大小，形成一个小的边缘柔和的圆形光区。

（4）单独使用的挡光板，种类比较多，可以用纸板、三合板等材料制成各种形状用来遮挡光线。也可用薄铁片制作，架在灯腿上使用。或者说，一切能遮挡光线的材料和手段都叫挡光板，它可以放在地上，也可以吊在灯板上使用。

（5）百叶窗是用电影胶片机拍摄时才可能用到的专用设备，它是装在灯口上使用的，不仅可以限制光的强弱，也可以作突亮、突暗的效果，在小型布景里可以模仿闪电光效。

棚内摄影也经常用到挡光纱，挡光纱可以用棉纱制成，纱网也可以用金属制成，制成后的纱网因孔眼大小不同，分别叫粗纱或细纱。这种纱网主要用于调节光线强度和柔化光线。

挡光纸，白色半透明的纸（多用硫酸拷贝纸），用来减弱光线强度和柔化光线，作用与挡光纱相似。

"打光就是挡光"，这是照明师的工作经验。熟练地运用挡光设备，是摄影师和照明师布光的技巧，也是照明人员的基本功，挡光技巧在画面造型上有着重要的作用：

（1）挡光是每台灯具之间光线衔接的方法，避免光线互相重叠干扰；

（2）挡光是消除画面不必要影子的手段；

（3）挡光是固定和限制演员表演区域的方法；

（4）挡光是使照明人物的光线只照人物不影响环境和道具的方法；

（5）挡光是制造画面气氛的方法，是构成画面阴影的手段；

（6）挡光可以防止镜头进光；

（7）挡光是模仿各种光效、光影各种形状的手段。

挡光板所遮挡的光束边缘的清晰度，决定于挡光板与光源的距离。距离光越近，影子边缘越虚，过渡越柔和；距离远者边缘实。因此，控制挡光板的距离是强调或隐蔽影子的方法。其实，挡光板一般是用在距光源远的地方，因为灯扉可

以在光源前进行挡光处理。

挡光纱（纸）的运用：挡光纱（纸）主要用来减弱光线和柔化光线。在布光中，常常遇到一盏灯光使远处照度合适时，近处景物照度过强，此时需要用挡光纱将近处景物光挡暗，使之光线平衡。

用多重挡纱挡光的程度，除了与每一块挡光纱的孔眼大小有关外，还和纱网平面与光轴所成夹角有关，它们互相垂直时阻光能力最小。

4. 照明设计

大师们对于照明设计的观点是："布光是非常需要动脑筋来处理的事，而且经常需要进行大量的即席制作。"其实，电视广告画面光线处理不仅仅是只需要大量的即席制作，而且需要进行大量的前期案头工作。

光线处理的设计是摄影师构思的一部分，光线设计产生于布景设计之前，完成于布景制作之后。电视广告画面的光线设计由两部分构成：光线处理的总体设计和分场设计。

光线的总体画面构思是摄影创作构思的重要部分，主要受创意人员和导演意图的控制，是为了体现导演和创意人员的表现意图。

分场设计是光线总体设计的具体表现。分场光线设计是在布景制成之后进行的，它既要考虑光线处理的总体设想，也要考虑布景环境的具体特征和提供光线处理的可能，然后进行具体的光线设计。

摄影人员和照明人员的分场设计方法和形式，因人而异，不同摄影师可以采用不同的方法进行设计。常用的方法有三种：文字说明法、绘画加技术条件说明法和平面灯位图法。

文字说明法就是将每场戏的光线处理的设想和光效用文字给予说明。

绘画加技术条件说明法就是把一场戏的主要镜头画面光影结构、光效气氛画出来，再注上技术条件和简单的文字说明。

平面灯位图法就是用线条和符号将拍摄场平面位置图画出来，并标明灯具位置、种类和照明方向等。平面灯位图法一般和演员场面调度图、摄影机运动图相结合绘制。

照明设计从几个方面进行：

（1）布景环境光源的设计

环境光源决定未来画面主光方向和光影结构。在布景中，能提供哪些光源、位置、性质，哪一个光源适合作造型主要光源，哪些又可以作效果光源使用；演员在不同位置上，分别是哪几个光源在起主导作用，都需要作具体的设计和思考。

（2）灯光的种类和位置的设计

环境光源设计后，要进一步设计主光、修饰光、轮廓光、底子光的灯种选择和位置。灯种的选择是根据灯具的各种功能进行合理使用。用最少的数量获得最佳效果，是用灯的原则。

在摄影棚里，灯光处于三个位置上：地板上、灯架上、悬吊在空中的灯板上。灯板必须在拍摄前搭好，它的位置、高度是摄影师具体布光措施之一，并将直接影响每一场戏光线处理的艺术质量。灯光与灯板位置取决于下列因素：重点表演区、设定的季节、时间与阳光方位、将要使用的灯具大小与数量、特殊的光线效果、摄影机的方位与镜头视角大小。

（3）亮度设计

亮度设计决定棚内照明光量水平，恰当的设计既能获得最佳艺术效果，又能节省器材，降低成本。亮度设计受到制约因素较多：电影胶片的感光度决定灯光点的亮度，而胶片的宽容度决定亮度范围，即最高亮度与最低亮度的差值；布景空间的大小决定光圈值的选用；还受画面调子、整个片子基调的制约。

摄影师在拍摄之前，需要进行一系列的技术、艺术试验和掌握，其中就包括了景物亮度和光比试验。

亮度设计是纸上计划，要将之付诸实施，处置出令人满意的光线效果，摄影师除了要用多种测光设备进行试测外，还必须学会观察，用视觉去感受光线。

5. 布景光线处理

在棚内拍摄布光时，一般把复杂的棚内光效概括为几种简单的光线种类：

（1）主光

环境的主要光源照射在环境中，叫作环境的主光，照射在人物身上就叫人物的主光。在传统的方法里，环境主光一般都用聚光灯或迴光灯产生的具有直射性质的光线模仿。而自然光效法则强调主光性质的表现，比如透过门窗的天空光作主光时，必须用散射状态的灯光给予模仿。

（2）副光

照射被摄体背光面的光线叫副光。照射背光面的光线要求不留下阴影，没有方向性。由于背光光线结构复杂，如实再现十分困难，因此传统的布光法将副光简化，只保留背光面与受光面亮度比值——光比。自然光效法强调光的真实，因此副光处理较为复杂，主要强调环境反射光的特征。但由于利用灯光和反光板模仿自然光有太大困难，所以棚内自然光效法对副光的处理并非自然主义的如实再现各种反射光，而是只表现其主要特征即可。

（3）修饰光

修饰光用来表现布景和道具的形态、景物起伏，增加环境空间的造型。修饰光执行微妙的艺术造型任务，需要精确地配置在需要修饰的部位上。

采用何种灯具制造修饰光，由修饰的任务而定。修饰光的运用可有利于造型、影调和色彩，但不可破坏主光光效的统一和完整，并以不失光效的真实感为原则。

（4）效果光

效果光的含义比较广，其一是指主光之外的各种光源效果，如阳光作主光时，水面反射、闪电光效、火光、油灯光、烛光、行驶的车灯光等。其二是指现实某些特定时刻特定环境中的光线效果，如月光、日出日落时刻的光效，树荫下的光效等。其三是指为了制造某种戏剧气氛而使用的特殊光效。

（5）底子光

摄影棚里的光线处理是用人工光模仿自然光效的，这要由许多灯具共同完成这一项任务，为了避免光区之间出现不衔接的照明死，就需要底子光来处理。

在夜景里，可以加蓝色滤光纸，使底子光产生蓝色调，增加夜的气氛。

在电视摄像中，由于摄像管宽容度是一个固定值，而且很小，光量不足时，产生杂波，因此，底子光的运用就更有意义。

6. 棚内光线处理的几种方法

现代影视广告外景拍摄中，运用自然光效法较多，也积累了一定的经验，形成了一些方法，而棚内拍摄的光效处理十分复杂，特别是棚内自然光效的副光处理难以完美实现，还不能形成自己有效的方法。目前棚内自然光效法是在传统布光法基础上进行的一种改进，使光效接近自然状态，主要表现在下列几个方面：

（1）传统布光法

主光处理：

① 不论光源是何种性质，一律用聚光灯模仿，不要求再现光源的性质。

② 主光一般都在景片上方灯板上或者在"悬空"的灯板上照明，光线方向一定与光源方向保持一致，允许有一定差别。主光灯位置主要由画面造型的需要决定。在技术上为了不使人物影子上墙，一般照明环境的灯光位置都较高。

③ 当人物远离环境光源或者环境光源方向不能起主光作用时，可以采用假定光源处理。

副光的处理：

① 副光灯位一律在摄影机旁，尽可能靠近摄影机镜头光轴。

② 副光灯具一律采用平光灯，必要时可以加纱或纸等柔化光线。

③ 副光源无依据，不要求环境反射光的再现，也不要求光源色度的表现，一律采用白光处理。

效果光的处理：

凡是表现自然光源的某些效果都要求模仿的真实，光效恰当。而戏剧性效果光，则要求表现气氛充足恰当。

（2）自然光效法

主光的处理：

① 环境的主光必须有光源依据，而且模仿环境光源的主光光线在性质上要与环境光源保持一致。透过门窗的直射阳光做主光时，必须用聚光灯或迴光灯的直射光模仿。透过门窗的光线是天空的散射光做环境主光时，则应用散射光模仿——用聚光灯打在白色反光板上造成的散射光模仿。模仿油灯的光线应用低色温光线，而模仿目光灯管的主光应用高色温的光线。

② 自然光效法不使用假定性光源作主光依据。

传统布光法和自然光效法的最大差别在结构上不同，传统布光法五种光效结构清楚（主光、副光、修饰光、效果光、环境光分明）。而自然光效法，各种光线不明显。

效果光的布光是一种随意性很强，要求有非常想象力的。比如，地面积水在阳光照射下反射的耀动光斑，棚内模仿办法是：在一个大盆里放几块碎玻璃镜子，再用一台大瓦数的聚光灯照射大盆，产生出积水的反射光的效果，拍摄时用手轻轻搅动水面，就会产生水的光斑闪动效果。

7. 棚内照明的方法和步骤

一场戏的照明处理常常分三步进行：

（1）在布景验收之后，照明人员就开始装置照明器材。

（2）在导演、演员进棚之前，摄影师和照明人员单独进行布景环境布置工作。有时照明和摄影的技术掌握同时进行。开拍前的技术掌握是导演和摄影对分镜头剧本的落实；是对演员和摄影机调度的落实；也是拍摄角度最后确定以及各种特殊技术手段、特殊效果的落实和掌握。现场的技术掌握也是摄影对布景光线处理的开始，要把这组画面这场戏主要光效布置好，特别是环境光的布置要完成。

（3）每组画面或每个镜头开拍之前，导演要给演员排戏，摄影可以根据演员活动路线、布景使用范围、气氛的要求开始给人物具体布光。导演排戏可能要进行一两个小时，这给灯光师、摄影布光人员布光提供了时间，当导演排完戏，演员撤离现场后，可以利用替身演员"走位"，继续进行布光工作。

8. 布光程序

光线的处理必须从摄影的技术、艺术角度来考虑。布光的方法因人而异，但必须有条不紊的，一盏灯一盏灯逐步进行。每个灯光都应当起到它应有的最大作用。每盏灯的目的必须明确。为此，根据被照明的对象和要解决的任务选择与其相适应的灯种和恰当的功率，充分发挥灯具的功能。各种灯光最后的综合，才是我们设想的光效和意境的再现。

布光程序没有死的规定，这不仅由于现场拍摄的复杂情况所不允许，而且也由于每位灯光师的工作习惯不同，各有自己独特的布光法。但是不论哪种方法都与布景结构有直接关系。

不管哪种类型的布景，它们的结构基本上都可以分解成三个部分：

（1）天片部分。天片也叫天幕，是一块大型的白布，垂直地悬吊在远处背景的架上。天片上有时绘制所需的天空、云彩、远山、树木、建筑等远景，有时是利用幻灯制造出这些景象。

（2）布景墙壁部分。像墙面、楼梯、柱子、窗户等。

（3）道具部分。包括室内外的道具，如家具、壁饰、塑像、树木、花草等。

布光的方法虽然各有不同，但在处理布景光线程序上有着共同的普遍的规律。如：

先天片后环境（墙壁）；

先底子光后主光；

先主光后修饰光；

先环境光后道具光；

先环境光后人物光；

先全景后中、近景……

布光范围，包括全部布景环境和人物活动的范围。这就是说，一场戏的全部镜头光线布置完毕，一切小于全景的中景、近景的光线在拍摄全景时基本上已布置好。在拍摄中景、近景时，只需作局部调整即可，这样既便于保持全场戏各个镜头之间影调的统一，又可节省时间。

棚内布光是一盏灯一盏灯分别进行的，当一台灯照射范围不够时，就接上另一台灯。光区要互相衔接，一种灯光布置完毕后关掉，再布置另一种灯光。如一面墙的灯光布置好后关掉，再布置另一面墙的灯光。逐一进行，这样既省电，又便于纠正不恰当的灯光效果。最后将所有灯光开亮，进行光效全面检查，调整不恰当之处，这时可以通过看光镜观察光线整体气氛、各部亮度比例是否达到设想的效果。如果整体气氛能令人满意，再进行局部的观察，亮度对比关系、明暗层次、立体感、空间感、形态感等各种光效是否符合要求。在局部光线调整中，随时观察整体气氛，不可因局部而破坏整体光效气氛。修饰光的运用要恰当。不可为了局部完美而牺牲整体光效的真实和完美。

在全景中，布景和道具光布好后，演员就可以进入现场走戏。布景的光线如果投射在演员身上，其亮度不足或过强时，要加以调整，一般以人物亮度为准。如果人物光亮度不足，则加灯光提高亮度；如果人物光亮度过高时，则灯前加纱或纸予以减弱，但不可影响环境光效。遮挡光线的操作要准确。如果环境光照射在人物身上不符合人物光线处理的要求时，需要调整环境光灯位，避开对人物的影响。人物另行用光处理。

在环境与人物光布好后，再进行具体的亮度测量和调整。

本节思考与练习题

1. 到外景地和摄影棚进行实地考察，学习用光技巧。

2. 用光练习。对一个物体布光，一个布光效果拍摄一张照片或进行摄像，最后进行比较，写出心得。

8
抠影画面拍摄

一、纯电脑画面

在现代电视广告，许多画面是经过电脑制作出来的，电脑制作画面一般有两种形式，一种是画面中的所有物体和图案都是由电脑软件建模计算出来的，这类画面一般是表现一些无实态的抽象物体，比如星空、外星球、卡通造型或者一些表面刚性的有实态的物体，比如山峰、大地、大厦、街道、桌椅等。而对于一些表面材质生物性极强的物体（比如人、动植物），和表面变化自由性极强的物体（比如烟雾）则无法制作出来，或者说无法制作出与真的一样的物体来。

二、抠影画面

电脑制作的另一种画面是真实物体和虚拟画面叠加出来的。比如在一座由电脑制作出的外星球上，站立着一个真实的地球人。

在电脑制作之前，这类画面需进行抠像拍摄。所谓抠像，是一种形象的说法，就是在电脑中，将一个画面中的人物（或一个特定物体）从其背景中分离开来，使背景消失，而只留下人物和人物动作。

进行抠像拍摄为广告制作带来了极大的方便，它可以随意地将人物的背景替换掉，这就可以使影视广告有了更为广阔的表现天地。

比如我们将一个人的动作抠像后，将其叠化到一幅户外山水风景中，就可以制作一幅人物在风景区游览的画面，或者可以将人物动作叠化到我们制作的外星球中，制作一段人物在外太空行走的画面。

进行人物抠像时，需要进行抠像拍摄。抠像拍摄是在摄影棚内进行的。

进行抠像拍摄时，先将一块蓝色的巨型幕布从高处呈弧形悬垂到地表，通过演员脚下，延伸至摄影机取景框外。然后在蓝布上照射均匀的灯光。

将各种灯光（主要是人物光）布好后，演员在蓝布前作各种导演要求的、要在叠画面面中出现的动作，并由摄像机拍摄记录下来即可。

抠像拍摄时注意人物图像周围的蓝布不应有折皱，以利于后期电脑抠像。

在非线性编辑系统内，运用抠像软件，即可将蓝布图像抠掉，只留下原背景的人物，可以用来作叠画素材了。

本节思考与练习题

如何进行抠像？抠像时应注意什么？

9

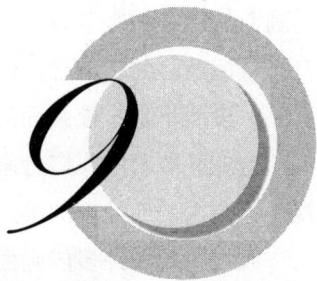

电视广告时间设计

一、电视广告的时间

每一则电视广告都是有时间长度的。在电视台黄金时段播放的标版电视广告一般是以 5 秒为基础时间单元的，一般有 5 秒、10 秒、15 秒、20 秒、30 秒、60 秒等几个类型的时间长度，之所以以 5 秒为电视标版广告的时间单元，是为了统一标版广告和电视节目编排衔接的时间顺序。

电视栏目片头的时间长度一般有 15 秒、20 秒、25 秒、30 秒几个时间长度类型，而电视栏目片尾一般长度只有 5 秒、10 秒、15 秒三个时间类型。

商业电视广告中的专题类电视广告，由于其播放时段一般在电视正规节目量少，广告时间相对充裕的"垃圾时段"，所以时间长度一般都多于 1 分钟，但大多也成整数时间，比如 1 分钟、2 分钟、3 分钟、5 分钟⋯⋯

二、电视广告时间设计

电视广告的时间设计是从电视广告的画面时间设计开始的。当电视广告画面设计完成后，再配以音乐和旁白及音效。

由于电视广告是在相对较短的时间内要表达诉求点明确、艺术感染力强的主题，因此，电视广告画面的时间设计是一项要求非常精确的工作，仅仅像制作电影或电视节目那样，精确到秒是不够的，要在对每一个电视广告画面的选择、编排、处理上精确到每一帧画面。

我们知道，每一秒的电视画面是由 25 帧单幅画面连续播放而成的，或者说，只要把 25 张画面在一秒内连续地展现出来，就可以在屏幕上形成一秒钟的不间断的图像，这是我们在电视广告设计时，或者说是在电视广告画面后期处理上需要掌握的第一个原理。

但是，每一秒内的 25 帧画面并不是可以随意安排的，因为观众眼睛看到一

些画面后，必须经过时间的反应、潜意识的联想，与前一段画面意思相结合，与自己生活经验的相结合，才能在头脑中形成对这组画面的认识，或者说，只有在看见一段而不是一帧画面后，观众才能看"懂"画面意思。

这就又要求电视广告画面处理要符合人类大脑观看反应的生物原理。这是电视广告画面后期处理的第二个必须清楚认识的原理。

人们在观看许多段画面时，这些画面段不必要全部是线性相连的，而只要是逻辑相连的，人们就可以明白这组画面的意思，这就是前面谈到的影视画面处理的"蒙太奇"和"长镜头"理论。

综上所述，电视广告画面的时间设计是以蒙太奇理论为基础的，以帧为处理单位的，表达广告创题主题的后期制作工作。

可以这么说，拿到电视广告的创意文稿后进行的镜头分析、场景安排、分镜头拍摄，是一个把广告主题进行有效分解的过程，那么，后期的广告时间设计，就是一个对已拍摄出的画面素材进行挑选、组接合成的过程。

与精确的分解一样，完美的合成是完成一则影视广告不可缺少的，甚至是至关重要的步骤。

但事实上，基于精确分解基础上的合成是很容易的，因为它仅仅是分解的反过程，也可以这么说，从一开始，我们作分镜头拍摄时，所有画面合成已经被我们精确地意识到了。

三、后期时间设计步骤

1. 挑选素材画面

表现广告主题的每一个画面、分镜头都在拍摄开始以前进行了计划。但是在具体的拍摄时，每一个镜头并不是一次完成的。比如，河南电视台宣传片《泼墨黄河》第一个镜头，"一滴墨滴到宣纸上，慢慢润开"这一镜头在实际拍摄时，由于墨滴滴下状态无法控制，素材画面就拍了近20条，但最后只用了其中的一条，也就是说，这个镜头的片比是20∶1。

同样，每一则广告的每一个镜头画面在实际拍摄时，由于诸多无法控制的因素，使每一个镜头都进行了不止一次的拍摄，所以后期画面设计的第一步就是从所有分镜头中找出拍摄效果最好的一条，去粗存精。这一操作在一般的磁带放机上就可以进行，也就是看素材、挑选素材的过程。

2. 抓帧

现代电视广告后期画面和音乐制作一般是在电脑中合成的。所以，将用素材磁带记录的画面信号输入电脑是广告后期制作的第二个步骤。

与抓帧相关的电脑设备主要有：

放机：如果画面素材记录在 Betcom 带上，用 Betcom 放像机即可。

真存机：真存机是将从磁带放机上输出的画面模拟信号进行数据转化，将磁带上记录的画面模拟信号转化成可以被电脑识别处理的数字画面信号的电脑设备。

计算机及画面处理软件：计算机的作用想必大家都了解。画面处理软件是一个集成工具箱，可以将其理解为在电脑里进行画面剪接、叠化、编辑处理的工具。

随着软件开发业的蓬勃发展，现代画面图像处理软件几乎可以完成处理设计人员所能想到的任何一种画面剪接、渲染、异化、加色、变形、加减帧处理，甚至可以进行一些模仿前期镜头拍摄技巧，比如慢镜头处理、推拉镜头处理……

抓帧就是将选定的画面以帧为计量单位输入电脑中。因为所有单个素材镜头最后都以帧为单位被利用，所以，在抓帧时要设定好每个镜头利用的长度，将其输入电脑中。

3. 帧数量处理

帧数量处理是锋对每一个分镜头而言的。

比如《泼墨黄河》的第二个镜头"墨滴润开"，如果素材拍摄时有 10 秒钟时间，抓帧时也抓取了 10 秒钟 250 帧画面，但如果整个片子只给这个镜头以 1 秒的时间，同样也要表达"墨滴润开"这个概念，则我们应该每样处理呢？这时可以进行抽帧处理。

抽帧的方法多种多样，比如可以将 10 秒中的前 9 秒去掉，或者将每 10 帧画面中前 9 帧去掉，也可以将每 10 帖画面中的第 5 帧留下，其他的删掉……

如果原始素材不够，也可进行加帧处理。加帧的方法，一般是将每一帧画面复制 N 份，加在每一帧的后面。

帧处理的一般方法就是抽帧和加帧。有减法，有加法，从理论上说就可以使每一个单镜头达到规定的帧数，占有规定的时间。但是我们要明白，抽帧和加帧只是一种对原始画面的人为改变，其必然改变原始画面的节奏和视觉感受，会引起观感上的不快。

比如每 10 帧抽掉 9 帧，会使整个画面叙事速度加快十倍，有悖于事物发展常态，给人以观感的不舒服。而人为加帧会产生慢镜头效果，但这种慢镜头效果

不同于前期用高速摄影机拍摄的慢镜头效果，前期慢镜头拍摄下的每一帧画面都是不同的，而后期复制加帧的画面有同帧现象，很容易造成画面动作抖动和不连贯的观感。

4. 帧效果处理

现代电脑技术为帧效果处理提供了许多可能。在电脑软件的帮助下，制作人员可以对每一帧画面进行诸如调色、调光、添加画面元素、添加画面构图、整体或局部修饰、整体或局部变形等各种效果处理。

5. 帧合成

每一个镜头帧处理完成后，就可以将其按照表意原理进行合成。

前面我们讲过的蒙太奇原理、连贯原理是进行镜头间组接的技术要求。而广告本身创意的文稿，是制约画面帧合成的逻辑要求。

帧合成时要计算好各部分的帧数量，并严格控制好整个片子的时间长度。一般来说，要使所有分镜头的帧数之和，加上各分镜头之间的黑场（白场）画面帧数，减去各分镜头之间叠画帧之和，应与广告时间长度的要求帧数相等。

本节思考与练习题

找一个篇幅比较长的电视广告，设计一个较短的广告时间，重新进行编辑。

第10节

电视广告的听觉设计

电视广告的听觉是指影视广告的声音部分，它包括广告语和（画面）广告音效两部分。

广告画面音效不是音乐，而是包含音乐在内的各种声音。电视广告的听觉对于一则完整的广告是不可或缺的。

认知学规律告诉我们，人类了解外在信息，90%是通过眼睛，10%是通过听觉、触觉、神经感觉等其他形式，说明视觉并不是人类获取外界信息的唯一方式，听觉也很重要。

我们之所以称影视广告为音画广告，是因为影视广告不仅包括电视画面，还包括电视声音，在影视广告中，声音不仅在表达广告概念方面起重要作用，甚至在某些广告作品中，声音的作用可以说是不可替代的。

一、电视广告中声音的作用

1. 加强画面表达效果

画面向观众展示一个场景，并且在一般情况下，这些场景是想引发出观众的情绪起伏和情绪跟随的，而不同的人面对相同的画面，产生的情绪是不一样的，比如面对一片无垠的草原，有人感伤，有人感到孤独，有人感到生机和希望，但在一般情况下，广告创作者是想引起人们一种固定的情绪的，比如孤独，这时候仅仅靠画面是无法规定观众的情绪走向的，但音乐却可以规定人们的情绪走向，比如在无垠的草原画面旁，配以悠扬的风笛音，就会使人感受到希望和生机，而配以疾奔的马蹄音，就会使人产生一种进取和向前的欲望……，音效在此时是加强画面的某种表达效果。

2. 连接画面

前面我们已经知道，电视广告画面是按照蒙太奇的组接原理来连贯画面的，这就会造成画面本身的相对无段落性。就是说，观众可能会无法把一组表意画面和另一组表意画面准确地分隔开来，这时，我们可以用音乐来完成对画面组接段落的注释。

譬如，一组画面是由低缓的风铃音连接着，慢慢的，风铃音消失了，而激仰的电吉他音狂放地响起，观众就会明白另一个段落的画面表意开始了。

3. 辅助画面表达

有些广告画面在表意上不够明确，或者说画面无法强化和清楚地表达概念时，可以由音效来加以注释。在下面的例子中，广告中所暗含的时间因素就是由音效来完成的。

地心泉矿泉水三维影视广告创意文案

主题：一瓶富含14种微量元素的优质矿泉水，自然蒸发后，瓶中留下什么？

简述：

（1）一瓶放在山巅岩石上的矿泉水。

青山、绿水、瀑布、青草，构成画面的背景。这瓶光洁透亮，放在山巅岩石上的地心泉矿泉水为画面的前景（特写），地心泉商标清晰可见。光影流动显示时间的流逝。

音效为鸟鸣"啾，啾……"

【叠画字幕，逐行展现，各占2秒】

含14种活性微量元素的矿泉水

自然蒸发后，瓶中留下什么？

（2）画面同上，仍是一瓶地心泉矿泉水的特写，只是瓶盖打开了，瓶中水只剩3/4，表示经过10天自然蒸发后的情形。

音效为流水声。

（3）画面同上，瓶中水剩1/2。表示经过20天自然蒸发后的情形。

音效为风声。

（4）画面闪黑，字幕（红色小字）：40天后

（5）仍是在青山、绿水之间，仍是那瓶水静静地挺立着。一阵风吹来，瓶子被风吹倒，滚动了几下，正好显示出瓶子的底部。透过瓶底，可以看见里面十分干净，没有任何残垢。

字幕（也是对上面问题的回答）：一无所有

（6）标版，（旁白）广告语：地心泉，含可吸收微量元素的矿泉水。

4. 表达广告概念

声音在很多影视广告中处于广告概念表现的中心位置，可以说除了声音部分，这个广告在主题概念表述上就不成立。譬如格力空调广告之无声篇。

广告简述：

（1）无声房间内摆放着一部运行着的空调。

（2）电视画面下角出现电视音量增加标志，但画面仍然无声。

（3）出现旁白："调、调什么调，没声音就是没声音。"

这则广告在主题诉求中有两个前提：（1）画面中的空调处于开机状态。（2）观众的电视机音量处于正常状态。这两个前提都是由旁白："调、调什么调，没声音就是没声音"表现出来的。

二、影视广告声音的表现形式

在影视广告中，声音的表现形式有两种：话语（片中人物声音和旁白）和音效。

在电视广告后期制作时，一般是由1、2声道来分别处理这两部分，也就是说，电视磁带录音时一般用两个声道，一个录制话语，一个录制音效。

1. 话语

语语是人声，包括画面中人物话语和画面外旁白两种形式。

一般广告制作不采用同期声做话语音效，而是采用后期配制话语，话语制作的过程较为简单，因为广告中的话语一般较少，只需要配音者按广告创意的要求在后期作配音即可。

在现代广告制作和创意中，话语并不是十分重要的，甚至有些广告人提出影视广告根本不用话语也可完成广告主题表述，只需将所有广告话语以字幕形式艺术地闪现在画面上即可。但从市场角度考虑，我们不赞成这种说法，因为话语在许多广告中不仅承担着概念表达的任务，还承担着"教"观众"说"广告的商品名称和广告语的任务。

广告话语还可以是人声歌曲，即广告歌。

2. 音效

音效在影视广告中的表现形式多种多样。

比如，NIKE中国本土化广告《篮球·阿的江篇》中，为了配合广告主题："中国人得心应手的，除了乒乓球之外还有篮球"，整则广告采用急促的乒乓球撞击音。

又比如《中国银行·心动、竹动、风动》一片中，仅仅用了四下脆亮的钟声。

音效是广告创作和制作的点睛之处，但由于每则广告的创意初衷不同，所以音效在制作方法上又不一而足，一般说来，音效的制作要符合以下原则：

（1）简洁，愈简洁愈现真切

（2）音画结合，抽象通感

音效是与画面相配合的，但最好不要与画面重复，比如画面是人物飞奔，音效最好用抽象通感的联想方式配合，可以是疾驰的火车声，也可以是急促的秒针滴嗒声，还可以是风声，但最好不要用脚步声。

（3）冲击力强

一般说来，简短、明确、稍显怪异的音效要强于拖拉、冗长、复杂的音效。

当画面被完整的配上话语和音效后，一则广告就算制作完成了。

1. 找出某个声音元素丰富的电视广告，关掉声音看画面，根据自己的理解再重新为之设计声音。

2. 赏析一则您认为听觉设计比较好的电视广告。

第11节

电脑三维电视广告画面制作原理

电脑三维电视广告在现代广告中，尤其是现代广告在表达抽象概念时（比如药品作用机理、一些物理化学过程、电视片头运动等）运用极为广泛。

电脑三维广告的作品向人们展示了一个丰富多样、色彩缤纷、奇妙无穷的视觉图景。关于电脑三维制作的电脑软件也多种多样，并且每一种电脑三维软件的功能，又千变万化、无穷无尽，但在核心理论上，三维电脑广告画面的制作却有规律可循。

请按下面论述走下去，你会从整体上把握三维电脑广告画面的制作原理。

一、三维物体的面

三维几何学告诉我们，三个维度：长、宽、高可以建立一个空间。如果在一个特定的空间中，只要确定一个点，并且从这个点出发，做出三条相互垂直的线，就可以建立起一个三维坐标（这个点就是原点）。在有三维坐标的空间中，所有的点都可以由三个量（X、Y、Z）确定，如图5-10。

如果在三维空间中存在一个物体，这个物体是规则的，则它可以由一个面沿着一条垂直于这个面的线段生成。比如，一个长方体就是由其下底面沿其高线方向滑动生成，这个理论可以形象地理解为一本书由其每页纸沿书脊方向堆积生

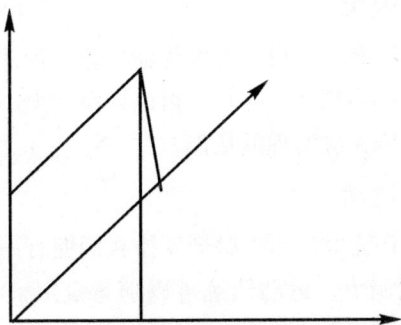

图 5－10

成。这就是牛顿和莱布尼茨在微积分理论中阐述的物体构造原理。

其实所有物体，包括不规则物体，都是由一条线和与这条线垂直的所有面构成的，只是构成不规则物体的每个面可能都不同而已。

前面分析的结果可以概括为，所有三维物体都可以由面沿其垂线运动生成。其实电脑中的三维体，都是按这一原理计算生成的。

所以在电脑中制作一个三维规则物体，可以先设定一个面，再设定这个面的滑动方向，然后电脑就会自动生成这一物体的形状。当物体的形状生成后，电脑提供的工具能使我们对这一物体表面的质地、纹理、色彩、图案进行处理，经过电脑数据设定和电脑运算，一个与真实物体观感类似的物体就造成了。

二、三维空间体的位置

在一个空间中，有许多物体摆放时，我们只需要从三个方向（X、Y、Z）看，就可以准确地确定所有物体的相对位置。

在电脑中，存在三个视图，即上（下）视图、前（后）视图、左（右）视图，当我们按照 1 的原理制作好一个物体时，将其放入一个虚拟的但坐标明确的空间中，通过在三个视图中对它们位置的调节，就可以准确无误地摆放它们的位置。

同时，电脑还提供工具可以使我们在三个视图中（三维空间中），设定每个物体运动的方向、角度和轨迹。

三、三维物体的光

三维物体制成了，并在一个空间中有序地摆好了，并被准确的安排了运动，如果再运用电脑提供的工具添加各种灯光工具，就可以完成类似摄影棚的拍摄布景和场面调度工作了。

四、三维物体的效果

三维物体在三维摄影棚中被设定好的物体位置、物体运动、场景组合、场景灯光可以做到与真实的效果相似，并且还可以在空间大小、色度效果和物体造型上，营造出真实摄影棚所无法实现的场面。

五、三维物体的运动

布景和场面调度工作完成后，电脑会安排我们拥有一台摄像机，这台摄像机的焦距、光圈可以随意调节，运动轨迹可以随意设定，会比真实的摄像机更方便、更灵活，因为它是用精确的数据来控制的。

六、三维体的完成

当上面工作都做完之后，即所有的数据都被准确设定之后，你只需按下 EN-TER 键，电脑会完成余下的复杂的计算工作。最后，你将在屏幕上得到一段你创造出来的抽象画面。

以上只是三维广告画面制作的最简单论述，其实三维电视广告制作是广告制作中最复杂的一项，它的具体制作手法随着科技和人们想象力的发展层出不穷，它所制作的画面在效果上也美轮美奂，无与伦比，希望有志于此的未来广告人能够从更专门的角度去涉猎此方面的专业书籍，了解其中的乐趣。

本节思考与练习题

1. 运用电脑三维动画知识，为"联想电脑"创意一个三维动画造型，并试着制作出来。

2. 评析某个电脑三维动画制作，有哪些优点值得学习？如果是你制作这个选题，你将怎样创意制作？

本章思考与练习题

1. 分析本书某一电视广告制作效果，从制作技术方面分析技术细节。

2. 创意一条故事型电视广告，并试着拍下来。

本章小结

经过前期的客户接触、市场调研、市场分析、市场策略确定、广告主题确定和电视广告创意（及其他形式的广告创意和媒体发布计划）形成并被广告主认可，便进入了具体的广告制作阶段。

广告创意文稿是电视广告片的基础，每一则电视广告片都是其电视广告创意的最终表现形式，但广告片并不完全等同于广告文稿，从某种程度上讲，电视广告片是对前期电视广告创意的再创作、再提高、再包装过程。

电视广告片的制作基于电视广告创意文稿或电视广告创意图画故事版，但它又有自己独特的运作形成过程，它的产生又具有相对独立的过程。本章就是从具体制作上探讨电视广告片的最后形成。

近年来，随着电视技术、多媒体技术及计算机技术的不断发展，电视广告已经成为科技含量极高的艺术作品。

电视广告是一门艺术。今天我们时常欣赏到这样一些颇有艺术价值的广告片，有的诉求于人们脆弱的情感，激起人们情感上的波澜；有的运用幽默的手法，让观众前仰后合地哈哈大笑；有的场面宏大，一派惊天动地的景象，让人肃然起敬；而有的则紧跟现代电子技术，扑朔迷离，变幻莫测……可见，由于电视广告的艺术性极高，欣赏性颇佳，已经成为电视媒体重要的组成部分。

第六章

电视广告播出与效果测定

本章内容提要

◎不同的传媒具有不同的广告效果。

◎媒体策划是广告整体策划中的主要环节。

◎电视广告的播出效果可通过多种方法进行测定。

◎广告的经营要讲究策略。

◎广告主发布广告的策略。

第1节

不同传媒特点的比较

在经济生活中，广告是企业开拓市场和占有市场的宣言，是企业实力和优势的展示舞台。企业进行广告宣传，必须选择适当的传播媒体。随着人类科学技术的不断进步，广告媒体的发展也是日新月异的。电视、广播、报纸、杂志、户外广告等都是很好的广告媒体。那么广告媒体都有哪些种类和特点呢？通常我们把广告媒体分为以下几类：报纸期刊等印刷广告；电台、电视、电影等视听广告；邮寄广告、户外广告、交通广告等辅助媒体；发展势头很猛的互联网广告。

1. 报纸期刊等印刷媒体

很长一段时间以来，各种报纸期刊一直是最普遍最有效的传播媒体。报纸广告最大的优越性是读者广泛，比较稳定，遍及社会各阶层，宣传覆盖率高；传播迅速；反应及时；比较适用于需详细了解产品功能的广告。但报纸广告也有其不足的一面。如平面广告缺乏视听效果，吸引力较电视广告弱；报纸印刷不够精美，较难展现商品的质感；报纸版面多，广告极易被读者忽视。而杂志这种媒体近年来发展很快，各行各业都有了自己的专业杂志。其最大的优点是杂志的保存期长，传阅率高，广告的持续效果最长；选择性强，宣传对象明确，读者群很固定；印刷精美，图文并茂，视觉效果好；广告费用低廉，制作比较简单。其缺点是只有画面，缺乏动感 声音；发行面有限且广告实效性差，周期较长；消费者对杂志的阅读率低，广告接触率低于电视报纸；不宜做促销类广告。

2. 电视广播媒体

随着家庭电视普及率的迅速提高，电视媒体已成为目前最直接、最快速、最能深入家庭的传播工具。而广播是很早就出现的一种传播媒体，在相当长的一段时间里曾占据主导地位，现在虽然受电视严重冲击，但在传播领域里保持着一定地位。下面我们将从覆盖面、到达率、注意率、感染力、时效性等方面对广播和电视进行详细的比较。

（1）覆盖面

电视媒体的传播范围是相当广泛的，在电视跨入太空传播时代更是如此。从世界范围看，电视传播所到之处，也就是广告所到之处。但就某一具体的电视台或某一具体的电视栏目或电视广告而言，其传播范围又是相对狭窄的。电视媒体传播范围的广泛性的同时，也就衍生出传播对象构成的复杂性。不论性别、年龄、职业、民族、修养等，只要看电视都会成为电视媒体的传播对象，但有些受众不可能成为广告主的顾客。因此，电视媒体的传播范围虽然广泛，但是电视广告对象针对性不强，诉求对象不准确。

广播媒体的覆盖面大，传播对象广泛。只要收音机在无线电广播发射功率范围之内，家家户户都可以收到电台节目。由于广播是用声音和语言做媒介，而不是用文字作为载体传播信息，适合不同文化程度的广大受众，任何有听力的人都可以接受广告信息。因而广播广告的传播对象广泛，几乎是全民性的。而且还有相当数量的文盲无阅读能力，但可以借助广播获得信息。这是任何其他媒体都无法与之相比的。

（2）到达率

到达率是衡量一种媒体的广告效果的重要指标之一。它是指向某一市场进行广告信息传播活动后，接受广告信息的人数占特定消费群体总人数的百分比。在消费群体总人数一定的情况下，接触广告信息的人数越多，广告到达率越高。电视、广播、报纸的媒体覆盖面都很广泛，而且是人们日常生活中获得各类信息的主要途径，广告主在这些媒体上投放广告，其到达率是比较高的。但是，由于广告过多过滥和广告媒体中广告的随意插播，导致受众对广告的厌烦心理而躲避广告，造成广告信息到达受众的比率严重下降。传统媒体的到达率已大幅度降低。

（3）注意率

注意率即广告被注意的程度。电视广告由于视听形象丰富，传真度高，颜色鲜艳，给消费者留下深刻印象，并易于记忆而注意率最高。但不同电视台，同一电视台不同时段的注意率又有差异，在具体选择媒体时还应结合企业产品的特点和消费对象进行具体分析和选择。广播媒体的最大优势是范围广泛。有些节目有一定的特定听众，广告主如果选择在自己的广告对象喜欢的节目前后做广告，效果较好，注意率也较高。但广播媒体具有边工作边行动边收听的特点，广告受众的听觉往往是被动的，因而造成广告信息的总体注意率不高。

（4）感染力

从现代广告信息的传播角度来分析，广告信息借助于电视媒体，通过各种艺术技巧和形式的表现，使广告具有鲜明的美感，使消费者在美的享受中接受广告信息，因此，电视对于消费者的影响高于其他媒体，对人们的感染力最强。广播是听众"感觉补充型"的传播，听众是否受到广告信息的感染很大程度上取决于收听者当时的注意力。同时，仅靠广播词以及有声响商品自身发出的声音是远远不够的，有的受众更愿意看到真实的商品形态，以便于更具体感性地了解商品，这一点广播无法做到。

（5）实时性

电视和广播是最适合做时效性强的广告的媒体，报纸次之。电视由于设备等因素制约，时效性不如广播。但在电台发布广告受到节目安排及时间限制。电视和广播媒体具有易逝性特点。广告信息转瞬即逝，不易保存。因而广告需要重复播出，资金投入巨大。

3. 辅助媒体

所谓辅助媒体，顾名思义就是为了弥补主要媒体存在的不足，在特殊的地点区域内运用户外广告、交通广告、直接信函（DM）、POP 广告等加强宣传。对一些区域性强的商品，采用这些辅助媒体常常会收到意想不到的效果。

（1）户外广告

户外广告主要有高楼上架设的霓虹灯广告、主要街道悬挂的条幅广告、体育馆四周的喷绘广告以及广场上常见的电视墙和电子告示牌等。户外广告最大的优点是面积大，广告醒目，行人注意度高，广告期限长，广告文字简单，能让人一目了然，易于记忆。缺点是受场地限制，收看范围小，只能宣传产品形象，对产品的特性不能详细描述。

（2）交通广告

交通广告由于交通工具的流动性大，搭乘人多，在大中城市很受广告主的青睐。其主要形式有公共汽车的车体广告、车厢内广告，汽车站、地铁、火车站的站牌广告等。其优点是乘车的人多，阅读对象遍及社会各个阶层，对提高商品的知名度很有好处；车体广告由于汽车的流动性大，产品宣传的到达率极高。缺点是宣传对象的针对性不强。

（3）直接信函

直接信函就是将印刷好的广告直接传递给选定的对象的一种广告形式。其优

点是不受地区的限制，不受时间的约束，可把要传递的信息直接传递到消费者手里；不受宣传内容长短的限制，针对性强；制作简便，费用低廉。DM 已被越来越多的商家采用，在经济发达的国家，直接信函形式已经成为业主推销商品的主要方法之一。当然，DM 也有传播范围不广，不利于提高产品知名度等缺点。

4. 新兴媒体——互联网

将一种传播媒体推广到五千万人，收音机用了 38 年，电视用了 15 年，而因特网仅用了 5 年。因特网诞生前后，一直是作为在国防、科技、教育领域使用的通信交流工具而存在的。直到 20 世纪 90 年代初期万维网（WWW）出现后，大量的信息源以超文本格式（HTML 格式）进行全球链接，终于形成了一个跨国界的全球性新型媒体。联合国新闻委员会 1998 年 5 月举行的年会正式提出第四媒体的概念。1998 年 6 月的法国世界杯、克林顿绯闻案，因特网以其特有的交互性，第一次压倒报刊、广播、电视等传统媒体，确立了第四媒体的地位。

和传统媒体相比，第四媒体具有得天独厚的优势，令传统媒体无法望其项背。有学者将其特点归纳为：数字化、网络化、多元化、全球化、小众化、多媒体化、实时性、交互性、广容性、易检性。

就时效性而言，传统媒体几乎无法和第四媒体相比。目前，互联网可以用每秒 45Mb（兆比特）的速度传输文字、声音、图像，速度极快，且不受印刷、运输、发行等因素的限制，可以在瞬间将信息发送给用户。2012 年伦敦奥运会期间，互联网的时效性优势被放大，通过互联网对比赛的报道成为媒体的新趋势，奥运会给互联网带来了新的热点。7 月 28 日 18 点 22 分，中国射击队的选手易思玲在女子 10 米气步枪的比赛中获得了中国代表队在伦敦奥运会上的首枚金牌，一分钟之内，腾讯体育频道就以快讯的形式报道了这则消息，并且在一个小时内撰写和制作了有关易思玲的背景资料、教练采访等后续报道。可见互联网作为一种新型的媒体，其传播速度之快。所以用互联网这种媒体来传播广告，其优势就不言而喻了。

从传播手段的多样性来说，第四媒体是传统媒体的集成者。它的传播手段具有极大的兼容性，不仅有报纸媒体的文字、图片，也有广播媒体的声音，还有电视媒体的图像，甚至还综合了计算机、电视机、电话机、传真机、录像机、录音机、打印机等各种现代技术的优点，使之成为有史以来最优秀、最具发展潜力的媒体。而对传统媒体来说，显然无法同时具备这些特点。故在不久的将来，互联网广告在传播手段及推陈出新方面都将有一个质的飞跃。

当然，目前互联网媒体也存在一些弊端，由于互联网是一个开放式的媒体，每一个人都可以很容易地参与进来，所以容易造成报道失实等问题。比如，2010年11月2日深夜到11月3日凌晨，新浪微博爆发了一次匪夷所思的"张国荣复活"事件。11月2日晚，新浪微博的热词几乎都围绕一个事件"张国荣复活"，有娱乐圈人士称将有惊天大爆料。在短短两天内，新浪微博上关于此事的评论已经多达近3万条。近年来，网络广告的发展特别快。在中国，2010年网络广告收入已经达到了50亿美元。

本节思考与练习题

1. 不同媒体之间有何优点及缺点？
2. 举例说明电视媒体的特点。

第2节

媒体策划策略

一、媒体策划的价值

媒体策划是广告整体策划中的主要环节。从广告运行的整个过程来看，广告主把要求传播的广告内容，通过不同的广告媒介传播给目标对象，以达到预期的广告效果。可见，媒体策划就是一种"为最理想的媒体作比较"。换句话说，媒体策划就是一种媒体分配的艺术。媒体是传达信息的工具，随着媒体数量的增加和定位的细分，媒体本身也成为一个品牌，观众会认为某个频道、报纸比较严肃或者比较权威等，这就使媒体与媒体之间形成一个质的差异。在最近的一项20城市的调查中，观众认为现在卫星频道之间可信度也是不一样的。在南方某个城

市的观众调查中，观众对电视节目制作比较精良的电视频道认同指数可信度普遍较高，接受程度也很高。媒体中一些重要的指标（比如可信度、节目质量）会对消费者产生关键性的影响，用可信度高的媒体来承载你的广告，会使观众更容易接受广告所传达的信息。

在日常的媒体策划工作中，有两个数据是每一个媒体策划人都必须掌握的。这两个数据就是"每一收视点数成本"（Cost Per Rating Point – CPRP）和"每千人成本"（Cost Per Thousand – CPM），它们是媒体决策时的重要依据。下面我们简单介绍一下这两个数据。

1. 每千人成本（COST PER THOUSAND – CPM）

"每千人成本"是以每一千个收视印象为单位，比较不同市场要到达这一千个目标群众的收视印象所需付出的广告投资（每千人成本＝总电视投资额/总收视印象×1000）。

若要将"每一收视点成本"转化为"每千人成本"以比较不同市场的经济效益，可参考以下方程式：

每一收视点成本×100/目标群众市场总人口×1000

表面看来，电台广告和户外广告是最具经济效益的媒体，但以"每千人成本"来比较不同媒体的经济效益，就会发现同样是覆盖千个群众，一次30秒电视广告跟一个刊登在晚报上的平面广告，或者是一幅张贴在商场大堂的海报所达到的广告效果是截然不同的。此外，不同媒体的度量单位也难以控制，我们可以用一次30秒电视广告的"每千人成本"，也可用一次15秒电视广告的平均数与其他媒体比较。同样，平面广告也可用全版、半版、全栏、彩色或黑白来度量，这些因素给不同媒体间的比较造成一定困难。另外，不同媒体覆盖率数字是否可靠也很关键。现在，国内仍以电视收视研究最为全面，可计算特定目标群众被覆盖的人口数字。报刊平面广告则只有 SRG Media Index 所提供的三大主要城市的分析。至于其他媒体覆盖率的数字则大多是推算出来的约数（有些更是由媒体提供），更别提按不同目标的受众进行推算，故对其准确性有一定保留。

基于上述两个因素，媒体间经济效益的比较一般只作参考之用，绝不可用作取舍不同媒体组合的标准。

2. 每一收视点数成本（CPRP）

顾名思义，CPRP 指每售卖一个收视点所付出的费用。它不仅是媒体策划做电视广告预算时所必备的资料，也是媒体购买部在制定电视媒体排期表时的重要

"工具"之一。

一般在选择电视频道、时段及节目之前，媒体购买部都会先制定"每一收视点数成本比较表"。表内将各市场的主要电视频道、时段以及其广告投放价格（通常以 15 或 30 秒计算）逐一列明，再加上通过收视调查报告所预估各时段的收视点，便可计算出不同时段的"收视点数成本"（每一收视点数成本 = 投放价格/预估收视点），从而选取最具经济效益的时段。

然而，"每一收视点数成本"的分析只限于同一市场不同时段或频道的比较，若要比较不同市场以至不同媒体的经济效益，便要运用"每千人成本"的概念了。

一个成功的"媒介人"（Media Person）所应具备的首要条件是对数字敏感，更要懂得"诠释"及"运用"这一大堆令人眼花缭乱的数字，使其成为媒体策划的"武器"。

媒体策划的价值可以从广告效果中得到验证。我们可以从加多宝集团在凉茶饮料市场的崛起看出媒体策划的重要性。加多宝集团是一家以香港为基地的大型专业饮料生产、销售企业，1995 年，广药集团将罐装王老吉品牌的使用权以二十年的租期租给了加多宝集团，广药集团继续销售绿色盒装王老吉。2002 年 11 月，广州王老吉与香港王老吉达成共识，双方签署了十年使用权转让协议。加多宝集团在得到王老吉罐装的商标承租权后，不仅在生产基地建设上不惜血本，媒体宣传攻势上的投入也达到了惊人的程度，电视广告、户外平面广告、冠名各类比赛、组织各种活动，甚至数次动用网络推手，巧妙利用捐款、"非典"等热点事件配合宣传，在这样强大的攻势之下，红色罐装的王老吉几乎一夜之间便遍布在中国的大街小巷。2008 年 5 月 18 日，在中央电视台为四川地震举行的赈灾晚会上，加多宝集团捐款一亿元，实在是赚足了眼球，5 月 19 日晚上，网络上出现了一则要求"封杀王老吉"的帖子，在大众刚刚接受加多宝集团的感情攻势后，这样的言论自然引起了公众的愤怒，但打开帖子，才发现是在呼吁大家"买下货架上的每一瓶王老吉"。这一事件被众多媒体跟进关注以及报道，带来了惊人的效益。

二、媒体策划策略

有效的媒介策略会提高广告活动的效果，利用客观的调查数据，理性地认识媒体，是实现有效媒介策略的基础。前面我们说过，媒体策划是媒体分配的艺术。也就是说，媒体策划的核心就是媒体的有效选择。好的广告媒体能够将企业

产品的讯息有效地传达给消费者，促使他们购买自己的产品，从而实现广告的目的，所以说广告媒体的选择是广告主必须慎重进行的一项很重要的工作。

1. 如何有效选择广告媒体

要有效地选择广告媒体，我们首先必须充分了解广告媒体的种类。在上一节中，我们对各种广告媒体的特点曾经作过详细的介绍，报纸杂志、广播电视、户外广告、互联网等媒体，它们各自有自身的优点。下面我们结合以下几个方面的因素来谈谈广告媒体的选择。

（1）目标对象

我们知道，每一种产品都有其目标消费群。所以在媒体选择上，一定要根据目标对象使用媒体的情况进行选择。虽然在人的一生中要接触各种各样的媒体，但由于各种社会和经济因素及生活习惯的不同，每个人接触某一具体媒体的机会差别是很大的。例如，办公室坐班的人看报纸的机会就比别人多得多。开出租车的司机听广播的机会就比其他人频繁。因此在选择媒体时，应找出自己目标对象接触多的媒体。如飞利浦公司的音响产品享誉全球，在中国，其目标对象大部分是音响发烧友，而这些人最常接触的媒体是专业音响杂志，故公司在这些专业音响杂志上大做广告，取得了良好的宣传效果。又如对于电视媒体，年轻人爱看体育节目，中年妇女爱看电视剧，小孩爱看动画片，因此广告主应根据自己产品的目标对象的收视习惯，安排广告在媒体播出的时间。

（2）产品特征

每一种产品都有其自身的产品特征，在具体的广告投放中，常常出现这样的情况：有些产品在报纸上刊出没有效果，可拿到电视上去播放，效果却特别好。这说明在选择广告媒体时，必须先了解产品的特征。一般来说，产品功能多，必须详细地将产品特点及功能向消费者介绍，消费者才能对产品有全面的了解，即需较多的文字表达时，选平面媒体或电视媒体中的专题信息，会取得很好的广告效果；产品视觉效果好，产品特性为广大消费者所熟知，不需大段文字说明的，以展示产品品牌形象为主的则宜用电视广告。如像 IT 行业的电脑，消费者须详细了解产品的内在质量，如硬盘有多大，内存的大小，中央处理器的型号，显示器的尺寸以及产品的详细使用方法等，则选报刊比较合适，而如果宣传的重点是电脑品牌形象，则选择电视较好。又如大家都很熟悉的日常用品洗发水、香水、服装等，由于产品功能大家都知道，没有必要向消费者详细说明，只是想在同类产品中通过品牌形象宣传优先在消费者心目中占据一席之地，则选择电视媒体。

因为电视媒体的优点是同时兼有声音和图像，消费者在看过之后容易留下记忆。

（3）行销时机

由于产品自身的特性，在实际的营销过程中，许多产品都有其销售的淡旺季。企业可根据这一特性，有针对性的进行广告媒体策划。同时不同的媒体在不同的时机受关注的程度也不同，在作媒体策划时应密切关注这一特点。我们知道皮衣是一种冬天使用的产品，它的销售季节性很强，故广告主在投放广告时，其广告费的绝大部分应投放在冬季。而在销售淡季则应减少广告预算，从而使广告宣传有的放矢，以避免广告费的浪费。又如在奥运期间，电视媒体由于现场直播，且声情并茂，备受广大观众特别是广大青少年朋友的喜爱，收视率节节高升。如果此时目标消费群是青少年的产品被安排播出，其广告效果肯定不错。

2000 年奥运期间，通过互联网获取比赛信息及观看比赛录播的观众已突破三亿人次。2008 年北京奥运会国际奥委会首次将转播权转让给了网络平台和移动电话网等新媒体。2012 年伦敦奥运会，参加网络转播大战的"国家队"CNTV，独家垄断了中国大陆境内奥运期间的网络直播版权。可见，在选择广告媒体时，新兴的广告媒体也不能忽视。

（4）广告目标

广告目标是制定广告策略的基础。广告主在媒体选择时应充分考虑自己的广告目标，因为广告目标不同，媒体的选择策略也不尽相同。如广告目标是打算在短期内快速建立起知名度，则应以电视媒体为主集中做广告。因为电视媒体现已成为现代家庭生活的一部分，人们每天花在看电视上的时间平均已达两个多小时，人们通过电视了解商品，了解企业的机会比其他媒体大得多，所以企业想在短期内快速建立起知名度，一段时间内在电视媒体高频次的广告投放，无疑是一种捷径。而对于已经在市场上占有一席之地的销售比较稳定的产品，其广告目标是想在消费者中建立一种长期的认知度，因此阶段性的在报纸、杂志、电视等媒体上做一些提示性的广告，让消费者感觉到他所使用的产品还在，给消费者一种信心。现在松下电器公司、海尔冰箱等就是采用这种媒体策略。

2. 广告媒体策略

每一种媒体都有其自身的长处和短处。设计媒体策略，计划者需要对媒体特性有深入的理解，并知道媒体怎样发生作用，媒体怎样被消费，怎样使用媒体才能产生理想的效果。计划者还必须对媒体市场有所了解。为了实现媒体目标，我们有许多可选择的方法来寻求最佳媒体或最佳媒体组合，以产生所做广告的品牌

所需的最佳全盘效果。

单一媒体运用策略，即选择一种媒介作为传递广告信息的策略。单一媒介覆盖率一般较为有限，不可能触及广告主所希望的所有目标市场，在使用中效果有限，不过对一般的小型企业短期内运用还是很必要的。选择单一媒体常采用试探法和排除法。企业在进入某一市场时，常常会对区域内的多种媒体进行试探性投放，然后把效果最好的一种作为主要广告媒体来运用。这就是试探法。在运用此方法时，应注意各种因素对媒体的影响。如某一媒体在广告主试投期间，由于电视剧不好或恰逢重大活动（如奥运）等影响其广告效果，但总体来看，该媒体确实不错。而所谓排除法则是通过对自身产品的质量、特性及流通等情况进行调查分析，同时对当地媒体逐个进行筛选，确定一种媒体试用。

当然，单一媒体的运用是在广告主经济基础比较薄弱的情况下或产品本身的特性只能是指定的某媒体时采用的。但是每一种媒体都有其自身的优缺点，所以通常情况下我们会在某一时期内将区域内的各种媒体组合起来使用，以发挥各自的长处，使广告宣传达到最佳效果。这就是下面我们将要谈到的媒体组合运用策略。

在广告流程中，广告媒体组合基本上是根据广告主的产品市场目标、市场策略及广告媒体策略，从各式各样的媒体进行选择及搭配运用。而一个适当的媒体组合，理论上是希望以最少的广告预算，得到最高的经济效益。这好比我们个人一样，认清目标，详细分析市场，从各类型的投资工具中选择适当的，然后根据自己可承担的风险作出投资，最理想是投入最少的资金，获得较高的回报率。而广告的回报率是指广告预算与媒体的覆盖率及受众人数的相关系数。至于我们要如何为广告主在市场上选择适当的媒体组合，我们必须要做四个"了解"。这样可使在选择媒体组合的过程中，对准目标，减少失误，提高广告的经济效益。

（1）了解广告主的产品

不但要知道是什么产品、什么类型，还要熟悉客户产品的所有细节，包括销售情况、分销网络、定价以及产品的优点甚至缺点，每一个环节都可以变成我们的机会，作为我们的主攻点。

（2）了解竞争对手

孙子曰：知己知彼，百战不殆；不知彼而知己，一胜一负；不知彼，不知己，每战必败。知道竞争对手的媒介策略，了解他们的广告排期、习惯、投放分量、媒体选用，从而可衡量对媒体的投放比例以及做出策略性的排期。如果某个产品习惯在 4、5 月作为重点出击，我们可以集中火力，先在 3 月出击，进行抢滩，攻其不备，得占先机。

（3）了解客户的市场及媒介简报

认清广告主的目标市场、产品定位、广告费用预算、市场策略、目标受众、广告运动性质，是促销还是提升品牌知名度；而一个好的媒介简报，对于广告主与媒介策划者的沟通，提供了一条特快专线。

（4）了解各类媒介特性

因各种媒介有着不同的性格及特性，有各自的传达性、吸引性、及时性。这些不同点便形成各种广告媒体的特点。如报纸广告能读不能听，但便于记忆、理解，具有保存性；电视广告能看能听，生动活泼，但不便于记忆和存查。有了以上的"了解"，我们可按以下的方法来选择适当的组合：

① 从目标群众选择广告媒体

每个目标群众都有他特定的生活方式及习惯，对每个媒体都有着不同程度的曝光率（MediaExposure）。换言之，每个媒体拟有不同层次的消费群众，有不同的渗透率（Media Pemdtration），如晚间电台广播拥有大批学生，时装杂志的购买者大部分是女性读者。这些资料可以从第三者的调研公司得到，如尼尔森市场研究有限公司，在它们的数据库中得到各个媒体的年龄分布、收入等客观数据，还可以得到目标群众的生活状态的主观资料，如哪些人喜爱到酒吧饮酒，哪些人偏爱外国品等，这都有助于选择适当的媒体组合。

② 从广告预算选择广告媒体

在一般情况下，广告费用包括广告制作和广告体价格。而电视制作费通常比其他媒体，如报纸、电台、杂志要高，我们要有足够的预算才可选用。另外，同一媒体之中，价格也会有天壤之别。我们可以根据它们的千人成本（CPM）来衡量它们的价值。

媒　体	价格（30 秒）	观众（万）	千人成本
甲电视节目	4，000 元	200 人	20 元
乙电视节目	6，000 元	2000 人	3 元

但这并非是绝对的，还要注意媒体本身的价值。

除了以上的方法外，我们还要考虑其他因素去选择媒体组合。如广告创作，有些只可以利用平面设计与消费者沟通；如广告大气候，网上广告的普及化等，这都有赖于媒介策划者的经验及媒介触觉，才能为客户提供一个高效率的媒介组

合，帮助客户传达有效的广告信息。

有一家生产饮料的民营企业，其规模并不大，却不惜巨资在中央级媒体做广告，可因为资金有限，所以其广告只能是零打碎敲，效果可想而知。其失误的重要原因就是媒体选择过大，广告做得不少，但没有能提供给客户足够的产品数量，也没有遍布全国的销售网络，想卖没那么多的产品，想买又没有销售点，造成了财力、物力的浪费。另外，凡有点广告知识的人都知道，广告应当有一定的数量、一定的周期，才能在受众心中留下深刻印象，才能促进购买欲的萌生，才能使受众产生购买行动，而零打碎敲式的广告，就像过眼云烟，很难给人留下深刻印象。

综观广告界，在广告媒体选择、使用、组合方面，大体存在以下问题：

①没有计划。有些企业每年都拨出一定的广告费用，但是在使用上，或者没有计划，或者计划过于简单，而对广告媒体的选择、使用及其组合上，或者忽略，或者缺乏整体科学的策划。

②对广告媒体存在片面认识。广告媒体各有各的特点，或者说各有各的优势，比如，报纸、杂志可以保存，电视可以大限度地发挥声音、画面的作用，信函广告针对性强。可是有些企业对媒体存在片面的认识，导致只在一种媒体上做广告，其他概不考虑。

③从高水平看，有相当部分的企业负责人对广告媒体不仅认识不够，更不知道利用媒体组合这一广告策略来实现自己的广告目标。而那些善于利用广告媒体组合策略的企业，就会很好地达到预期目的，实现较好的销售效果。

1986 年 1 月 23 日，广州百事可乐汽水厂投产，4 月份就占领了广州市场，月销量达到两千多吨。之所以取得如此业绩，正是因为他们采取了行之有效的媒体组合策略。首先派业务员穿着百事可乐工作服在各个销售点张贴商标广告，紧接着他们又以"百事好味道，全球都赞好"为口号，配以有实物图案的广告画进行宣传，并在市内选了五个地点进行免费赠饮活动，又及时投放一批印有"注意交通安全，百事可乐汽水厂"的太阳伞到交通岗上，此外，他们还赞助了社会公益事业和群众性活动。在这次广告活动中，他们采用了广告画、POP 广告伞等载体，而且组合得相当成功，在极短的时间就打开并占领了市场。

从上述例子和其他一些经典案例来看，利用媒体组合，就广告本身而言，大体有如下几方面的好处：

① 可以使广告的覆盖面更广、受众更多，而且可弥补一种媒体造成的覆盖

面有限、受众有限的弊端。

② 不仅可以更强烈地传达广告信息，而且会达到 $1+1>2$ 的广告传达效果。

③ 能够大幅度或者较大幅度地提高或充分发挥广告作用，从而达到 $1+1>2$ 的最佳广告费用效果。

采用媒体组合策略还应注意在准备使用媒体组合策略之前，应当对媒体组合的使用有一个通盘和整体的认识，包括对媒体的评价、媒体的确定、媒体组合的确定、重点媒体的确定，这是广告活动的基础，也是最基本的保证。另外，由于各个地区的不同，风土人情不同，生活习惯不同，所以广告媒体的组合和诉求点不一定非得统一，也就是说，媒体组合应当从不同地区的实际出发。比如，在电视较少的地区，如果仍然把电视作为重点媒体，就会出现广告费的浪费，而且达不到预期的广告效果，那么就不如把广播作为媒体的重点。

广告媒体组合策略乃是一系统工程，并非是一些媒体简单的拼凑，也并非是搭积木式的组合，这就需要我们的广告人不仅要熟悉掌握每一种媒体，而且要学会有机地科学地组合。但愿能有更多的人重视广告媒体组合策略，但愿我们的广告人，能创意出更多的广告媒体组合经典之作。

3. 媒体播出策略

广告媒体播出策略是媒体策划策略的重要组成部分，它是对广告播出的时间频率所作的具体安排。媒体播出的依据是发布前的广告发布媒体计划，发布效果直接同发布计划有相当密切的联系。一般情况下媒体播出主要考虑以下两个方面的问题：

（1）播出时机选择

要想把媒体播出计划搞好，播出时机的选择十分重要。广告信息的发布受各种因素的制约，如目标公众因素、产品生命周期、消费者记忆规律因素等，所以要把握好广告的最佳播出时机，就必须时刻关注这些因素。

① 目标公众因素

即要根据目标公众接受广告信息的时间特点来选择广告时间。一般情况下，对季节性强的产品，消费者要在消费季节开始前才关注与之相关的广告。所以选择广告时机要与消费者的购买时机相一致。其次，选择广告播出时间要与消费者最可能接触媒体的时间相一致。以电视媒体为例，从最近几年的央视收视调查报告来看，总体上消费者的收视习惯为晚上 18：30—22：30，中午 12：00—14：00 也是一个收视高峰。所以投放广告，要充分利用媒体的黄金时间，使尽可能多的

消费者在接触媒体时获得相关的广告信息。另外，广告播出时间应与目标消费群的收视习惯相一致。如我们要宣传的产品是一双面向青少年的运动鞋，而青少年喜欢看的电视节目是体育节目及知识性很强的专题节目，那我们就可以在转播体育节目时或有关知识性的节目前后做针对性的广告，则广告效果最好。

② 产品生命周期因素

这个我们前面已经讲过，就是在进行广告播出策划时，应充分考虑产品的生命周期。在市场上，每一种产品都有其产品的导入期、成长期、成熟期、衰退期。在不同的时期，产品的播出频率（Frequency）是不同的。一般在市场的导入期，广告的播出频次是很大的，而在产品的衰退期，广告则减至最低限度。

③ 记忆规律因素

当人们接触到某一信息后，间隔的时间越长，遗忘量就越多。为了让消费者强化对某一产品的记忆，必须不断地重复同一广告信息。在连续性的广告播出过程中，每次播出的时间间隔都不应相同，应合理地安排播出时间。在先期的广告投放中，时间间隔要求很短，可能在同一个媒体的一定时间内，每隔半小时出现一次。而在广告的后期，也可能每周一次。这样不仅可以节省广告费，广告效果还不会受影响。据有关专家调查发现，一张报纸的有效阅读记忆周期为3—4天，故在投放报纸媒体时，每隔3—4天投放一次广告，广告效果并不会受到影响。

（2）广告排期策略

广告频率是指一定周期内广告发布的次数。过去人们一直认为，广告频度越高，宣传效果就越好。现在，这一观点已开始被越来越多的企业所怀疑。当然，广告频度高，宣传费用就越高。其实这只是问题的一个方面，即使抛开广告费用，广告频度也不是越高越好。电视观众接触一种产品信息时，如果信息量小，对电视观众的刺激作用小，在目前的信息汪洋大海中，根本不会引起他们的注意，更不用说产品购买行动了；当企业的广告信息对观众的刺激达到一定程度时，消费者在心理上就会认同并接受这种信息及产品（在保证电视广告有效创意和诉求方式的前提下）。这时候如果企业继续加大广告额度，使信息刺激超出了观众对同一信息的接受域值，不仅不会使观众产生购买行动，相反还会使他们产生"腻烦"心理，从而产生适得其反的市场效果。另外，过高的广告频率，在一定程度上，也会导致市场的"早熟"，不利于企业，甚至整个行业的长远发展。广告心理学的研究成果表明：短期内的重复可以使广告记忆和广告回忆达到峰值，但一旦广告停止，回忆效果便急剧下降，如果将重复广告分配在一个较长的时期内，那么回忆效果就不会出现急剧下滑的现象，反而会持续上升。"企业无奇迹"，企业应本着踏踏实实的态度，通过一步步的营销努力来拓展市场。想通过短时间内的广告轰炸创造商业神话，是行不通的。秦池、盖中盖的教训值得众多企业借鉴。

广告排期策略大致上分为三种形式：阶段性排期、连贯性排期、跳跃式排期。以下分别对这三种预算排期策略进行介绍。

① 阶段性排期

指无须有规律的广告投放，该策略运用于时令性强、生命周期短的产品广告和促销广告。此策略最大的特色是有选择性地出击，集中火力在某个阶段投放广告，而其他时间则偃旗息鼓不作宣传。有代表性的产品如中秋月饼，广告商往往在农历中秋节前的三至四个星期进行全方位的"月饼广告"大战，其他的月份则完全没有广告出现。阶段性排期策略的优势在于广告资源集中，能在短时间内引起目标消费群的注意，迅速提高产品的知名度和增加产品的销量。其弱点是同期内同一类型的产品广告竞争激烈，容易分散消费者的注意力，品牌记忆度差，不利于产品、品牌的建立及品牌忠诚度的形成。

② 连贯性排期

指全年连贯性投放广告（连贯指每天、每周或每月），突出无间断、无广告空档的有规律投放形式。此理念运用于一些购买周期短、无明显季节特征的产品。如连锁快餐店、速递服务、洗头水、洗衣粉等。在竞争激烈的市场环境里，各品牌务必不断地提示消费者，希望受众在购买产品的过程中第一时间联系到自己的产品品牌。此策略的优势在于产品能在消费者心目中建立较强的品牌形象，培养较高的忠诚度。但弱点是需要投入大量的广告费用，而且重复不断的广告投放可能会引起消费者对该产品广告的厌倦。

③ 跳跃式投放策略

是以上两种模式的综合运用，既保持连贯性，又在某些时间做阶段性的促销广告。此策略适用于品牌忠诚度较高，又有一定季节性的产品。如家电产品，消费者注重对品牌的信任，连续性的企业形象广告和产品广告可以树立强大的品牌形象。而在春末夏初及中秋到来年农历新年前的搬家及婚嫁高峰期，加大产品促销广告的宣传力度，刺激现场购买。此策略的特点是全年保持较低但有效的广告暴露频次，维持与消费者的沟通，在某些时令则全力出击，迅速提高影响。其优势在于有效地利用资源，既可树立品牌形象又可提升产品销量。

广告发布是广告运动的一个部分，评定广告的好坏不能割裂整体而独立地加以评判。在媒体泛滥、信息爆炸的年代，广告对于大多数企业来说是一个烫手的山芋。那种凭经验，拍脑袋，盲目模仿或跟风式的广告决策造成的后果，只有自己体味个中苦涩。伴随知识经济时代的到来，社会主体人群的变迁，消费者信息沟通心智模式也正在发生根本性的改变，这一切昭示着大媒体粗放型的广告传播时代已经过去。谁忽视了这种广告环境的改变，就等于对自己的广告费不负责任。

本节思考与练习题

1. 在媒体选择中应注意哪几方面的因素？

2. 媒体组合有哪些方法？举例说明媒体组合在整个媒体策划策略中的重要性。

3. 在对广告播出进行策划时应注意哪些问题？举例说明广告排期在广告播出中的重要性。

附：案例精选

通过媒体策划策略一节的学习，我们了解了整个媒体策划的一般方法。现结合实际的一个案例解析，让大家对媒体策划有一个更清楚的理解。

"迪斐兰狄"山西市场品牌战略策划方案

前　言

天津迪斐兰狄服装服饰有限公司是一家以互联网电子商务及实体经营于一体的综合商务运营公司。公司以"快速、融合、立体、共赢"的新商业模式进行市场运作。公司目前以"迪斐兰狄"作为市场推广主导品牌及多系列休闲男装开拓市场，通过一段时间的运营，已取得了非常好的业绩和市场口碑，在市场上掀起了巨大的反响。公司倡导以功能服务为主的，快速适应市场发展的运作模式，并拥有一支庞大的信息采集专业化团队，该团队主要在欧洲、美洲、东南亚等时尚前沿区域收集和获取信息，并根据产品的投放区域设定市场对路的产品，再由设计和制作团队进行设计、制作后投入市场。同时，迪斐兰狄通过自行探索出的新商业模式从国内传统的经营模式中异军突起，实现了互联网电子商务、品牌实体店、同城物流配送及综合服务体系的整合，不但给加盟合作者提供了便捷的合作交易平台、巨大的市场利润，也大大解决了终端客户的后顾之忧。

山西省作为奢饰品以及品牌服饰消费量较大的市场，为公司业务的开拓提供了机遇和挑战。作为一个新打入山西市场的服装品牌，单一、传统的广告模式已经无法撼动市场，刺激消费，必须将现有的资源加以整合，以全新的营销理念以及结合市场需求进行营销策略分析。本次方案的目的就是要将迪斐兰狄打造成为新崛起的全国知名男装品牌。

一、品牌定义

（1）迪斐兰狄赋予时装的是一种品位、一种时尚、一种高雅和一份庄重。迪斐兰狄的原 Slogan 是：原来品位可以如此简单。

（2）在企业运作方面，迪斐兰狄实施的是管理规范化、经营连锁化、产品系列化、品质高档化、市场国际化、生产自动化。

（3）在服务质量上，采用"5S"原则：迅速、微笑、诚意、利落和研究。

（4）名牌是一种象征，是高质量的寓意，消费者选择迪斐兰狄，不仅是买衣服，而是在体验一种精神上的满足，享受一种休闲文化。

名牌同时还是身份的象征，个性的展现，以及穿着者体现个人修养、兴趣爱好的一种表现。

名牌的真正存在意义是一种情感的存在，至少是一种能激发人们情感的形式而存在。

二、品牌形象战略要点

（1）深刻挖掘品牌的文化内涵。

（2）产品和服务永远是品牌的核心。

（3）产品包装是品牌的外在形象和第一印象。

（4）高附加值，创出品牌价值。

（5）情感营销，赢得消费者信任。

（6）广告宣传，是成功品牌建立所不可或缺的。

（7）终端建设，是展示品牌形象的窗口。

三、市场环境分析

1. **市场大环境分析**

中国服装产业整体发展很不平衡。

企业应该有强大的设计开发能力和市场营销能力。

缺乏真正意义上的国际服装品牌。

2. 山西市场环境分析

山西地区的市场竞争十分激烈，而且竞争对手也多为二三十年以上的成熟企业。

3. 山西消费者分析

"低收〞入、高消费〞。

居民购买服装的价格和服装档次提高，穿戴讲究舒适，注重品位和个性。

4. 迪斐兰狄优势分析

没有以前的产品形象先入为主，迪斐兰狄的定位路线更加宽泛。

迪斐兰狄不仅从名字还是 LOGO 设计上，具有国际品牌的特征。

迪斐兰狄是一个年轻的品牌，因此我们可以据此来产生一系列与年轻人的成长，一起走过青春的故事，培养他们的消费习惯，提高忠诚度。

5. 迪斐兰狄劣势分析

抓住迪斐兰狄最鲜明最突出的特点，定位品牌形象，制作出主要的 Slogan 和辅助口号。

面对国际国内大品牌的竞争优势，知名度亟待提高。

迪斐兰狄如何能够迅速引起消费者的兴趣，并被他们所接受，是本方案的重点和难点。

四、整合营销传播策略

1. 目标群体分析

将重点客户群体定位在 25 岁到 45 岁之间的男性消费群体。

迪斐兰狄的品牌形象，要根据我们的目标客户来制定。

2. 品牌主题

要找出一个具有代表性同时而又独特的线索，去充当我们的感性诉求广告的主线。

不管是梦想，还是成功，还是家庭与爱情，男人要想在这之间达到平衡，必须具备一个品质——睿智。因此，我们选择睿智作为广告主题的基本思想。

3. 品牌形象

产品形象：睿智的男人形象

企业形象：引领男装品位　商务休闲专家

价格定位：中高端价格定位

五、传播策略建议

1. 广告语：睿智创造非凡——迪斐兰狄男装

男人都渴望成功，而睿智则是成功不可缺少的要素。

睿智也是能够包括例如干练、谨慎、缜密等性格的词语，将男人应该有的品质用一个词来表现。

成功的定义有很多，非凡也是成功的代名词。

六个字的广告语，便于宣传，易于记忆。

使用范围可包括电视、报纸、广播、杂志、户外平面等广告形式。

2. 广告制作与投放组合策略

TVC ＋ 杂志 ＋ 平面户外 ＋ 报纸 ＋ POP ＋ 网络

① TVC 广告片（电视广告）

名人代言无疑是迅速提高品牌知名度的利器，我们应选择消费群体感兴趣的形象代言人，来做电视和平面广告。

拍摄 30 秒的电视广告片（同时剪辑 15 秒和 5 秒版本）。

代言人选择要求：典型中国男人的形象，公众形象硬朗大方，具有一定的影响力，能代表主流价值观。给人的感觉是自信、干练、聪明、不服输。

前期选择全国范围播出的电视台，推荐央视，产品成长期选择地市电视台和各大卫视定期投放。

② 杂志广告

杂志广告的设计要醒目，色调与杂志风格一致。

选择全国发行的时尚杂志如《时尚先生》、《男人装》、《SO COOL》、《YO-HO》等，长期投放一个 P 的彩页广告。

另外，选择其中一两本杂志进行合作，写作软文，图文推荐搭配等。

③ 户外广告

前期选择太原市区繁华地段的户外媒体。公交候车厅广告、山西全省高速户外媒体等不定期发布平面广告，与电视广告相呼应。

平面广告的设计要做到醒目，突出代言人形象和产品理念，颜色搭配和构图显现高档风格，符合企业的整体 VI 风格。

产品成长期要在各地市投放户外平面广告，以公交候车厅和市内户外广告牌媒体为主。

④ 报纸广告

选择山西地区发行量大的报纸如《太原晚报》、《山西日报》等，选择定期刊登平面广告、软文广告等。产品导入期以平面广告为主，成长期以软文和活动告知为主，平面广告可考虑报纸夹页广告。

⑤ 销售终端的促销广告、POP 广告

销售终端选择开设专卖店和进驻高档商场同时进行。店面的装修和产品的布置很重要，要给顾客营造一种舒适的选购环境，同时体现出迪斐兰狄的高档品牌的感觉，符合企业的 VI 形象。

印制店铺运营手册，并组织店长等定期学习，保证店面服务水平。

⑥ 网络广告

在门户网站的网络广告投放，以门户网站首页的条幅广告和视频网站片头或广告为主。条幅广告要与平面杂志广告或者户外媒体广告相一致，视频片头广告可采用 TVC 广告的 15 秒或者 30 秒版本。网站推荐选择新浪、腾讯、优酷、奇艺、土豆等。

六、广告创意

广告片脚本：

简单的旋律作为背景乐，远景镜头：一条笔直的公路，朝阳染红了天边的云朵。

近景：男主角开着一辆车行驶在路上。

特写：男主角在车内单手松了下领带，面带自信的笑容。

镜头转换，中景，男主角工作，谈生意，打鼓，陪孩子玩的场景切换。

旁白：我是自己的老板，我是孩子的父亲，我也是乐队的领袖。生活在这个复杂的社会，做自己喜欢的事情。睿智，让一切变得简单，创造非凡。

黑色结束背景，出现迪斐兰狄的 LOGO 与广告 Slogan。

第3节

广告效果的评定

广告作为一种信息传播与促销的手段，已越来越为企业重视与应用，然而，经常有客户和一些企业决策者感叹道："我做了这么多的广告，但不知如何确切评判效果，更不知什么时候、什么样的广告起了作用"，"如果我知道我的广告有效，我就会投更多的广告费"。美国著名商人约翰·华纳梅克也感叹道："我知道我的广告费有一半是浪费的，问题是我不知道浪费掉的是哪一半。"难道真的就无法弄清广告费浪费在哪里了吗？回答是否定的。广告效果是可以判断的。正确地对广告效果进行评定，不仅能对企业前期的广告作出一个客观公正的评价，而且对企业今后的广告活动、开发新市场都会起到很有效的指导作用。

一、广告效果的含义和特性

所谓广告效果是指通过广告调查、广告策划、广告创意以及广告的制作、发布、实施等广告活动，对广告主、消费者及社会所产生的效益和作用。我们认为广告效果应包含两个方面：其一是促销效果，即好的广告创意表现与媒体发布方案实施后应能促进商品的销售。其二是广告本身沟通效果，即目标消费者对广告所传达信息的认知度与认可度。

由于广告活动的多样性，造成了不同的广告效果。那么广告效果都有哪些种类呢？我们可以从广告效果的内容、广告对产品销售的促进程度及具体的广告活动三方面来分。

1. 从广告效果的内容可将广告效果分为经济效果、社会效果和心理效果

广告的经济效果是指通过广告活动促进产品销售，增加企业利润的程度。广告主通过各种媒体传播产品，其根本目的是刺激消费市场，扩大消费，给企业带来利润。可以说广告的经济效果是广告效果中最基本也是最重要的效果。

广告的社会效果是指广告活动在社会文化教育等方面的作用。大家也许还记得 20 世纪 90 年代初威力洗衣机的广告，该广告通过儿女给在农村生活的母亲买威力洗衣机这一事件，表现出了中华民族尊敬老人、关心老人这一主题。广告播出后立即引起消费者的共鸣。所以广告活动对促进社会主义精神文明的建设具有深远的意义。

广告的心理效果是指广告活动在消费者心理上的反应程度。广告宣传客观上强化或改变着人们的认知态度和行为，从而在人们心理上产生一定的影响。通过广告活动可激发消费者的心理需要和动机，培养消费者对产品的信任和好感，从而树立良好的品牌形象和企业形象。

2. 从广告对产品销售的促进程度可分为广告的直接效果和广告的间接效果

广告的直接效果和前面讲述的经济效果颇为相似，都是通过广告活动直接促进产品销售，提高产品的市场占有率，最终取得直接的经济效益。而广告的间接

效果则是指虽然在广告活动后没有对产品的销售起到直接的促进作用，但进行的广告活动使广告主的产品形象和企业形象在广大消费者中得到提升，为以后的市场销售打下良好的基础。近年来，海尔发展十分迅猛，其广告的间接效果起了不少作用。如他们经常在国庆节、除夕夜等节假日里开展给坚守在第一线的交警官兵送饺子、送温暖，24 小时为消费者提供优质的售后服务等系列广告活动，使消费者对海尔这一品牌产生了极大的信任感，正是这种长期间接的广告效果，使海尔在激烈的市场竞争中立于不败之地。

3. 从广告的活动过程来分，广告效果又可分为广告调查效果、广告策划效果、广告创意效果、广告制作效果和广告实施效果等

广告调查是整个广告活动的基础，广告调出效果的好还直接影响到整个广告活动的效果。同样，广告策划效果、广告创意的效果、广告制作的效果等都将对整个广告活动的成功与否起到直接的作用。

从上面的广告分类中我们不难看到，广告效果是在广告活动中形成的，在广告活动的具体执行过程中，常常受到各种因素的影响。故广告效果具有许多自身的特性，现简要归纳为以下几种：

1. 广告效果的迟效性

在广告活动中，消费者在接受广告的影响时，由于受时间、地点、经济条件等因素的影响，有的消费者可能立即产生购买欲望并完成购买。而有的消费者则可能在接受广告影响后很长的时间才完成购买。所以在评定广告效果时不能单纯地从短期的销售收入来判定。

2. 广告效果的间接性

在目前消费者消费心理不是很成熟的情况下，消费者在消费时普遍存在从众心理。在同时接受广告信息的情况下，有相当一部分消费者在决定是否购买时是举棋不定的，而他们最终之所以决定购买，是因为受到其他人购买的影响，或者是受到其他受广告影响人的极力推荐。

3. 广告效果的竞争性

由于市场竞争异常激烈，同类产品之间的广告大战往往使得广告宣传的效果发生相互抵消的效应。如今在一些大中城市的大型商场或广场，经常会有同一类产品的不同厂家在作宣传。由于他们的目标消费群一致，要想取得很好的广告效果，只有拼实力，这种实力不只是在经济上，在广告策划、广告实施等方面都必须付出更多。

4. 广告效果的积累性

广告主为了取得好的广告效果，一般会在一定的周期内在不同的媒体反复发布，以加深消费者对广告产品的印象。这种不同媒体组合所产生的效果，很难界定是其中的哪一种媒体的效果，可以说它是一种媒体效果积累的结果。

5. 广告效果的多面性

每一种产品都有其固有的生命周期，如果在产品开拓市场的初期，广告宣传的效果主要体现在产品的销售增长上。而在产品的生命中期，广告效果体现在产品销售的稳定性上。同样，在产品进入衰退期时，广告的作用则是减缓产品销售量的下降。所以在不同时期，广告效果所呈现出来的特性是不一样的。

广告效果测定，就是运用科学的方法鉴定广告活动全过程中的每个工作环节，并评价其效果和质量以及鉴定广告活动所产生的效益，包括社会效益、经济效益、心理效益等。所以说，广告效果的测定具有非常重要的作用。

二、广告效果测定的意义

1. 有利于完善广告计划

通过广告效果的测定来了解电视广告的播出效果和预期目的是否一致，同时也可以了解对广告媒体的选择是否得当，了解电视广告运作的不同要素与个别目的是否符合，广告发布的时间和频率是否合适，广告费用的投入是否合理等。从而确定电视广告运作失败或成功之处，为进一步提高制定广告活动计划的水平，争取更大的广告效益打下基础。

2. 有利于提高广告制作水平

通过调查收集消费者对广告的接受程度，鉴定广告主体是否鲜明，广告所表现的内容是否和消费者的心理相契合，广告创意是否吸引人，从而可以改良、变换广告设计，制作出更加精美的广告作品。

3. 有利于促进广告业务的发展

通过电视广告效果测定，能够客观地肯定广告所带来的效益，增加广告主的信心，从而使企业更加科学合理地进行广告预算，广告公司也能够争取到更多的广告客户，促进广告业务的发展。

三、广告效果测定的要求

1. 目的性原则

这是要求广告测定的目的一定要具体明确，不可空泛。假如广告的目的是推出一款新的产品，那么电视广告测定应该针对广告的新闻价值和刺激性；如果广

告目标是为了树立企业整体形象，那么电视广告测定目标应该定位在受众对企业个性与外在表现的把握上；如果广告的目的是为了树立产品的知名度，那么电视广告测定的内容应着重于对产品的认识与记忆。

2. 可靠性原则

也就是说，电视广告效果测定结果要真实可靠，并要以多数印证为准。在测定过程中，一定要选取有代表性和典型性的样本，经过多次测定并反复验证，才能获得较为可靠的结果。

3. 有效性原则

这是指测定工作是否达到了目的。由于广告效果特性的影响，要运用多种测试方法，广泛收集意见，多方综合考察才能得出有效的测定结果。

4. 计划性原则

电视广告效果测定首先要有一套详尽的计划预先确定测定的规模和测定的方式方法，测定计划既要在理论上可行，又要在实践中可以具体操作。

5. 经济性原则

测定电视广告效果时在保证测定样本、测定范围、测定对象、测定地点的广泛性和代表性的基础上，还要充分考虑企业经济承受能力，尽量做到以最少的投资取得最满意的效果。

6. 经常性原则

电视广告测定应该是持续的、长期的，广告的真实效果未必能在特定的时间、地点被体现出来。它可能包括前期广告的延续或其他营销活动的影响等。经常性短期广告效果测定是长期的广告效果测定的基础。

四、广告效果评定的内容

广告效果评定的目的就是为了及时调整、修正广告策略与广告创意表现，使广告发布后更有效。通过广告效果的评定，有利于广告计划的完善和广告业务水平的提高。在广告评定中，我们可以随时检验原定的广告目标是否正确，广告媒体的选择是否得当，广告发布时间和频率是否恰当，广告费用的投入是否经济合理等。同时，通过广告效果评定，可悉知消费者对广告的接受程度，广告本身主题是否突出，创意是否吸引人等。从而可以使广告主更精心地安排广告预算，获取更大的效益。

既然广告效果评定意义如此重大，那就让我们来了解一下广告效果评定都包含了哪些内容吧。

广告效果评定是对整个广告活动过程的效果测定。它必须以消费者为中心，也就是以消费者的认知与认可为标准。其评定的原则也就是"及时"的原则，即在广告前与广告中就应测试诊断，以便及时调整修正创意表现及媒体发布计划。广告效果评定主要内容包括以下几个方面：

1. 广告传播信息的评定

广告信息是广告活动的主要内容，包括产品功能信息、品牌形象信息、配合市场推广活动（如公关、促销活动等）设置的信息。在评定时可参看广告信息是否真实可靠，是否准确反映了产品的基本属性；发布的广告信息是否突出，是否与目标市场消费者的需求及购买过程行相吻合。

2. 广告效果三阶段测试评定

广告效果三阶段即广告前、中、后三个阶段测试评定。广告前的评定包括：对谁说、说什么；广告中跟踪评定：广告的到达率是多少？接受度如何；广告后效果评定：本期广告宣传与广告预期目标的差异有多大。

3. 广告效果的三个方面评定

这一部分的评定包括：（1）广告策划的评定；（2）广告创意的表现评定；（3）媒体组合与广告发布的评定。其中广告策略与定位评定主要看你的广告计划是否与广告目标相一致，判断你的广告关于"向谁说、说什么、如何说"的问题是否准确有效。广告创意表现评定则是判断你的广告创意的目标受众接受度和购买动机与行为变化。广告主题是否正确，重点是否突出，创意是否独特、新颖，广告表现是否生动、幽默，广告制作是否精美等。媒体组合与广告发布评定主要考查目标受众是否接受该媒体、媒体覆盖率、媒体发布到达成本率。例如，报纸杂志等印刷媒体的发行量、发行范围以及各个版面专栏的收阅情况，广播电视等视听媒体的收视（听）率及各档栏目的收视情况，通过这些数据来评定各媒体的广告效果。

五、广告效果评定的方法

说到广告效果评定的方法，不同的广告活动有不同的评定方法。但在评定广告效果时因遵循以下原则：即评定的有效性原则、可靠性原则、相关性原则。

有效性原则是指在评定广告效果时必须选择真实有效的、确有代表性的答案来作为衡量的标准。可靠性原则是指前后评定的广告效果应该相同或相近，已证明评定的可靠性。相关性原则是指广告效果评定的内容必须与所制定的目标相关，不做与之无关的评定工作。根据以上的原则，我们来介绍几种在实际工作中

经常采用的评定方法。

1. 达格码法 （DAG－MAR）

达格码是英文 Defining Advertising Goals for Measured Advertising Results （评定广告效果确定广告目标）的缩写，它是西方广告界常用的一种方法。其中心思想是向人们指出具体的广告目标是必不可少的，然后再评定是否达到了这一目标。如果广告目标达到了，可评审成功的原因，看看有无更好的达到成功的方法，以便今后参考借鉴。如未达到预定目标，分析问题出在哪里，是否是调查资料有误，广告宣传是否有问题，或者是衡量效果所用的方法不当等等。但无论如何，达格码法要求人们必须重新审查广告计划和它与企业营销业务的内在关系，因为也可能营销本身就有问题。

2. 主观评定法

主观评定法一般是利用广告评定单来进行，根据回答问题的情况来评定得分。

下面是一份广告效果自我评定问卷，请您认真阅读该问卷，并根据您的企业的真实情况客观回答下列问题，即在"是"或"否"的答案上打" √"，然后统计得分，判断结果。

（1）在投广告之前，您的企业有明确的广告目标吗？

（2）您的企业是否要求广告代理商为您作广告效果诊断与反馈？

（3）您是否在广告预算中留有广告效果诊断的费用？

（4）您是否在发布广告片和平面广告方案与设计前对其作效果预测？

（5）您的广告效果诊断是否以第三者的身份进行？

（6）您的电视广告是否有 2－3 套 30″、15″、5″不同版本的广告片？

（7）本次广告投放是否纳入一年以上的广告策略方案之中？

（8）您是否半年调整一次不同长度 CF 片的播出计划？

（9）您是否每年向电波媒体和印刷媒体索要其详细的收视率、发行量及具体栏目的视听众和读者状况信息？

（10）您的报纸广告是否考虑选择每周具体的某一效果最好？

（11）报纸广告版面选择是否考虑该版面栏目特点、内容及读者对象和该版面的阅读率？

（12）电视广告是否考虑不同时段与栏目的首选对象与收视率的差异？

（13）您的户外广告文字是否要停留 8 秒才能看完？

（14）您的电波媒体广告，30 秒的时间语言是否超过了 50 个字？

（15）您在发布广告前是否间接监测或直接到媒介单位了解竞争者是否在同一时期也密集发布同类产品的竞争性广告？

（16）您的媒体计划是否考虑到利用各种不同的长效与短效媒体、现场导购媒体与大众媒体的互补作用？

本问卷是一个一般性评定问卷，如果企业市场部或企划部负责人能回答出12个以上的"是"，则你的广告效果可能会较好，但只是可能；如果若回答少于8个"是"，则你这次投放的广告费用很可能打水漂，效果好也只能是靠一些运气了。

3. 回忆测试法

从广告发布之后到消费者采取购买行为，中间会经历一段时间。因此，为促成人们的购买行为，广告必须给人留下回忆。不同的项目有不同的要求，回忆测试的方法也不同。流行的方法有：事后效应法；广告样品检测法；广告样品混合实验法；电视回忆法；相关法及了解测验法等。它们测定的效果各有所长，可根据实际情况来考虑使用。

4. 广告促销效果评定方法

这里需要特别提出，广告促销效果评定是在整体策略正确，产品的功能、质量、定位能满足消费者的需求，商品的价格消费者付得起也愿意支付，消费者能在方便的地点购买到，市场不出现大起大落等意外情况的条件下才有意义。

此外，广告效果有积累性与持续性，这会影响各段/次广告发布后测定的所谓促销效果，立竿见影产生促销效果的广告已不多见。可口可乐品牌价值接近435亿美元，这是一百年来用同等甚至超过这一数目的广告费累积起来的。而且会在相当长一段时间内起到提醒购买的促销作用。

（1）购买者拦截询问法

时机：广告信息发布最密集时或广告发布结束后马上进行。频率2－4次。

步骤：（A）方案确定：询问问题、拦截时间地点预算确立。→（B）操作人员培训、物品准备→（C）现场询问购买者→（D）结果分析法。

A. 评定方案确定

询问问题：应尽可能少与简单，一般以不超过五个问题为宜。例如：

① 你为何购买××产品而不购买其他牌子的同类产品？

② 您是怎样知道××牌产品的？（如回答不出时，可以问"看过该产品的哪种广告？"）

③ 是广告吸引您来购买的吗？广告留给您最深的印象或记忆是什么？

④ 您觉得广告上说得对吗？

⑤ 您是在何日、何时、何地接触到该广告信息的？

B. 操作人员培训与物料准备

操作人员一般为企业市场部或公关部，如人手不够，也可选择在校大学生来操作。

培训内容：

① 熟悉所诊断的广告内容，至少能熟练复述 CF 及平面广告内容。

② 熟记提问的问题。

③ 模拟提问，练好开头语和询问的语调表情等。

④ 把提问的问题细分为尽可能多的选择答案，受访者回答后马上在标号前打"√"即可记录，以便尽快缩短记录时间。

⑤ 事先准备好小礼品和记录用笔与拦截询问问卷。

C. 现场询问购买者与记录，注意尽量缩短时间与不影响商场营业。

D. 统计、分析、诊断、对比分析询问结果，写出广告促销效果诊断报告，注意尽量客观。

（2）销售实验对比法

A. 纵向对比法

即把今年的广告效果与去年的广告效果比较，具体方法可比较去年销售量与今年销售量，扣除销售量自然增长率，即可得出广告对促销的作用有多大。自然增长率可从公开公布的统计数据中查得，也可通过调查广告力度较小或不做广告的一个竞争对手的销售增长率，来判断自然增长率的大小。

B. 横向实验对比法

即选择两个规模、容量、人口、铺货率、居民收入水平基本相当的城市作为试点城市，一个做广告，一个不做，对比其效果。下面我们举一个实例：某空调厂广告对比实验：

表 6-1

项目	投放广告城市	不投放广告城市
广告前销售量	A = 3000 台	C = 2900 台
广告后销售量	B = 4500 台	D = 3600 台

$$广告效果（E）= （B-A）- A \times （D-C）/C$$
$$= （4500-3000）- 3000 \times （3600-2900）/2950$$
$$= 788.1 台$$

相对广告效果（RE）＝E÷A×100%＝788.1÷3000×100%＝26.27%，即投入广告后比未投广告增长26.27%

注：

① （B－A）为投放广告城市在广告投放前后的销量变化（含广告外的其他因素影响）。（D－C）为广告外的其他因素对销量的影响，其相对变化量可表示为（D－C）/C，反映了其他因素对销量的影响程度，由于其他因素对销量的影响是相同的，这一相对变化量也同样反映其他因素对投放广告城市销量的影响，此时，其他因素对投放广告城市所产生的绝对变化量可表达为

A×（D－C）/C，因此，该结果为消除了其他因素影响后的净广告效果。

② 广告前销售量也可以是去年的销量。

5. 广告信息的认知度与认可度评定方法

必须指出，广告创意、表现、定位、策略等的合适与否，应该是目标消费者说了算，而不应是企业老板或广告公司专业人员说了算，广告是做给消费者看的，消费者能否认同、理解、接受是广告成败的关键。因此，认知度与理解度的诊断必须是以目标消费者为对象。

（1）目标消费者截询法相同

拦截对象：年龄、性别、收入水平（观察服装及用品判断），其他操作方法与购买者拦询问法相同。

表6－2　天津消费者对新的护肤品品牌认知的主要渠道

认知渠道	百分比
电视广告	96%
免费产品试用装派发	58%
商店内产品陈列	56%
报纸/杂志广告	54%
商店内促销员介绍	42%
商店内促销活动	41%
户外广告牌	26%
公交车车身广告	25%
商店内宣传海报	24%
宣传单张/传单	18%
电台广告	12%

以上资料由佳景（Market Insight）市场研究公司提供

（2）问卷评定法

问卷分析有消费者问卷、经销商问卷、企业员工问卷。

问卷诊断的对象可采用街头随机抽样和事先居民区随机抽取法。广告播放后的样本可采用街头随机抽样法，播放前则可按一定标准在居民区或单位随机抽取组成小组，并集中到某一个高档场所播放与展示广告作品，并当即进行认知与理解度效果问卷判断。

广告效果的评定是一项复杂而艰巨但又意义重大的工作。在现代化社会大生产的条件下，规模生产必须以规模销售为前提，而规模销售又必须以大量的广告活动相匹配。因此，广告效果的好坏将直接影响到企业的发展。对于广告活动本身，开展广告效果的评定，可以有效地控制广告活动的进程，实现预定的广告计划和目的，同时还能不断地总结经验，进一步完善广告宣传活动，使企业的广告宣传效果更上一层楼。

本节思考与练习题

1. 简述广告效果评定的具体内容。
2. 广告效果评定有哪些方法？结合实际设计一套广告促销的评定方案。

附：广告效果评定实例精选

北京电视台"商务通"广告投放效果调查报告

类别：广告效果

调查地点：北京

调查方法：电话调查

调查时间：2000 年 1 月

样本量：286 份

调查背景：

为客观、全面、准确地了解和把握北京电视台为"商务通"的生产厂家"恒基伟业"独家赞助中华世纪坛开坛仪式所投放广告的传播效果，研究该广告播出对"恒基伟业"企业形象和"商务通"产品形象的影响状况，北京电视台广告部特此委托北京特雷森信息中心专门组织本次调查。

调查内容：

1. 北京电视台"商务通"广告收视效果研究

2. 北京地区居民对该广告的认知状况研究

3. 北京地区居民对该广告的评价和美誉状况研究

4. 北京地区居民对该广告主"恒基伟业"企业形象的和"商务通"产品形象的认知和评价

性别构成

性别	百分比（%）
女	50.3
男	43.7
Missing	5.9
Total	100

年龄段构成

年龄分组	百分比（%）
儿童	2.4
少年	3.1
青年	37.1
中年	35.7
老年	21.7

家庭月收入构成

分段月收入	百分比（%）
500 元以下	18.2
500 – 1000 元	32.2
1000 – 1500 元	22.4
1500 – 2000 元	7.0
2000 – 3000 元	6.3
3000 – 5000 元	3.8
5000 元以上	2.4

职业构成

职业类别	百分比（%）
工人	19.6
科教文卫	17.5
商业服务	21
学生	10.1
军警	2.8
干部	7.3
退休人员	11.5
失业下岗人员	4.2
其他	5.9

第一部分，"商务通"产品广告和"恒基伟业"企业形象广告收视效果研究

在 1999 年 12 月 31 日中华世纪坛开坛仪式庆典期间，北京电视台在六频道共为"商务通"产品广告和"恒基伟业"企业形象广告播出了三次，每次长度为 15 秒，其广告播出效果如下：

起始日期	12 月 31 日
播放频道	6
播放时段	22：29 22：59 0：24
次数/天	3
价格/天	40000
毛评点（%）	6.63
到达率（%）	4.79
暴露度（万人）	77
暴露频次	1.4
千人成本（元）	5
点成本（元）	6033

由于在新千年来临之际，首都北京的各种文化娱乐和庆典活动比较多，人们在一派欢庆的气氛中进行着丰富多样、异彩纷呈的庆祝活动。这种多元化的生活和文化环境本身就会造成人们的自然分流，这是本次收视效果偏低的社会环境和基本原因。同时，在收视人群中，由于中央电视台在此期间安排了长时间的、大规模的强档节目，先入为主，吸引了大批的电视观众，从而造成北京电视台该时段节目收视观众的流失。加之该广告投放时间较晚，更加剧了这种情况。收视人群的流失，客观上带来了毛评点的走低和点成本的提高。关于受众具体的广告认知和评价状况，在后面的受众调查报告中有较为详细的说明和分析。

第二部分，对"商务通"的生产厂家"恒基伟业"独家赞助中华世纪坛开坛仪式的认知状况研究

对样本户进行电话访问的结果显示，29.0%的被访者知道"商务通"的生产厂家"恒基伟业"独家赞助中华世纪坛开坛仪式这件事。其余71.0%则表示不知道。该件事的认知状况和比例如图所示：

认知状况	比例（%）
知道	29.0
不知道	71.0

　　跨进新千年是举世欢庆的事，也是各种媒体充分发挥其优势和影响力从而确立自己的权威和传播地位的大好时机。在人类即将进入新千年的前夕，各种媒体无不竭尽全力，使出浑身解数，精心制作了各种各样的节目（栏目），以在受众中留下深刻的印象并造成强有力的冲击。在大众传媒中担当第一媒体的电视也更是如此。在作为政治、文化和传播中心的北京，丰富多元的文化、娱乐生活无不都在吸引和分解着人们的注意力，各种媒体间受众的细分也呈进一步加剧之势。在这种情况下，北京电视台在 2000 年到来前夕插播的关于"商务通"的产品广告及其生产厂家"恒基伟业"的企业形象广告在受众中有近 30% 的认知率，也就不足为怪了。

　　在被问及是通过什么途径知道这件事时，80.5% 的人明确回答是通过电视广告知道的；12.2% 的人是听家人、朋友和周围人谈论的；有 7.3% 的人是通过现场观看的。被访者认知途径的构成如图所示：

认知途径	比例（%）
通过电视广告	80.5
听家人朋友或周围人谈论	12.20
现场观看	7.3

　　在被访者认知途径的构成中，从字面上看，直接通过电视广告了解此事的占 80.5%，其他途径的占了将近 20%。但如果进一步追究"听家人、朋友和周围人谈论"的被访者他们的家人、朋友和周围人是如何知道这件事的时候，不难想象 12.2% 的被访者中，将有绝大部分的人又是最早通过电视广告知道的，这种情况是和电视在当今受众中的传播地位相符合的。可以说，在知道这件事的被访者中，有 90% 左右的人是直接或间接通过电视广告获知的。

　　以上对被访者的研究分析，主要是针对通过电视广告知道"商务通"的生产厂家"恒基伟业"独家赞助中华世纪坛开坛仪式这件事的受众展开的。

第4节

广告公司策略

如何把有限的广告资源合理地分配到各个市场,是品牌管理者常常遇到的难题。哪些市场多投一点?哪些少投一点?比例如何?要回答这些问题,对于一般的企业来说,的确很困难,而对于专业性很强的广告公司来说,却不是难题。广告公司因其广告经营专业化的特点,正起着连接企业和消费者的作用,并且愈来愈显示出其强大的生命力。在如何有效地利用媒体为企业服务方面,广告公司的作用越来越大了。

广告公司的崛起使生活变得日益生动,但同时也使市场竞争逐渐白热化,广告公司之间的竞争也更加残酷。作为广告公司竞争基础之一的调查数据,已成为广告公司经营活动中不可缺少的一部分。试想,企业会放心地把数百万甚至数千万广告费交给一个只说自己实力雄厚而对市场没有深刻认识的广告公司吗?

在国际市场上著名的广告公司,如实力媒体、麦肯光明、智威汤逊等,毫无例外的都拥有调查数据库,这些数据库中的一部分是自己积累形成的,另外很大一部分则是直接从当地的数据供应商(或市场研究机构)获得。而第二种方式则因为信息全面、操作简易的优点备受青睐。反观国内市场,部分广告公司喜欢临时抱佛脚,一直到有项目时才想到要去购买调查数据,殊不知调查数据的分析必须依赖平日的积累,而不是随拿随用的,以这样仓促的信息来和平时训练有素的国际广告公司竞争,后果可想而知。多次的失败为何仍不能引起某些决策者的反思?可能他们是为了节省成本,但却忽视了机会成本,也忽视了公司整体竞争水平的提高,长此以往,广告公司营业额的排行榜上,绝大部分国内广告公司仍会屈居在重视数据的国际广告公司之下。

对广告公司来说,广告运作可简单分为三部分:策略、创意及执行。很多人一直把媒体操作列入执行部分,其实从前面的章节我们可以看出,媒体操作可以涵盖以上所说的三大部分。为使国内广告公司清楚了解数据库的独特优势和应用程序，现予以粗浅的说明。

（1）帮助广告主发现独特需求

广告公司做文稿时，不仅需要展示自己的公司规模、人员构成、重点客户，还要表现出对客户所在行业状况、产品定位、目标消费者特征的准确认识。如果广告公司都能依照权威数据库分析目标、市场和消费者，准确了解广告主独特的需求，广告主一定会对广告界刮目相看。

（2）让广告创意贴近生活

广告活动中，广告创意占很大分量，创意人员专业水平一般都比较高，应该值得客户信赖。现实中的情况却相反，自认为可获国际大奖的创意轻轻松松就被客户枪毙掉了。形成这种现象的原因是多方面的，但不可否认，对客户产品市场、目标消费者生活形态的了解不够也是其中一个重要方面。生活形态代表着目标消费者能够接受的生活态度和自己的生活准则，如果广告创意远离这些，即使目标消费者看到了投放的广告，也不能甚至不愿接受要传达的概念。

（3）让媒体计划有的放矢

"消费者是在消费自己喜欢的媒体时接触到广告，而不是为了接触广告才去消费媒体。"这一点相信已成公论，但今天的众多企业仍然因为广告的针对性不强而在比赛用钱打水漂。所以在广告活动的媒体计划和投放部分，通过权威调查数据分析目标消费群的媒体接触习惯至关重要。

（4）数据库可以对各种媒体的到达率、千人成本和受众特征等进行深入分析

对任何一个广告活动来说，越多目标观众看到它的广告越为理想。而频率直接关系广告效果，观众多看某一广告，自然会更加深入了解广告讯息。但是，在固定的资源条件下，看过某一广告的人数越多，每人看到的次数就越少；反之，每人看到的次数就越多，即到达率与频率形成取舍关系。

一般来讲，广告公司会把媒介计划的出发点放在有效频率的设定上，然后再考虑到达率，即以"有效"为前提，再力求优化"广度的涵盖"。假如广告预算没有上限的话，广告公司为某产品设定有效频率，就根本不用考虑到达率，只要能够确定每一个目标观众看过某广告片的次数在有效频率之上，广告主所期望的广告效果就能够发挥出来。

在固定的资源下（固定资源所能购买的总收视点），有效频率会带出相关的到达率：总收视点 = 有效频率 × 到达率。需要强调的是，不要固执于有效频率而

不顾到达率。因为目标观众并不一定是您的产品消费者，广告的到达率还是需要设定在一定程度上的。

本节思考与练习题

1. 简述数据对广告公司的重要性。
2. 认真学习本节的广告案例，结合实际为企业写一份完整的广告计划。

附：案例精选

某广告公司为"亲亲我"婴儿用品打开国内市场所做的策划方案

一、品牌介绍

亲亲我贸易有限公司是一家专注于生产、销售母婴用品的企业，隶属于香港富康集团旗下的一家子公司。产品涉及牙胶、水杯、奶瓶、玩具等八大系列一千多款产品。

公司立志将具有国际生产品质和先进益智理念的婴幼儿用品带进更多的中国家庭，为中国培养更多健康、聪明、自信的全能宝宝。

"亲亲我"品牌定位为"您的喂食拍档"，亲亲我一直致力于创造发明新奇实用的喂食工具，成为妈妈们的好拍档、好伙伴。用"爱心"打造成为"中国婴幼儿用品行业第一品牌"，让中国宝宝以合理的价格享受具有国际品质的婴幼儿产品。

广告语：爱我就要亲亲我。

二、市场分析

根据国家统计局数据，2011 年全国出生人口 1604 万人，"咬咬乐"产品的消费市场庞大。尽管未来中国的人口出生率会逐渐下降，但随着科学喂养意识以及国民生活水平的进一步提高，"咬咬乐"产品的消费群体将在长期内保持增长的态势。市场远远没有达到饱和，以及消费群体的不断扩大，未来市场将有充足的发展空间。

当前市场处于导入期和成长期之间，因为市场尚未被完全开发，"咬咬乐"的产品和概念尚未完全普及，潜在购买者尚未完全转化成为现实购买者。与此同时已经有诸多对手加入市场争夺：Sassy（美国）、Munchkin（美国）、小白熊

（韩国）、Clevamama（爱尔兰）、可爱多（澳大利亚）、母爱、小鸡卡迪等品牌都有功能类似、诉求点类似的产品投放中国市场。并且国外品牌强调其海外母公司或者品牌的国际背景，借助其营造出安全可靠的品牌形象，推动产品的销售。

三、传播策略

1. 广告目的

树立"亲亲我"在婴儿用品中的典型形象，提高知名度，扩展销路，明确消费者对于产品的认知，使其认可"咬咬乐"为产品的标准名称。普及咬咬乐是全新的科学的喂食方式。

2. 广告目标对象

有婴儿的家庭以及新婚的夫妇。

3. 广告目标地区

在向全国市场导入与推进中，不可全面开花、四处出击，这里不仅考虑到产品的产量与销售渠道的问题，而且广告费用难以承受。因此，拟首选全国五个城市作为最有可能的销售地区，并集中开展广告宣传，以此辐射周边城市乃至全国范围。其策略是：集中力量，攻克重点，逐步波及全国市场。

这五个目标地区是：北京、上海、武汉、广州和厦门。在第二年、第三年的广告宣传中，可视情况扩大范围与地区，如南京、杭州、成都、福州、深圳、海南等地区。

四、广告创意

1. 品牌策略

融入"母爱"这一感性诉求元素，激起消费者的情感认同，提升传播效果。宝宝想吃什么就吃什么，可享用天下美食，均衡养分，健康生长；传达母爱是世界上唯一的，不可复制的，也代表亲亲我咬咬乐是唯一适合宝宝的品牌；以其精心设计的产品，让广大母亲学会呵护、关爱子女的最佳方法。

2. 广告语

品尝世界的滋味。

3. 广告策略计划

制作"品尝世界的滋味"主题的微电影，前期以微电影和其他媒体为下一步的广告行动进行预热，提升关注度和人气。热门视频网站温情播放微电影《亲亲我——分享世界的味道》，微博营销传播，力推相关活动信息，打造品牌形象。中期活动传播，要抓紧黄金周的时间段，开展"品尝世界的滋味，母爱

相随亲亲我婴幼儿专业健康喂食体验营"。后续传播保持跟进，延伸本次活动的影响力和效果。

4. 创作策略

第一步，微电影拍摄创意：讲述了一个年轻妈妈在母亲帮助下逐渐学会照顾宝宝并逐渐理解母亲的故事，紧抓消费群体喜欢怀旧的心理特点，以回忆的方式讲述两代人喂养方式和理念的变化，宣传我们的产品与活动。

第二步：与育儿类网站媒体进行联合推广，开辟专栏介绍活动内容及报道活动花絮（文字、图片、视频），提供电子优惠券下载，帮助拉动产品销量。

第三步：邀请全国性育儿类网络媒体报道活动花絮。与地区性育儿类网站进行合作，发布 BBS 置顶帖及活动跟踪报道。

全国性媒体名单建议：

优酷网 http：//www. youku. com

新浪微博 http：//weibo. com

太平洋亲子网 http：//www. pckids. com. cn/

中国妈妈网 http：//www. mamacn. com/

中国育婴网 http：//www. babyschool. com. cn/home/

红孩子社区 http：//bbs. redmama. com. cn/default. aspx

地区性媒体名单建议：

广州妈妈网（广州地区 www. gzmama. com/cms）

第四步：邀请育儿类专业杂志就活动进行跟踪报道。

媒体名单建议：

《妈咪宝贝）

《妈妈宝宝》

《父母必读》

《父母》

《聪明宝宝》

《健康准妈妈》

《母子健康》

《时尚育儿》

第五步：大型路演。以大型的现场布置吸引大众眼球，通过"体验营"形式向妈妈传授喂食知识。

第六步：实体店/网店推广。配合路演活动深入各大卖场/网店，广泛地接触目标群体，进行深度沟通，巩固品牌形象。

第七步：媒体宣传。配合路演及店内推广，进行话题炒作及花絮报道，引发大众讨论话题。

五、促销活动

活动主题：品尝世界的滋味·母爱相随——亲亲我婴幼儿专业健康喂食体验营

推广形式：大型路演

推广渠道：商业广场

活动日期：9月底至10月

活动时间：逢周六、日10：00—18：00

目标人群：20岁—35岁的准妈妈、宝宝年龄介乎0岁—3岁的妈妈

覆盖城市：北京、上海、武汉、广州和厦门

通过活动现场新颖的布置，格调清新地展示品牌形象，抓取大众眼球。邀请医院育儿专家参与活动，分享并传授育儿经验，达至深度沟通。以知识游戏互动的形式进行体验，增强趣味性和互动性。通过切合受众需求且实用的奖品，激发目标者参与积极性。

活动主题：品尝世界的滋味·母爱相随——亲亲我婴幼儿专业健康喂食体验营

推广形式：实体店

推广渠道：实体店终端（超市）

活动时间：9月至10月

目标人群：20岁–35岁的准妈妈、宝宝年龄介乎0岁–3岁的妈妈

覆盖城市：实体店（具体城市由甲方根据营销战略另行决策）

深入全国卖场终端，通过显眼的现场布置突显亲亲我品牌形象。延续"婴幼儿专业健康喂食体验营"至每个卖场终端，与目标者进行深度沟通。配合促销或买赠计划推动产品销量，抢占并维护市场份额。

六、媒介安排

1. 媒介选择

以全国五个目标地区的电视台以及全国性网络媒体、育婴类的专业杂志为主要媒介，并结合广告宣传册、挂（台）历、招贴画和POP等，根据广告费的预算情况，有计划地安排（详细计划以后另定）。

2. 传播计划

根据本产品销售特点，以每年 8 月至来年 2 月为重点传播期，选择时机着重在节假日，其余时间保持均衡。

七、广告效果评估

（1）对各地市场的销售效果分期作归纳总结，并以广州地区为主进行市场抽样调查。

（2）以抽样调查的方式开展市场调查，以评估该产品在市场上的知名度。

（3）委托各地分销商反馈该产品的销售情况及消费者的反映，以及时改进促销方法。

八、广告预算（略）

第5节

广告主经营策略

改革开放三十年来，中国经济发生了巨大的变化，作为"经济细胞"的企业，广告投放额度逐年加大，其广告投放观念、投放活动形态都发生了巨大的变化。像海尔、长虹、娃哈哈等一大批企业迅速崛起。他们的成功与他们广告宣传的意识是分不开的。而广告宣传离不开广告媒体，广告主如何有效地利用广告媒体呢？这一节我们就来探讨一下这个问题。

一、企业广告投放的意识评价

最近调查机构借助近几年在中央电视台以及其他媒体投放广告的企业名单，对企业投放广告的意识、媒体的选择等进行了多层面的调查，调查对象是企业的主要广告决策者，具体为被访企业的总经理或负责广告的副总。表 6 - 3 是企业在广告投放观念上的评价。

表6－3 企业的广告投放观念评价（%）

态度指标	同意	不同意	不清楚	没回答
A	0.0	98.0	0.0	2.0
B	94.1	3.9	0.0	2.0
C	0.0	94.1	2.0	3.9
D	5.9	90.2	2.0	3.9
E	82.4	9.8	3.9	3.9
F	52.7	39.2	2.0	5.9
G	80.4	15.7	2.0	2.0

说明：上表中七个字母 ABCDEFG 分别依次代表以下七种观点：

1. 花钱做广告是一种浪费
2. 花钱做广告是一种投资行为，具有投资效益
3. 产品畅销，不用花钱做广告；产品卖不动，就要花钱做广告
4. 花钱做广告，只能在近期获得收益
5. 花钱做广告，不仅能获得近期收益，还能获得长期收益
6. 广告促使产品成本增加，从而提高商品价格
7. 市场竞争越激烈，产品的广告费就越多

从表6－3可以看出，目前企业的广告投放观念整体上是积极的，倾向于认同广告是一种投资行为，做广告能为企业带来近期收益和长期收益。随着市场竞争的加剧，企业的广告投放将进一步增加。但值得注意的是，有52.7%的被访者对"广告促使产品成本增加，从而提高了商品价格"的说法表示同意，这种观念显然是不符合现代广告规律的，需要予以澄清。

调查还发现，目前大多数企业投放的广告还是产品广告，比例为70.6%。值得关注的是，投放"企业形象广告"的达56.9%，另有15.7%的企业投放公益广告，这从一个侧面表明企业的广告意识和营销观念达到了一个较高的水平，这部分企业已率先超越单纯的"做广告推销产品"的观念，而从关注社会、关注企业生存的大环境的高度来塑造企业形象，促进产品销售。

分析目前企业保持较高的广告投放额度并呈逐年增长的势头，主要原因有二：一方面企业的广告意识有了显著提高，他们在思想上认识到必须在广告上投资；另一方面，市场经济的发展以及外资品牌的大量涌入，使企业的品牌意识觉醒，并逐渐认识到广告在促进品牌成长方面的关键作用。所以说，目前企业广告

意识、品牌意识的整体提高为其不断扩大广告投资规模提供了根本的动力源泉。

二、企业广告投放媒体分布

企业在选择媒体类别时首先考虑的因素是媒体覆盖范围，有一家生产计算机品牌机的企业，其规模并不大，却不惜巨资在中央级媒体做广告，可因为资金有限，所以其广告只能是零打碎敲，效果可想而知。其失误的重要原因就是媒体选择过大，广告做得不少，但没有能提供给客户足够的产品数量，也没有遍布全国的销售网络，想卖没那么多的产品，想买又没有销售点，造成了财力、物力的浪费。另外，凡有点广告知识的人都知道，广告应当有一定的数量、一定的周期，才能在受众心中留下深刻印象，才能促进购买欲的萌生，才能使受众产生购买行动，而零打碎敲式的广告，就像过眼云烟，很难给人留下深刻印象。

企业在选择媒体类别时应重点考虑以下几个方面：

1. 是否符合企业的自身需要

这是企业选择广告媒体时首先考虑的一个重要指标。媒体覆盖范围的负荷值呈较显著的负值，说明企业在选择媒体时往往会碰到考虑企业自身情况与媒体覆盖范围相矛盾的问题，两者往往不能兼顾。

2. 广告自身因素

广告商的建议、广告价格这两个变量呈现出较强的正相关。这说明企业在选择投放媒体时，常常会按照专业广告公司为其制定的媒体计划进行广告投放，同时企业也特别关注广告价格，希望能得到价格方面的优惠。

3. 市场因素

企业在选择媒体投放时也充分考虑了产品所面对的市场环境状况，一方面是希望媒体广告能有力支持商品在市场上的铺货和拓展，另一方面希望通过选择合理有效的媒体投放，在与竞争品牌的广告较量中占据优势。

4. 媒体因素

企业在选择媒体类别时也会综合考虑媒体自身的一些特质指标，其中他们常常会因为对媒体的权威性和可信度的过多考虑而与其他两个因素发生矛盾。

目前企业的广告投放从整体上表现为比较活跃和趋向理性化，但还需要提升到一个更高的层次水平。这主要体现在以下一些主要调查结论中：

（1）目前企业的广告投放意识普遍较高，以认可"广告是一种投资行为"为主要特征的积极的广告投放观念已成为主流。

（2）目前企业对广告活动的重视程度普遍较高，整体水平达到一个较高层次，但还有待于进一步提高，主要表现为：一半以上的企业设置了专门广告组织，目前企业广告投放的计划性较强，主动程度较高，广告业务被代理的整体比例较低，一半以上的企业开始投放企业形象广告，也有相当部分的企业投放公益广告。

（3）目前企业在其广告投放的流向分布上，更注重根据企业、产品的实际需要进行投放安排，但对竞争品牌的广告投放情况普遍关注不足。

（4）目前企业广告投放规模整体上呈持续增长态势。在确定广告投放规模时，企业更多的考虑自身的诸多因素，对竞争品牌的广告投放状况的考虑相对不足。

今天，企业很少在运用广告宣传中，单一地使用一种广告媒介，更多的是两种乃至多种媒介并肩作战。然而，在运用多种媒介进行广告活动中，却不注意媒介间的配合，常常各自为战，单打一。在一些企业的营销机构里，各种媒介都指派有专人负责联络，各跑各的媒介，相互间很少通气，很少协作，缺乏长远意识、长远目标。这样的结果往往是花钱不少，收效不大。讲究广告媒介之间的强化策略，我们只有从长远着想，从广告的总体效果入手，合理地利用广告媒介资源，才能够发挥出各个媒体的优势，最大限度地为企业服务。

本节思考与练习题

1. 企业在选择广告媒体时应注意哪些方面？
2. 结合当地媒体给企业作一个促销策划。

附：案例精选

别克汽车促销案例

别克汽车是上海通用汽车旗下的品牌，也是一个具有上百年历史积淀的著名汽车品牌。一百多年来，别克汽车秉承积极进取、不断攀登的精神，努力生产符合不同社会层次的，满足不同功能需求的，符合不同群众消费者的个性需求的汽车。在中国市场上，别克一直以商务车、公务车的形象出现，近几年才逐渐地打

开私家车市场。但私家车市场的潜力还有很大，离饱和还有很大的差距，家用车的销售前景比较明朗，还有较大的上升空间。但目前市场的购买力不足，需要销售方更改原有的销售策略。2012年是别克品牌诞生110周年的纪念，我们将推出一个新的促销方案，争取在年内让别克品牌的私家车销售额上升到一个新的台阶。

一、市场状况

竞争对手的日益增多，使现在的汽车销售市场情况非常的复杂，地区内不同品牌的竞争以及自主品牌的不断成熟，市场的占有量不容乐观。目前中国汽车市场进入调整期，2011年中国汽车市场产销量同比增长分别为0.84%和2.45%，与2010年的32.44%和32.37%相比出现大幅下降，产销规模增长几乎陷入停滞。

就2011年的数据来看，别克的市场关注度排在第七位，占3.3%。落后于大众（关注比例为16.2%）、日产（关注比例为5.4%）、雪佛兰（关注比例为4.9%）、丰田（关注比例为4.4%）、现代（关注比例为4.3%）、本田（关注比例为3.5%）。

2012年上半年，别克品牌推出了"原价回购"、"延长质保"等举措，以保证市场占有率。而在1—7月，别克凯越累计已售出16.83万辆，同比增长20.4%，成为该细分领域唯一月均销量过2万辆的车型。

二、优势分析

别克品牌目前已经拥有八大系列数十款车型，成为国内对细分市场覆盖最广、最深入的品牌。

老牌优势：融合了"全球平台 欧美技术"的产品科技与服务资源的中高档国际汽车品牌。从超强性能的动力到安如泰山的防护保障，无不匠心独运，贯穿着现代科技与人性化设计理念，并注重舒适乘坐享受与激情驾驭感受。

优质的购车服务：不仅仅普通的产品销售，别克还为您提供上牌帮助及贷款等一条龙服务，彻底解决消费者上牌和贷款的困难。

中国汽车的第一个售后服务品牌"Buick Care别克关怀"带来全新的"关怀式售后理念"，及在此基础上推出的六项标准化"关心服务"。品牌化的进程，使售后服务更为具象化、专业化，并将原先阶段性、季节性的服务活动标准化"别克关怀"的推出，突破了售后服务在形象上从属于销售的现状。

终端网络十分健全：就别克品牌来说，目前我们在全国拥有四百多家品牌4S店，销售以及服务网点建设已经趋于完善，对活动方案的推广有很大的好处。

三、劣势分析

性价比较低：别克作为传统美系汽车的品牌，在价格上要高于日韩系的汽车品牌，更远远高于自主品牌的价位。这也是局限别克汽车私家车市场占有率的主要原因。

售后维护价格比较昂贵：配件以及烤漆价格普遍高于其他品牌。

整体品牌的所有车型相对其他同等型号的日韩系车油耗偏高。

四、活动策划

总体思路：以各地的车展作为活动的发起平台，以各地的经销商为单位，进行优惠活动。鉴于别克品牌的主要缺陷在于性价比较低，所以优惠也将以拉升性价比作为主要目的。

活动具体安排：

1. 来店礼，到店即送静电贴及精美车贴。

2. 凯越 79900 起售，凯越智慧升级版最高优惠 30000 元现金。限时抢购价：凯越直降 25000 元现金，赠送豪华礼包；凯越智慧升级版直降 35000 元现金，赠送豪华礼包。

3. 英朗最高优惠 15000 元现金并送 10000 元礼包，君威娱乐导航版优惠 25000 元现金，君越优惠 20000 元现金，并送 10000 元礼包，君越行政版直降 30000 元现金，昂科雷直降 30000 元送现金。限时抢购价：君越雅致版直降 25000 元现金，赠送 5000 元装饰券，赠送豪华礼包；君越雅致行政版直降 35000 元现金，赠送豪华礼包。

4. 提供 0 首付，0 利率，最长 5 年按揭等金融贷款选择。

五、效果评估

活动期间，别克共销售汽车 1100 台，并吸引了大批的车迷前来咨询。活动有效地提升了品牌产品的性价比，吸引到不少的潜在消费者，经过活动的升温，别克品牌在私家车市场上的关注度会进一步的提升。

本章思考与练习题

1. 为某商品策划创意广告，并做媒体播出计划。

2. 在校园内做一个广告，并用所学的知识测定其效果。

本章小结

在 21 世纪已经到来的今天，随着经济的飞速发展，传媒与人类生活的关系日益紧密。广告作为传媒中最具活跃的一个组成部分，以其特有的魅力，正不断地浸入到社会经济生活的每个领域，影响着我们的生活。广告媒体众多，既有电视、广播、报纸等大众性传播媒体，又有路牌、灯箱、交通工具等户外媒体，以及 POP、包装物、电话黄页、产品目录等其他媒体，甚至也包括人体等一切可资利用的"新"媒体，当然还有日益兴起的互联网媒体。面对如此众多的广告媒体，企业该如何有效的加以利用？在本章里，我们详细介绍了不同传媒之间的特点，媒体策划的重要性；如何进行媒体策划？怎样评定广告播出的效果等内容，以使广告传媒能最大限度地为企业所利用。

第七章

电视广告管理

本章内容提要

◎电视广告管理有广义和狭义之分。

◎广告管理制度包括广告的审查制度、代理制度、发布合同、收费制度。

◎对广告主的管理包括验证管理，对广告分布者的管理。

◎广告管理还包括对广告内容及程序的管理，同时也包括对公益广告和涉外广告的管理。

第1节

广告管理制度

一、广告审查制度

广告审查是指对广告内容是否符合法律的规定进行的审查。广告审查的主体有法律、行政法规规定的国家有关行政主管部门、广告经营者和广告发布者。广告审查的客体是广告内容的合法性。广告审查是国家制定的广告发布标准得以顺利实施的基本条件，它可以有效地避免、控制、减少或制止虚假、违禁广告的产生，是广告业有序发展的重要保障。广告审查制度是围绕广告审查的内容和环节而形成的一系列规定，是广告管理制度重要的组成部分。

广告审查制度主要有以下三种基本形式：

1. 广告审查机关的事前审查

《广告法》第三十四条规定：利用广播、电影、电视、报纸、期刊以及其他媒介发布药品、医疗器械、农药、兽药等商品的广告和法律、行政法规，由有关行政主管部门对广告内容进行审查；未经审查，不得发布。广告审查机关，即是指与以上规定中列举的待发布的特种商品或服务有关的行政主管部门的简称。这些部门熟悉该类商品或服务的专业技术，负责管理商品的生产、销售环节，因此由这些部门对商品或服务的广告进行发布前审查，有利于控制广告发布的标准。除了《广告法》中所规定的四种商品必须由广告审查机关进行发布前审查外，其他法律、行政法规规定应当进行发布前审查的，必须由广告审查机关进行事前审查。目前还有社会力量办学的广告也必须由教育行政部门进行事前审查。

2. 广告经营者、广告发布者的事前审查

（1）广告经营者、广告发布者事前审查的依据和范围

《广告法》规定：广告经营者、广告发布者依据法律、行政法规查验有关证

明文件，核实广告内容。对内容不实或证明文件不全的广告，广告经营者不得提供设计、制作、代理服务，广告发布者不得发布。

广告经营者和广告发布者是广告活动中的两个主要行为主体，在广告内容的审查方面负有主要的责任和义务。广告经营者、广告发布者对广告内容进行事前审查的范围较广，凡其承办或发布的广告无论是特种广告还是非特种的一般广告，均要进行事前审查。

（2）关于广告审查员的规定

根据《广告法》第二十八条规定：广告经营者、广告发布者应按照国家有关规定，建立、健全广告业务的审核管理制度。为了加强对广告发布活动的管理，严格执行各类广告发布标准，国家工商局于1996年制定了《广告审查员管理办法》。

根据法律和行政法规规定，广告经营者和广告发布者负有广告审查的法定义务，且这一义务具体由广告经营单位的广告审查员来实施。广告经营者、广告发布者设计、制作、代理、发布的广告应当经过本单位广告审查员书面同意。

广告审查员的职责：① 依照国家法律、法规、行政规章和国家有关规定，审查本单位设计、制作、代理、发布的广告，签署书面意见；② 负责管理本单位广告档案；③ 向本单位负责人提出改进广告审查工作的意见和建议；④ 协助本单位负责人处理本单位遵守广告管理法规的相关事宜。

广告审查员审查的范围：广告设计定稿；广告创意稿；制作后的广告品；代理或待发布的广告样本。

广告审查员审查广告的程序：① 查验各类广告证明文件的真实性、合法性、有效性，对证明文件不全的，提出补充收取证明文件的意见；② 核实广告内容的真实性、合法性；③ 检查广告形式是否符合有关规定；④ 审查广告整体确认其不致引起消费者的误解；⑤ 检查广告是否符合社会主义精神文明建设的要求；⑥ 签署对该广告同意、不同意或者要求修改的书面意见。

广告审查员的其他权利包括：对于已经广告审查机关审查的广告中存在的违反广告管理法规的问题，广告审查员可以向该机关提出，并可以同时向工商行政管理机关报告。广告审查员出具的广告审查书面意见，应当自广告最后一次发布之日起，作为该广告档案的组成内容，保存两年。

为进一步提高广告发布质量，广告监督管理机关正在提倡和推广广告审查员的一票否决制，使广告审查员在对广告内容的审查把关上拥有决定的权力，同时也要承担相应的责任。

工商行政管理机关对广告审查员的管理与监督：① 办理《广告审查员证》的颁发、迁移、收回、注销等手续，并建立管理档案；② 组织广告审查员学习国家有关广告管理法规；③ 掌握广告审查员的工作情况，并及时给予表扬鼓励或者批评教育；④ 对广告审查员作出错误审查决定的情况进行记录；⑤ 受理广告审查员关于广告审查工作的意见、建议和投诉；⑥ 对广告审查员实行年度审验（简称年审）制度；⑦ 指导广告经营者、广告发布者和自行发布广告的广告主，设立广告审查员制度。

3. 广告监督管理机关在广告发布后的监测和检查

广告正式发布后，为确保广告发布质量，维护社会经济秩序，保护消费者的合法权益，广告监督管理机关对广告内容进行监测和检查。一般来说，监测的广告媒体是固定的，连续进行的，监测的范围是所有的广告。目前，有些地方已经成立了专门的广告监测机构，分担了广告监管机关的一部分事务性工作。而检查则是非固定的，根据情况和需要检查某种形式或某种内容的广告。

除以上三种主要的广告审查形式外，还有一度曾在部分省市试点推行的广告审查委员会的事前审查，事先规范广告宣传内容的还有广告行业组织的事前咨询等形式。

二、广告代理制度

1. 广告代理制的含义

广告代理是广告经营活动中的一种民事法律行为，是指广告代理人在广告被代理人授权范围内，以广告被代理人的名义从事的直接对被代理人产生权利、义务的广告业务活动。广告代理制是指在广告活动中，广告主、广告公司、广告媒介之间明确分工，广告主委托广告公司制定和实施广告宣传计划，广告媒介通过广告公司寻求广告客户的一种运行机制。广告公司通过为广告主和广告媒介提供双向服务，在广告经营活动中发挥主导作用。

广告代理制是广告业在市场经济条件下，经过长期的发展和激烈的竞争逐步形成的。广告代理制是建立在广告业充分发展的基础上的一种科学的运行机制。广告代理制的主角是广告公司，但同时又必须得到广告主和广告媒介的承认和信赖。

广告代理制是广告业发展的历史必然，其最大的特点就是强调广告业内部合理分工，各司其职，互相合作，共同发展。广告代理制是国际上通行的广告经营机制，世界上经济发达国家的广告业大多实行广告代理制。

2. 广告代理制的分工

广告主、广告公司、广告媒介是广告市场中最基本的组成要素，在广告代理体制下，他们三者具有不同的分工。

（1）广告主

随着科学技术的日益进步和社会生产力的不断发展，社会商品与服务与日俱增，花色品种层出不穷，企业之间的竞争越来越激烈。在激烈的市场竞争中，企业要生存、发展，就必须使自己的商品或者服务占领市场，而要做到这一点，单靠企业自己的力量显然是有限的，必须依靠和委托一家有能力的广告代理公司，为其提供专门的广告策划的市场营销服务。广告主求助于广告公司，目的是向广告公司寻求广告策略，为其开拓市场和提高市场占有率。

（2）广告公司

在广告代理制下，广告公司的主要职能是为客户提供以策划为主导，市场调查为基础，创意为中心，媒介选择为实施手段的全方位、立体化服务。这就要求广告公司以科学的方法，组成专门小组，开展市场调查，提高广告策划与设计水平，使广告的表现更有创意，广告的宣传效果更为显著。在整个广告流程中，以公关、展览、促销等手段与营销活动密切配合，最后还要监督制作，收集市场的反馈信息并进行再度整理，以修改广告策划和实施方案。从另一方面来说，广告公司也在为广告媒介承揽广告业务，有实力的广告公司还可以从媒介购买时间或版面，向广告主推荐适合于他们目标对象的广告媒介，并组织实施。广告公司就是这样通过为广告主和媒介提供双向服务，发挥自己的独特作用。

（3）广告媒介

传播广告信息只是媒介，尤其是大众媒介的一部分功能，大众传播媒介的主要功能应是针对自己的受众，提供各种真实有效的信息，比如广播电台、电视台主要应把节目办好，报纸主要应把版面搞好。因此，在广告代理制下，媒介只能是发布广告，媒介应主动向广告公司提供必要的媒介动态、节目计划和刊播机会。

三、广告合同制度

1. 广告合同的含义、分类和特征

合同的概念十分广泛，凡是当事人之间协商确立权利、义务关系的协议，均可称之为合同。据我国《民法通则》的规定，合同是当事人之间设立、变更、终止民事关系的协议。我国《合同法》也规定，经济合同是平等民事主体的法人、其他经济组织、个体工商户、农村承包经营户相互之间为实现一定经济目的，明确相互权利义务关系而订阅的合同。广告合同是指广告主、广告经营者、广告发布者之间为确立、变更、终止广告承办或代理关系而订立的协议。广告合同可以按照不同的标准进行分类。一般来说，按照广告活动中的广告设计、制作、发布、代理这四个主要环节和内容，可以将广告合同分为四类，即广告设计合同、广告制作合同、广告发布合同和广告代理合同。

2. 广告合同除具备经济合同的一般法律特征外，还具有以下主要特征

（1）广告合同的当事人是特定的

广告合同的当事人是指广告活动中依法订立广告合同的广告主、广告经营者、广告发布者。其中广告经营者因其在广告活动中的核心作用而成为各种广告合同的特定当事人。因此，广告合同的一方当事人必须是在工商行政管理机关登记注册的广告经营者，否则，双方签订的广告合同无效。

（2）广告合同的标的是特定的

广告合同的标的可以分为两类：一类是广告经营者按照广告客户的要求完成的工作成果；另一类是广告经营者接受广告主或发布者的委托，为其完成有关广告业务的代理行为。

（3）广告合同是明确当事人之间权利、义务关系的协议

广告合同当事人之间的具体权利、义务是广告合同的主要内容。签订广告合同的目的正是在于明确作为广告合同当事人的广告主、广告经营者、广告发布者之间的权利、义务关系。广告合同一经签订，合同中确立的当事人的权利便受法律保护，当事人的义务则受法律约束，当事人违反广告合同的约定，将依法承担相应的法律责任。

（4）广告合同必须采用书面的形式

书面合同相对于口头合同而言，是指当事人以文字表述广告协议内容的合同。按照《广告法》的要求，广告主、广告经营者、广告发布者之间在广告活动中应当依法订立书面合同。因此，书面合同是广告合同的法定表现形式。凡在广告活动中订立口头合同的，则广告合同因缺乏必要的形式要件而不能成立。广告合同采用书面的形式，便于主管机关和广告合同管理机关监督检查，在发生广告纠纷时，当事人举证方便，易于分清责任。

3. 广告合同的主要条款

广告合同的主要条款，也称必要条款，是指广告合同必须具备的条款。它包

括法律规定的条款、各种广告合同性质决定的条款以及当事人一方要求必须规定的条款。根据法律的规定以及广告业务活动的内容，广告合同应具备以下主要条款：

（1）标的

标的是合同双方当事人权利和义务共同指向的对象，是合同必须具备的首要条款。广告合同的标的，是指承办或代理的广告项目。它可以是物，如路牌、灯箱；可以是行为，如广告代理；也可以是智力成果，如广告创意等。如果是广告经营者为广告客户提供包括市场调查、广告策划、广告计划实施在内的综合性服务，则在广告合同中要有明确的表述，以明确当事人的权利和义务。

（2）标的数量、质量

数量和质量是确定合同标的的具体条件，是不同标的相区别的具体特征。广告合同标的的数量，是指完成广告项目满足规定要求的特性的总和。数量和质量是衡量双方权利、义务的尺度，直接限定了双方权利、义务的范围。在规定数量时，要明确计量单位，如秒、通栏、页、平方米等，还要确定计量方法。在规定质量时，有时会涉及客户提供小样、样品，由广告经营者依样加工，应明确须达到的质量要求。有的广告是委托广告经营者设计的，设计是一种抽象的智力劳动，在质量衡量标准上，较难加以统一，极易发生分歧和纠纷，因此应在合同中列明设计要求和最终验收标准。

（3）广告内容及交验、查验证明

广告经营者、广告发布者在承接广告业务中，应当依法查验广告证明文件，核实广告内容，因此，订立条款以此认定广告内容是否经过审查和合同双方当事人是否履行了法律规定的签约程序，如发生违法问题，各自承担什么责任。

（4）价款和酬金

价款和酬金是当事人一方取得标的向另一方当事人支付的代价，是合同当事人实现自己经济利益的基本条款，也是检验当事人是否履行义务的基本论据。广告合同中，付款是广告商品的价格，酬金是设计、发布、代理等广告方面的劳务所约定取得的报酬，在广告业务中统称为广告价格。按照广告法规规定，广告收费标准由广告经营者制定，报当地工商行政管理机关和物价管理机关备案。签订合同时必须履行有关收费标准，不得哄抬价格，损害客户的利益，或低价倾销，进行不正当竞争。与价款和酬金相关联的条款，还应包括定金支付、结算方式、开户银行及账号等。

（5）广告合同的履行期限、地点和方式

履行期限是广告合同当事人实现权利和履行义务的时间界限，是确定广告合同是否按期或延期履行的客观标准，也是确定是否应承担违约责任的依据。广告宣传往往有较强的时效性，因此，广告合同的履行期限必须在合同中加以明确；履行地点是合同一方当事人履行义务，另一方当事人实现权利的地方。在约定履行地时，应注意了解有关规定，掌握有关情况，如对不允许设置户外广告的地点或位置，不能作为合同的履行地。履行方式是广告合同当事人履行合同义务的方法。

（6）违约责任

违约责任是指广告合同的当事人因其过错，造成合同的不履行或不适当履行，根据法律规定和合同约定应承担的法律责任。规定违约责任的目的在于督促当事人严格履行广告合同规定的义务，对违约行为进行惩罚，对违约人给予法律制裁，保护当事人的合法权益。违约责任通常采用支付违约金、赔偿金、继续履行三种方式解决，在合同中要明确约定。

根据各种不同广告合同的性质所决定的条款，也是该广告合同的主要条款，如广告制作合同，就应明确规定制作材料、制作方法等内容。

为了达到广告合同的目的，除规定上述主要条款外，有时当事人还会要求在广告合同中规定特殊的条款，这也是广告合同的主要条款。但必须在合同当事人之间达成一致，否则广告合同不能成立。

4. 广告合同制度

广告合同是广告活动中的一个重要环节，广告合同制度是广告管理活动中的一项重要制度。我国《广告法》第二十条明确规定："广告主、广告经营者、广告发布者之间在广告活动中应当依法订立书面合同，明确各方的权利和义务。"

（1）广告合同制度的含义

广告合同制度是指广告监督管理机关监督、指导、促进广告合同当事人依法订立、履行各类广告合同，从而规范广告经营行为，保护合同当事人合法权益的制度。

（2）广告合同制度的几种形式

① 广告业务合同制度

广告经营者承办或代理广告业务，必须与广告客户或者被代理人签订书面合同，明确各方的责任。有广告发布业务的单位必须按统一的广告发布业务合同文本与广告客户或其代理人签订广告发布合同。

② 广告合同的鉴证制度

广告合同的鉴证是指广告合同管理机关对广告合同的真实性、合法性依法所作出的证明。广告合同的鉴证包括了对合同的主体资格、内容等各方面进行审查，还有对广告合同的执行情况进行监督。

③ 广告合同的公证制度

广告合同的公证是指国家公证机关对广告合同的真实性、合法性所做的公证证明。广告合同的公证采取自愿原则，当事人一方要求公证的，广告合同必须公证。广告合同经过公证，有利于约束当事人履行合同；有利于在发生广告合同纠纷时，广告合同管理机关和司法机关准确及时判明是非，保护当事人的合法权益。

④ 广告发布业务合同示范文本制度

为了规范广告经营行为，指导当事人正确地签订广告发布业务合同，明确广告责任，避免或减少无效合同的合同纠纷，保护当事人的合法权益，国家工商行政管理局从 1993 年起向全国推行广告发布业务合同示范文本。广告发布单位有某些特殊要求，确需自行印制合同文本的，经所在地省级工商行政管理局审查同意后，方可制定和印刷，并只限本单位使用。

5. 广告发布合同

（1）广告发布合同的概念

广告发布是指通过广播、电视、报纸、期刊、电影、户外等各种媒介将制作完毕的广告作品刊播、设置、张贴的过程。广告发布合同是指广告发布者与广告主或广告主委托的广告经营者为发布广告而达成的协议。

（2）广告发布合同的法律特征

① 广告发布者得用自己掌握或控制的媒介，完成广告主或广告经营者委托的广告发布活动。未经广告主或广告经营者同意，不得转交给第三方去发布。

② 广告发布合同的标的是发布广告的行为，广告发布者要按照广告发布合同约定去完成，不得擅自改变发布的内容。如发现广告内容有错误或有不应发布的内容，广告发布者应及时通知广告主或广告主所委托的广告经营者。

③ 广告发布合同是一种有偿的劳务合同。

（3）广告发布合同的主要条款

广告发布合同应具备以下条款：① 广告发布的项目；② 发布广告的数量质量；③ 发布广告的媒介；④ 发布广告的范围；⑤ 发布广告的地点、期限和方式；⑥ 验收标准和方法；⑦ 酬金；⑧ 违约责任；⑨ 双方约定的其他条款。

（4）广告发布合同当事人的有关义务

广告发布者的义务：① 按广告发布约定的期限、地点、方式完成发布广告的义务；② 广告发布者要接受广告主或广告主委托的广告经营者对履行合同情况的检查；③ 如实地向广告主或广告主委托的广告经营者提供媒介的覆盖率、收视率、发行量等有关资料。

广告主或广告主所委托广告经营者的义务：① 如实向广告发布者提供真实、合法的下列证明文件：营业执照以及其他生产、经营资格的证明文件；质量检验机构对广告中有关商品质量内容出具的证明文件；确认广告内容真实性的其他证明文件；广告发布前需经有关行政部门审查的，还应提供有关批准文件。② 按照合同约定支付广告发布者报酬。

四、广告收费制度

1. 广告服务收费管理制度

为了规范广告服务收费行为，加强广告收费管理的权威性和法制性，促进广告业的健康发展，依据《广告法》和国家有关价格管理、广告管理的规定，国家计委、国家工商行政管理局于 1995 年 12 月联合制定了《广告服务收费管理暂行办法》（以下简称《办法》）。该《办法》的规定成为我国广告收费管理制度的集中体现。其主要内容包括：

（1）广告服务收费标准和收费办法

广告服务收费标准，应当根据广告服务的工作繁简和广告的覆盖面及收视率情况，以广告的服务成本为基础，加合理利润，参照当地广告市场同一时期、同一档次、同种服务项目的价格水平合理确定。

广告服务收费，应当实行同一广告服务项目同质同价，不能根据不同服务对象制定不同的收费标准及收费办法。

会同有关业务主管部门测定公布同一时期、同一档次的同种服务项目的平均利润率的合理幅度。省级人民政府价格主管部门未专项公布广告服务平均利润率及其合理幅度的，各类广告服务的利润率一般不应超过公布的其他服务项目中利润率最高项目的平均利润率及其合理幅度。

（2）广告服务价格的标示制度

广告经营者、广告发布者要严格执行明码标价的规定，按照规范的广告服务收费价目表，标示收费标准及收费办法；广告服务收费价目表应当悬挂在广告服务经营场所或者收费地点的醒目位置。广告发布者还应当将本单位的广告收费标准及收费办法通过其发布广告的媒介向社会公布。广告服务收费价目表由国务院价格主管部门统一规范式样。

（3）广告收费的备案制度

中央在京直属单位的广告经营者和广告发布者的广告服务收费标准及收费办法，向国务院价格主管部门和国家工商行政管理局备案。中央在京以外直属单位的广告经营者、广告发布者的广告服务收费备案管理，由国务院价格主管部门、国家工商行政管理局委托所在地省级价格管理部门、工商行政管理部门负责。其他广告经营者、广告发布者的广告服务收费备案管理的分工权限，按照省级价格主管部门会同同级工商行政管理部门规定的办法执行。

广告服务收费标准及收费办法备案的程序：① 广告经营者、广告发布者应当于执行制定的收费标准及收费办法之日前，填写广告服务收费价目表，并制定收费标准及收费办法的说明，按广告收费备案管理权限，报政府价格主管部门和工商行政管理部门备案；② 价格管理部门和工商行政管理部门接受备案后，应当在广告经营者、广告发布者留用的收费价目表的备案受理机关签章栏内，加盖价格管理部门和工商行政管理部门备案专用章。广告服务收费标准和收费办法经履行备案签章手续后生效；③ 广告经营者、广告发布者应当认真执行备案的收费标准及收费办法，不得在备案项目之外，开展其他服务项目收费。调整收费标准时，应当按照以上程序和要求重新办理备案手续。

（4）对不符合标准收费行为的"劝告"制度

对广告经营者、广告发布者制定的收费标准或收费办法，政府价格主管部门和工商行政管理部门发现与有关规定不符的，应当以签有两个部门备案专用章的"劝告书"形式实施"劝告"。

备案受理机关实施劝告，应该在备案文件之日起 30 日内下达"劝告书"；广告经营者、广告发布者应当在接到"劝告书"之日起 15 日内作出接受劝告或不接受劝告的答复。

（5）广告服务收费标准

广告代理收费标准为广告费的 15%。

广告场地占用的收费标准，应当根据广告的设置方式与地段及占用建筑物或者空间的情况确定，原则上不超过广告费的 30%。具体收费标准由省级政府价格主管部门会同工商行政管理等有关部门结合本地实际情况制定。

国家依法指定的广告媒介单位发布证券上市公司信息广告收费标准应当低于

普通商业广告的收费标准。具体收费标准在不超过普通商业广告收费的70%的幅度内，由广告媒介单位与企业协商议定。

（6）广告服务收费的年度检查制度

各级政府价格管理部门应当会同工商行政管理部门对广告经营者、广告发布者执行《办法》的情况进行年度检查。对检查不合格的，除责令其改正外，不予通过。工商行政管理部门按年度开展广告经营的专项检查。

2. 广告业务专用发票制度

长期以来，广告费用管理上的很多漏洞与广告业务往来中所使用的发票管理不严有关，造成有的单位假借广告费搞请客送礼等不正之风；有的向企业乱摊派广告费，摊入成本，加大开支；有的偷税漏税，减少国家财政收入。为了加强对广告收费的管理，保障广告业的健康发展，国家工商行政管理局、财政部、国家税务局和审计署联合发出通知，决定于1990年1月1日起在全国范围内统一实行"广告业务专用发票"制度。这项制度的具体规定如下：

第一，凡经工商行政管理机关批准登记的经营广告的单位和个体工商户，在收取广告业务费用时，应一律使用税务机关统一监制的"广告业务专用发票"，并套印税务机关发票监制章。其他发票均不得用于广告业务收费。

第二，凡需使用"广告业务专用发票"的单位和个体工商户，应分别持工商行政管理机关核发的《企业法人营业执照》、《营业执照》、《广告经营许可证》、《临时性广告经营许可证》，向所在地税务机关办理购领手续，再到所在地工商行政机关登记备案。

第三，"广告业务专用发票"的经营项目栏应明确填写"广告发布费"或"广告设计制作费"或"广告代理费"。

第四，"广告业务专用发票"是与广告客户进行广告业务财务往来的凭证，也是工商企业广告费用列入销售成本的唯一合法凭证。使用"广告业务专用发票"的单位和个体户，应按照《全国发票管理办法》的规定，建立购领用存等各项制度，切实加强管理。工商企业对未有使用"广告业务专用发票"的广告费一律不准列入成本和营业外支出。

第五，经批准可以从事广告业务的外商投资企业，由各地工商行政管理、税务机关按照国家税务局《关于对外商投资企业和外国企业发票管理的暂行规定》，并参照"广告业务专用发票"式样，制定具体管理办法。

第六，凡被注销登记的广告经营单位的个体工商户，应向原购领"广告业务专用发票"的税务机关办理发票的缴销手续，一律不准私自处理。

第七，一切印刷、使用"广告业务专用发票"的单位的个体工商户，都必须遵守广告业务专用发票制度的规定，并根据国家有关规定，接受工商行政管理、财政、税务、审计机关的监督管理。

本节思考与练习题

1. 什么是广告审查制度和代理制度？
2. 广告合同制度的内容有哪些？
3. 广告发布合同有哪些具体规定？

第2节

对广告主及广告经营的管理

一、对广告主的验证管理

1. 验证管理的意义

对广告主的验证，即对广告主发布的广告需提供或交验有关证明。这是保证广告内容真实合法性的重要环节。

2. 验证管理的内容

《广告法》第二十四条、第三十四条，《广告管理条例》第十一条和《广告管理条例实施细则》第十条至第十五条，规定了广告主利用各种媒介发布有关广告需提交或交验有关的证明。现分述如下：

（1）关于广告主的生产、经营资格的证明

《广告法》第二十二条规定："广告主自行或委托他人设计、制作、发布广

告，所推销的商品或提供的服务应当符合广告主的经营范围。"因此工商企业和个体工商户分别交验《企业法人营业执照》和《营业执照》的副本；有限责任公司、股份有限公司、外商投资公司应交验《公司法人营业执照》；外国企业常驻代表机构应交验《外国企业在中国常驻代表机构登记证》。

（2）标明质量标准的商品广告

应提交省辖市以上标准化管理部门或者经计量认证合格的质量检验机构出具的证明，且要达到国家标准、行业标准或企业标准。未标明质量标准的商品广告也应出具产品质量合格证。

（3）标明获奖的商品广告

应当提交省级以上行政主管部门颁发的本届、本年度或者数届数年度连续获奖的证书，并在广告中注明获奖级别和颁奖部门。

（4）标明优质产品称号的产品广告

应当提交优质产品证书，并在广告中标明授予优质产品称号的时间和部门。

（5）标明专利权的商品广告

应当提交专利证书。专利证书不能作为产品合格的广告证明使用。

（6）标明注册商标的商品广告

应当提交商标注册证。

（7）实施生产许可证的产品广告

应当提交生产许可证。

（8）各类文艺演出广告

应当提交所在县以上文化主管部门准许演出的证明。

（9）大专院校招生广告

应当提交国家或省级教育行政部门同意刊播广告的证明；中等专业学校的招生广告，应当提交地（市）教育行政主管部门同意刊播广告的证明；外国来中国招生的广告应当提交国家教育行政部门同意刊播广告的证明。

（10）各类文化补习班或职业技术培训班招生广告、招工或招聘广告

应当提交县级以上（含县级）教育行政主管部门或劳动人事部门同意刊播广告的证明。

（11）个人行医广告

应当提交县级以上（含县级）卫生行政主管部门批准行医的证明和审查批准广告内容的证明。

（12）药品广告

应当提交省级卫生行政主管部门审查批准的《药品广告审批表》。

（13）兽药广告、农药广告

应当提交省级农业行政主管部门审查批准的《兽药广告审批表》、《农药广告审批表》。

（14）医疗器械广告

应当提交医药行政主管部门审查批准的《医疗器械广告审批表》。

（15）食品广告

应当提交卫生许可证，其中保健食品还应提交国务院卫生行政部门核发的《保健食品批准证书》、《进口保健食品批准书》；新资源食品广告应当提交国务院卫生行政部门的新资源食品试生产卫生审查批准文件或者新资源食品卫生审查批准文件；特殊营养品广告应当具有或者提供省级卫生行政部门核发的准许生产的批准文件；进口食品广告应当提交输出国（地区）批准生产的证明文件，口岸进口食品卫生监督检验机构签发的卫生证书、中文标签。

（16）房地产广告

应当具有或者提供房地产开发企业、房地产权利人、房地产中介服务机构的营业执照或者其他主体资格证明；建设主管部门颁发的房地产开发企业资质证书；土地主管部门颁发的项目土地使用权证明；工程竣工验收合格证明。发布房地产项目预售、出售广告应当具有地方政府建设主管部门颁发的预售、销售许可证明；出租、项目转让广告应当具有相应的产权证明；中介机构发布所代理的房地产项目广告应当提供业主的委托证明。

（17）各种展览会、展销会、订货会、交易会等广告。

应当提供主办单位的主管部门批准的证明。

（18）有奖储蓄广告

应当提供上一级人民银行的证明。

其他有关广告内容真实性、合法性的证明文件以及广告监督管理机关认为应当提交的其他证明文件。

二、对广告发布者的管理

1. 广告发布者的概念

根据《广告法》第二条第五款的规定：广告发布者是指为广告主或者广告主委托的广告经营者发布广告的法人或其他经济组织。广告发布者必须是经依法

核准登记，从事广告发布业务的法人或其他经济组织，个人不允许从事广告发布业务。广告发布者发布广告，只能通过自己控制的媒介进行。如果自己没有一定的广告传播媒介，则不能发布广告。

广告发布者主要有两类：一类是新闻媒介单位，即利用电视、广播、报纸等新闻媒介发布广告的电视台、广播电台、报社；另一类是具有广告发布媒介的企业、其他法人或经济组织，如利用自有或者自制音像制品、图书、橱窗、灯箱、场地（馆）、霓虹灯等发布广告的出版（杂志、音像）社、商店、宾馆、体育场（馆）、展览馆（中心）、影剧院、机场、车站、码头等。

广告发布是广告活动最后一个关键性的环节，加强对广告发布活动的管理，是广告管理的重要方面。对广告发布活动的管理，主要包括审查广告发布者的主体资格，依法核准其广告发布的范围，实施对广告发布活动的监督、检查，依法制裁各种违法的广告发布活动。

2. 对广告发布者的审批登记

根据有关法律、法规规定，一切新闻出版单位，包括报社、电台、电视台和书刊出版单位，申请经营或者兼营广告业务，必须向当地工商行政管理局提出申请，经审核批准，领取广告经营许可证或营业执照后方可经营。凡申请经营广告发布业务，必须经工商行政管理局核准登记，禁止无照的法人和其他经济组织经营广告发布业务。

申请广告发布业务的事业单位，应当具备以下资质条件：（1）有法人资格；（2）有直接发布广告的媒介；（3）有专门的广告经营机构和经营场所，经营场所面积不小于20平方米；（4）有与广告经营范围相适应的经营管理人员和编审技术人员（以上人员均须取得广告专业技术岗位资格证书）、财会人员和广告经营管理制度；（5）有熟悉广告法律、法规的专职广告审查人员；（6）有健全的广告业务承接登记、审核、档案管理制度；（7）报纸、杂志兼营广告发布业务的，必须达到一定的发行量；（8）省级以上的报纸、电台、电视台申请直接承办外商来华广告还必须有能够直接与外商洽谈业务的翻译人员；（9）广告费收入单独立账。

申请经营广告发布业务的其他经济组织，也应当具备发布广告的一般条件，并经工商行政管理机关审核批准，方可从事广告发布活动。

根据《广告法》第十三条第二款的规定："大众传播媒介不得以新闻报道形式发布广告。通过大众传播媒介发布的广告应当有广告标记，与其他非广告信息相区别，不得使消费者产生误解。"为了使消费者识别新闻与广告的界限，要求广告必须在有广告标记的版面、栏目或时间中刊播，在节目进行中，不得中断节目播出广告。

3. 对广告发布者的广告承接登记、审核、档案管理制度

根据《广告法》第二十八条规定：广告发布者应当按照国家有关规定，建立、健全广告业务的承接登记、审核、档案管理制度。

（1）承接登记制度

广告发布者承接的广告业务，必须逐件、逐项认真登记。广告承接登记的内容包括：日期、广告主名称或广告主委托的广告经营者名称、广告内容摘要、广告时间、版面、次数、广告费用、联系人及电话等。

（2）审核制度

根据《广告法》第二十七条规定：广告发布者依据法律、行政法规查验有关证明文件，核实广告内容。对内容不实或者证明不全的广告，广告发布者不得发布。

广告发布者应当建立、健全广告业务审核制度，建立广告审查员制度，由熟悉广告法律、法规的管理人员负责广告业务的审查验证工作，对广告的内容和所提供的有关证件和材料进行全面审核，证件和材料真实、齐全，广告内容合法、真实的，方可发布；对无合理证明，证明不全或广告内容不真实和违反有关法律、法规的，一律不予发布。在广告发布之前，还应由单位负责人复审，经负责人签署同意后，方可发布。

（3）档案管理制度

广告发布者发布广告必须建立档案管理制度，档案应包括以下内容：① 广告主出具的各种证明文件；② 广告发布合同书；③ 广告资料、图片、广告稿等；④ 发布广告的清样，如报刊广告的报刊、广播广告的录音带、电视广告的录像带、户外广告的照片等；⑤ 广告反馈资料；⑥ 广告发布者认为应当存档备查的其他证明文件。

广告业务档案应当妥善保管，其保存时间不得少于一年。

本节思考与练习题

1. 简述对广告主验证管理的具体内容。

2. 对广告发布者的管理有哪些具体要求？

第3节

对广告内容和程序的管理

一、电视广告管理概述

对广告内容进行管理是广告管理的主体部分，管理广告内容直接关系到广告业的健康发展以及对消费者利益的保护。由于广告内容包罗万象、千变万化，这就决定了对广告内容的管理既是广告管理的重点，也是广告管理的难点所在。

1. 广告内容管理的宗旨

《广告法》第一章"总则"的第三条、第四条规定："广告应当真实、合法，符合社会主义精神文明建设的要求；""广告不得含有虚假的内容，不得欺骗和误导消费者。"《广告法》第二章广告准则中，较详细、全面地对广告内容作了规定。总的说来，广告内容管理的宗旨和目的在于保证广告的真实性、合法性、科学性以及思想性。

2. 广告内容真实性的含义和基本要求

广告内容的真实性是指广告应当真实客观地传播有关商品或者服务的信息，对其功能、价值、特点、效果不吹嘘夸大，不弄虚作假。

广告内容真实性的基本要求：

(1) 广告所介绍的商品或服务是真实、客观存在的。

(2) 广告内容能够被科学的依据所证实。

(3) 广告内容与实际相一致。《广告法》第九条所涉及的内容因素，在广告中必须与实际完全相符。

(4) 广告中使用的艺术夸张，应能被公众接受和识别，不得使人产生误解，并一般不应针对产品的实质性内容。

3. 广告内容合法性的含义和基本要求

广告内容的合法性是指广告宣传的商品或者服务，广告所宣传的内容以及采取的形式，必须符合国家法律、法规的规定。

广告内容合法性的基本要求包括：

（1）广告主主体资格符合规定

（2）被宣传的产品或服务应是国家许可的

法律法规禁止生产、销售的商品或提供的服务，以及禁止发布广告的商品或服务，不得做广告。国家禁止发布广告的商品或者服务主要包括：① 麻醉药品、精神药品、毒性药品、放射性药品等特殊药品；② 禁止刊播工商企业和单位、个人有奖募捐的广告；③ 禁止刊播"电子自卫器"等保安防卫器械广告；④ 禁止刊播有关性生活产品广告；⑤ 禁止淘汰产品做广告；⑥ 其他法律法规禁止生产、销售的商品或者提供的服务，以及禁止发布广告的商品或者服务，不得做广告。如《食品卫生法》规定禁止生产经营的食品就不得做广告。

（3）广告的表现形式和内容，如语言文字和画面等应符合法律规定

具体应符合以下要求：一是在内容上符合社会主义精神文明建设的要求，不得违反《广告法》等法律法规对广告内容的一切规范；二是在广告内容的表现形式方面：① 关于比较性广告。广告法规定广告不得贬低其他生产者、经营者的商品或服务，因此禁止用比较的形式贬低他人的比较性广告。如"统一"方便面曾针对其竞争对手"康师傅"方便面做过"师傅的面不如我的面好"的广告，这则广告的内容明显是将自己的方便面与"康师傅"方便面对比，并宣称自己的产品强于对手，因而受到了取缔。但并非所有的比较性广告均被禁止。② 关于新闻广告。广告法规定广告应当具有识别性，能够使消费者辨别其为广告。大众传播媒介不得以新闻报道形式发布广告。通过大众传播媒介发布的广告应当有广告标记，与其他非广告信息相区别，不得使消费者产生误解。

4. 广告内容科学性的含义和基本要求

广告内容的科学性是指广告内容所涉及的观点、方法具有科学的依据。其基本要求包括：

（1）广告中的专业性内容应经过规定程序的科学鉴定、审定。广告中的专业理论、观点、断言等，或为科学鉴定，或为学术理论界共识，否则不可使用。

（2）广告中使用的术语、产品成分名称，应符合我国国家标准。

（3）广告内容不应使普通消费者由于缺少专门知识而产生误解和错觉。

5. 广告内容思想性的含义和基本要求

广告内容的思想性是指广告的宣传内容和表现形式要积极健康，要有利于社

会主义两个文明建设的需要。具体要求包括：

第一，广告的内容应当健康有益，积极向上，体现中华民族优秀传统文化与时代精神的有机结合。具体内容包括：（1）有利于引导消费者健康消费，积极生活，倡导符合我国人民共同理想的价值观和生活方式；（2）有利于弘扬中华民族精神和民族文化，增强民族自信心和民族自豪感；（3）有利于普及科学知识，破除封建迷信，反对伪科学；（4）有利于促进国民教育、文化、体育等事业的健康发展；（5）有利于全国各族人民的团结和睦。

第二，广告内容应符合有关禁止性条款的规定。具体包括：（1）不得使用中华人民共和国国旗、国徽、国歌；（2）不得使用国家机关工作人员的名义；（3）不得使用国家级、最高级、最佳级等用语；（4）不得妨碍社会安定和危害人身、财产安全，损害社会公共利益；（5）不得妨碍社会公共秩序和违背社会良好风尚；（6）不得含有淫秽、迷信、恐怖、暴力、丑恶的内容；（7）不得含有民族、种族、宗族、性别歧视的内容；（8）不得妨碍环境和自然资源保护；等等。

二、广告的语言文字管理

语言文字是人们表达思想，传达信息的重要交际工具，语言文字的规范化、标准化，是普及文化教育、发展科学技术、提高工作效率的一项基础性工作，对社会的物质文明和精神文明建设具有重要意义。广告语言文字是广告内容的载体和表现形式。广告的语言文字直接关系到广告的表达效果，并对社会各界，尤其是未成年人造成极大的、潜移默化的影响。广告语言文字的种种不规范和不标准问题，既影响到我国语言文字的纯洁性和严肃性，也不利于广告内容的正确、有效的表达。因此，对语言方案的规范管理，是涉及广告内容管理的重要方面。为促进广告语言文字使用的规范化、标准化，保证广告语言文字表述清晰、准确、完整，避免误导消费者，根据《广告法》和国家有关法律法规，国家工商行政管理局于1998年1月，制定、颁布了《广告语言文字管理暂行规定》（以下简称《暂行规定》，对广告中使用的语言文字进行规范管理。

1. 广告语言文字管理的范围

据《广告语言文字管理暂行规定》第二条规定，凡在中华人民共和国境内发布的广告中使用的语言文字，均属我国广告语言文字管理的范围。《暂行办法》中所指语言文字，是指普通话和规范汉字、国家批准通用的少数民族语言文字，以及在中华人民共和国境内使用的外国语言文字。地方方言也在管辖范围内。

2. 广告使用语言文字的主要规定

（1）广告使用的语言文字，用语应当清晰、准确，用字应当规范、标准。

（2）广告使用的语言文字，应当符合社会主义精神文明建设的要求，不得含有不良文化内容。

（3）广告用语用字应当使用普通话和规范汉字。

（4）广告中不得单独使用汉语拼音。广告中如需使用汉语拼音时，应当正确、规范，并与规范汉字同时使用。

（5）广告中数字、标点符号的用法和计量单位等，应当符合国家标准和有关规定。

（6）广告中一般不得单独使用外国语言文字。

（7）广告中成语的使用必须符合国家有关规定，不得引起误导，对社会造成不良影响。

（8）广告中出现的注册商标定型字、文物古迹中原有的文字以及经国家有关部门认可的企业字号用字等，可以作为广告的用语用字，不受《暂行办法》有关条款的限制，但应当与原形一致，不得引起误导。

（9）广告中因创意等需要使用的手书体字、美术字、变体字、古文字，应当易于辨认，不得引起误导。

3. 关于方言在广告中的使用问题

根据国家规定，广播电台、电视台可以使用方言播音的节目，其广告中可以使用方言；广播电台、电视台使用少数民族语言播音的节目，其广告可以使用少数民族语言文字。在民族自治地区，广告用语用字参照《民族自治地方语言文字暂行条例》执行。

4. 关于外国语言文字在广告中的使用问题

《暂行规定》第八条规定，广告中如因特殊需要配合使用外国语言文字时，应当采用以普通话和规范汉字为主、外国语言文字为辅的形式，不得在同一广告语中夹杂使用外国语言文字。广告中的外国语言文字所表达的意思，与中文意思不一致的，以中文意思为准。

随着中外文化、信息的交流融合，越来越多的场合与媒体使用外国语言文字，外来语也越来越多地出现在人们的日常生活中，并为大众所普遍接受。为此，《暂行规定》第九条规定，以下两种情况不适用第八条的规定：一是商品、服务通用名称，已注册的商标，经国家有关部门认可的国际通用标志、专业技术

标准等；二是经国家有关部门批准，以外国语言文字为主的媒介中的广告所适用的外国语言文字。

5. 广告用语用字的禁止性规定

广告用语、用字，不得出现下列情形：

（1）使用错别字。

（2）违反国家法律、法规。

（3）使用国家已废止的异体字和简化字。

（4）使用国家已废止的印刷字形。

（5）其他不规范使用的语言文字。

三、烟、酒广告管理

吸烟有害健康，这是全世界公认的。因而烟草广告在国际上普遍受到较严格的限制。美国、意大利、法国、日本和新加坡等国都制定了禁烟的法令。我国对烟草广告也有严格的管理。同时烟草是国家税收的重要来源，故在一定的范围内允许烟草广告的存在。酗酒是危害家庭、社会和身体健康的一种恶习，故我国不提倡对酒的宣传，特别是 40 度以上的烈性酒。世界上许多国家亦然。我国《广告法》、《烟草广告管理暂行办法》、《酒类广告管理办法》等法律法规为烟草、酒类广告管理提供了依据。

1. 烟草、酒类广告的含义和管理范围

烟草广告是指烟草制品生产者或者经销者（简称烟草经营者）发布的，含有烟草企业名称、标识，烟草制品名称、商标、包装、制酒企业名称等内容的广告。

2. 烟草、酒类广告发布的媒体限制

依据《广告法》第十八条规定："禁止利用广播、电影、电视、报纸、期刊发布烟草广告，禁止在各类等候室、影剧院、会议厅堂、体育比赛场馆等公共场所设置烟草广告。"依据《酒类广告管理办法》第九条规定，大众传播媒介发布酒类广告不得违反以下规定，即（1）电视：每套节目每日发布的酒类广告，在特殊时段（19：00—21：00）不超过两条，普通时段每日不超过十条。（2）广播：每套节目每小时发布的酒类广告不超过两条。（3）报纸/期刊：每期发布的酒类广告不超过两条，并不得在报纸第一版、期刊封面发布。

3. 烟草、酒类广告的发布标准

（1）烟草广告发布标准

对于经过批准可以发布的烟草广告，除遵守《广告法》的一般准则外，还应当遵守特殊标准。

烟草广告中不得有下列情形：① 吸烟形象；② 未成年人形象；③ 鼓励、怂恿吸烟的语言、文字、画面；④ 表示吸烟有利人体健康、解除疲劳、缓解精神紧张的；⑤ 其他违反国家广告管理规定的。

烟草广告中必须标明"吸烟有害健康"的忠告语。忠告语必须清晰、易于辨认，所占面积不得少于全部广告面积的10%。

（2）酒类广告的发布标准

发布酒类广告，除应当遵守《广告法》和其他有关法律法规的规定以外，酒类广告还应符合卫生许可的事项，并不得使用医疗用语或者易与药品相混淆的用语。

酒类广告中，不得出现以下内容：

① 鼓动、倡导、引诱人们饮酒或者宣传无节制饮酒。

② 饮酒的动作。

③ 未成年人的形象。

④ 表现驾驶车、飞机等具有潜在危险的活动。

⑤ 诸如可以"消除紧张和焦虑"、"增加体力"等不科学的明示或者暗示。

⑥ 把个人、商业、社会、体育、性生活或者其他方面的成功归因于饮酒的明示或者暗示。

⑦ 关于酒类商品的各种评优、评奖、评名牌、推荐等评比结果。

⑧ 不符合社会主义精神文明建设的要求，违背社会良好风尚和不科学不真实的其他内容。

4. 烟草、酒类广告发布的程序性规定

（1）烟草广告发布的审批

在国家禁止范围以外的媒介或者场所发布烟草广告，必须经省级以上广告监督管理机关或者其授权的省辖市广告监督管理机关批准。

烟草经营者或者其被委托人直接向商业、服务业的销售点和居民住所发送广告品，须经所在地县级以上的广告监督管理机关批准。

（2）酒类广告发布的证明材料

广告主自选或者委托他人设计、制作、发布酒类广告，应当具有或者提供真实、合法、有效的下列证明文件：

① 营业执照以及其他生产、经营资格的证明文件。

② 经国家规定或者认可的省辖市以上食品质量检验机构出具的该酒符合质量标准的检验证明。

③ 发布境外生产的酒类商品广告应当有进口食品卫生监督检验机构批准核发的卫生证书。

④ 确认广告内容真实性的其他证明文件。

5. 对于烟草广告、酒类广告相关事项的规定

为了加强对烟草、酒类广告的监督管理，防止规避法律，变相发布此类广告，必须将广告活动中涉及烟草、酒类或者与烟草、酒类有关的事项和此类广告严格区分，加以规范。具体包括：

第一，其他商品、服务的商标名称及服务项目名称与烟草制品商标名称相同的，该商品、服务的广告，必须以易于辨认的方式，明确表示商品名称、服务种类，并不得含有该商品、服务和烟草制品有关的表示。

第二，在各类临时广告经营活动中，凡利用烟草经营者名称、烟草制品商标为活动冠名、冠杯的，不得通过广播、电视、电影、报纸、期刊发布带有冠名、冠杯内容的赛事、演出等广告。

第三，烟草经营者选用广播、电视、电影、报纸、期刊发布下列广告不得出现烟草制品名称、商标、包装、装潢。出现的企业名称与商标相同不得以突出设计的办法突出企业名称：

社会公益广告；

迁址、换房、更名等启事广告；

招工、招聘、寻求合作、寻求服务等企业经营广告；

广播、电影、电视节目首尾处出现的鸣谢单位或赞助单位名称；

报纸、期刊报花、栏头上标明的协办单位名称。

第四，对经卫生行政部门批准的有医疗作用的酒类商品，其广告依照《药品广告审查办法》和《药品广告审查标准》进行管理。

第五，在各类临时性广告活动中，以及含有附带赠送礼品的广告中，不得将酒类商品作为奖品或者礼品出现。

四、食品广告管理

改革开放以来，我国的食品业有了极大的发展，食品市场发生了根本性变化，这成为我国人民生活水平提高的重要体现。食品，是高度依赖广告宣传促销的产品，食品广告近年来的发展很快，在广告总量中占有相当的比重，据有关部门调查显示，电视广告中食品广告占有很大的数量。随着品广告数量的增加，其中的问题也日渐突出，一些不真实、不准确，欺骗和误导消费者的广告，不仅扰乱了广告市场秩序，也引起了消费者的反感与不满，客观上还影响到食品业的进一步发展。国家工商行政管理局于 1996 年 12 月公布《食品广告发布暂行规定》，对食品广告的监督管理起到了很好的作用。

1. 管理的对象和依据

食品广告管理的对象包括普通食品广告、新资源食品广告和特殊营养食品广告。

保健食品是指具有特定保健功能，适宜于特定人群，具有调节机体功能，不以治疗疾病为目的的食品。新资源食品是指以在我国新研制、新发现、新引进的无食用习惯的，符合食品基本要求的物品生产的食品。特殊营养食品是指通过改变食品的天然营养素的成分和含量比例，以适应某些特殊人群营养需要的食品。

食品广告管理的依据包括《广告法》、《食品卫生法》、《食品广告发布暂行规定》等有关广告监督管理和食品卫生管理的法律法规。

2. 食品广告发布的证明材料

广告主发布食品广告，应当具有或者提供下列真实、合法、有效的证明文件：

（1）营业执照；

（2）卫生许可证；

（3）保健食品广告，应当具有或者提供国务院卫生行政部门核发的《保健食品批准证书》、《进口保健仪器批准证书》；

（4）新资源食品广告，应当具有或者提供国务院卫生行政部门的新资源食品试生产卫生审查批准文件或者新资源食品卫生审查批准文件；

（5）特殊营养食品广告，应当具有或者提供省级卫生行政部门核发的准许生产的文件；

（6）进口食品广告，应当具有或者提供输出国（地区）批准生产的证明文件，口岸进口食品卫生监督检验机构签发的卫生证书、中文标签；

（7）关于广告内容真实性的其他证明文件。

3. 食品广告发布的标准

（1）食品广告必须真实、合法、科学、准确，符合社会主义精神文明建设的要求，不得欺骗和误导消费者。

（2）食品广告不得含有"最新科学"、"最新技术"、"最先进加工工艺"等绝对化的语言或者表示。

（3）食品广告不得出现与药品相混淆的用语，不得直接或间接地宣称治疗作用，也不得借助宣传某些成分的作用明示或者暗示该食品的治疗作用。

（4）食品广告不得明示或者暗示可以代替母乳，不得使用哺乳妇女和婴儿的形象。

（5）食品广告不得使用医疗机构、医生的名义或者形象。食品广告中涉及特定功效的，不得利用专家、消费者的名义或者形象做证明。

（6）保健食品的广告内容应当以国务院卫生行政部门批准的说明书和标签为准，不得任意扩大范围。保健食品不得与其他保健食品或者药品进行功效比较。

（7）保健食品、新资源食品、特殊营养食品的批准文号应当在其广告中同时发布。

（8）普通食品、新资源食品、特殊营养食品广告不得宣传保健功能，也不得借助宣传某些成分的作用明示或暗示其保健作用。

（9）普通食品广告不得宣传该食品含有新资源食品中的成分或者特殊营养成分。

五、化妆品广告管理

1. 化妆品广告管理的依据和对象

化妆品广告是广告管理的重要方面，它与广大消费者的切身利益密切相关。1993 年 7 月，国家工商行政管理局第 12 号令发布《化妆品广告管理办法》，凡利用各种媒介或者形式在中华人民共和国国境内发布的化妆品广告，均属本办法管理范围，使化妆品广告的管理进入了一个新阶段。该办法所称化妆品是指以涂擦、喷洒或者其他类似的办法，散布于人体表面任何部位（皮肤、毛发、指甲、口唇等），以达到清洁、消除不良气味、护肤、美容和修饰目的的日用化学工业产品。该办法规范的范围还包括特殊用途化妆品，即指用于育发、染发、烫发、脱毛、美乳、健美、除臭、祛斑、防晒的化妆品。

2. 化妆品广告的发布标准

化妆品广告内容必须真实、健康、科学、准确，不得以任何形式欺骗和误导消费者。

对可能引起不良反应的化妆品，应当在广告中注明使用方法、注意事项。

化妆品广告禁止出现下列内容：

（1）化妆品名称、制法、成分、效用、性能有虚假夸大的。

（2）使用他人名义保证或者以暗示方法使人误解其效用的。

（3）宣传医疗作用或者使用医疗术语的。

（4）有贬低同类产品内容的。

（5）使用最新创造、最新发明、纯天然制品、无副作用等绝对化语言的。

（6）有涉及化妆品性能或者功能、销量等方面的数据的。

（7）其他违反法律、法规规定的。

3. 化妆品广告发布的证明材料

发布化妆品广告，广告主必须持有下列证明材料：

（1）营业执照。

（2）《化妆品生产企业许可证》。

（3）《化妆品生产许可证》。

（4）美容类化妆品，必须持有省级以上化妆品检测站（中心）或者卫生防疫站出具的检验合格的证明。

（5）特殊用途化妆品，必须持有国务院卫生行政部门核发的批准文号。

（6）化妆品如宣称为科技成果，必须持有省级以上轻工行业主管部门颁发的科技成果鉴定书。

（7）广告管理法规、规章所要求的其他证明。

发布进口化妆品广告，广告主必须持有下列证明材料：

（1）国务院行政部门批准化妆品进口的有关批件。

（2）国家商检部门检验化妆品合格的证明。

（3）出口国（地区）批准生产该化妆品的证明文件（应附中文译本）。

六、房地产广告管理

房地产业是国民经济的支柱产业之一。随着城市房地产业的发展，房地产广告日益增多。据国家工商行政管理局对全国主要报纸广告监测统计，房地产广告数量在各类广告中已上升到第二位，而且广告费投入较大。房地产广告为促进房地产市场的发育，使之成为经济发展的新的增长点，发挥了积极的作用。同时，房地产广告也存在很多问题，主要表现在：一是房地产项目未取得用地、开发的合法资格，却大肆发布房地产广告，有的还利用房地产广告变相非法集资，扰乱金融秩序；二是广告中对房地产项目必备因素的说明、介绍与实际不符，广告中

的承诺不能兑现，造成大量纠纷；三是广告中出现封建迷信、带有殖民地色彩以及不健康消费导向的内容；等等。房地产广告中的种种问题，严重侵害了消费者的合法权益，扰乱了正常市场秩序，也给方兴未艾的房地产市场造成了混乱。为了加强房地产广告的监督管理，改变房地产广告管理依据不足的状况，1996 年12 月，国家工商行政管理局发布《房地产广告发布暂行规定》，1997 年 2 月 1 日起实施。

1. 广告管理的范围和目的

房地产广告管理的范围包括房地产开发企业、房地产权利人、房地产中介服务机构发布的房地产项目预售、预租、出售、出租、项目转让证以及其他房地产项目介绍的广告，即以房地产这一不动产为对象而开展的各种经营活动所发布的广告。居民私人及非经营性租房、换房、售房广告，不在房地产广告管理的范围。发布房地产广告，应当遵守《广告法》、《城市房地产管理法》、《土地管理法》、《房地产广告发布暂行规定》及国家有关广告监督管理和房地产管理的规定，以确保房地产广告的真实、合法、科学、准确，符合社会主义精神文明建设要求，不得欺骗和误导公众。

2. 房地产广告发布的证明材料

发布房地产广告，应当具有或提供下列相应真实、合法、有效的证明文件：

（1）房地产开发企业、房地产权利人、房地产中介服务机构的营业执照或者其他主体资格证明。

（2）建设主管部门颁发的房地产企业资质证书。

（3）土地主管部门颁发的项目土地使用权证明。

（4）工程竣工验收合格证明。

（5）发布房地产项目预售、出售广告，应当具有地方政府建设主管部门颁发的预售、销售许可证明；出租、项目转让广告，应当具有相应的产权证明。

（6）中介机构发布所代理的房地产项目广告，还应当提供业主委托证明。

（7）工商行政管理机关规定的其他证明。

3. 房地产广告发布的标准

（1）确保房地产项目本身的真实、合法性

房地产项目是房地产交易的标的物，它的真实、合法是房地产广告真实、合法的前提。为此法律规定凡有下列情况的房地产，不得发布广告：

① 在未取得国有土地使用权的土地上开发建设的。

② 在未经国家征用的集体所有的土地上建设的。

③ 司法机关和行政机关依法裁定、决定查封或者以其他形式限制房地产形式的。

④ 预售房地产，但未取得该项目房地产预售许可证的。

⑤ 权属有争议的。

⑥ 违反国家有关规定建设的。

⑦ 不符合工程质量标准，经验收不合格的。

⑧ 法律、行政法规禁止的其他情形。

（2）房地产广告内容对房地产项目的说明、介绍应遵守的标准

① 价格表示：应当清楚表示为销售价格，明示价格的有效期限。

② 位置表示：应当以该项目到达某一具体参照物的现有交通干道的实际距离表示，不得以所需时间来表示距离。项目位置示意图要准确清楚，比例恰当。

③ 面积表示：应当表明是建筑面积还是使用面积，不得笼统表示。

④ 结构及装修、装饰表示：应当真实、准确，不得简单说某级、某类、豪华装修、进口材料装饰等。

⑤ 环境和形象表示：不得利用其他项目的形象环境作为本项目的效果。使用建筑设计效果图或者模型照片的，应在广告中注明。

⑥ 周边设施表示：正在规划或者建设中的交通、商业、文化教育及其他市政条件等，应当在广告中注明。

（3）预售、出售房地产广告，必须载明的事项

① 开发企业名称。

② 中介服务机构代理销售的，载明该机构名称。

③ 预售或者销售许可证号。

广告中公开介绍房地产项目名称的可以不必载明上述事项。

（4）广告中涉及房地产项目评价的内容应遵守的标准

① 广告内容要符合社会良好风尚，不得含有风水、占卜等封建迷信内容。

② 不得出现融资或变相融资的内容，不得含有升值或者投资回报的承诺。

③ 涉及资产评估的，应当表明评估单位、评估师和评估时间。

④ 涉及贷款服务的，应当载明提供贷款的银行名称及贷款额度、年限。

⑤ 不得含有广告主能够为入住者办理户口、就业、升学等事项的承诺。

本节思考与练习题

1. 试述广告内容及语言文字管理的具体内容。
2. 我国对医疗广告有哪些要求?
3. 我国对食品广告的具体规定有哪些?

本章思考与练习题

1. 对广告主的验证管理主要包括哪些方面?
2. 试述烟、酒广告发布的标准及发布的媒体限制?

本章小结

　　本章通过广告管理制度、对广告主及广告经营的管理、对广告和程序的管理等方面的介绍,了解了广告管理的基本制度,也了解了广告主及广告发布者法律权限和职责,同时也了解了有关具体产品广告的管理内容。

第八章

电视广告的探索

本章内容提要

◎随着电视技术的不断发展，电视广告的制作发生了深刻的变化。

◎计算机多媒体技术在电视广告制作方面得到广泛应用。

◎电视广告与互联网相互结合。

第1节

多媒体技术在电视广告中的运用

当今世界已步入信息时代。信息的社会需求急剧增加和信息社会功能的显著变化，使广播电视的开发利用成为时代的必然。作为计算机领域的一项热门技术，多媒体在许多领域得到了广泛的应用，在国外，它被用于教育培训、出版系统、仿真系统、家用电器、家庭娱乐等，由于多媒体技术是一项综合性技术，采取比传统的连续信号处理方式更为先进的数字记录和传输方式，所以它可以一机多用，代替电视机、录音机等多种家用电器。近年来，作为信息革命重要发展方向的多媒体技术的研究取得了飞速的发展，并在实际工作中得到了广泛的应用，这为电视广告的智能化制作提供了技术上的支持。今天，我们欣赏到的众多优秀的电视广告片中，无不渗透着多媒体技术的身影。毫无疑问，"多媒体技术"已成为20世纪90年代以来人们学习工作中使用最广泛的术语之一。那么，何谓"多媒体技术"，它有哪些特点呢?

一、多媒体技术概述

多媒体译自英文"multimedia"，它涵盖两方面的意义，即在信息的发信和收信方之间的"多媒介"；实现信息的存储、传递、再现或者感知的"多手段"。多媒体的提出，不仅仅是人们有了把多种信息媒体统一处理的需要和愿望，更重要的是其发展技术条件的成熟，是人类已经拥有其科学技术和产业发展能力的标志之一。

所谓多媒体技术就是将数据、文字、声音、音乐、动画、视频、图像等信息媒体综合于一体，通过计算机进行数字化处理，以实现用一种传输系统处理多种媒体信息的新型信息技术。以前的电子计算机只能处理文字和数字，这就是单媒体。现在，随着计算机硬件和软件的发展，个人电脑不仅能处理文字和数字，而且还能运用数值、文字、符号、声音、图形、图像，来实现人机对话，使计算机发挥更大的效能。多媒体的基本特征是具有生动逼真的音响效果，色彩鲜艳的动态视频，灵活便捷的交互手段。一般来说，多媒体技术有以下特征：

1. 数字化

数字化是指多种媒体信息都是以数字方式存储，只有以数字化方式才能使计算机对这些信息进行处理，并使这些信息按照一定的结构存储起来，实现人机的交互。多媒体技术的核心在于声音和图像的数字化处理，特别是近年来发展较快的立体声音乐和动态视频的数字化处理。它主要受益于大规模集成电路的发展。

2. 实时性

具备实时随机存取的非线性功能。

3. 交互性

交互性是指人机交互，即在播放多媒体节目时，人工能够干预、控制节目播放过程。

4. 集成性

集成性是指将多媒体有机地综合，做到"图、文、声"一体化。

多媒体技术的发展为广播电视工作的变革提供了技术保证，同时也为电视广告在创意、制作等方面拓展了广阔的空间。多媒体不是简单地把多种媒体叠加，而是有机地综合并加工，它改变了信息的表示方法，使其输出输入尽量按人类最自然最习惯的方式进行；多媒体技术使人增强了理解能力，可将人们的各种感官有机地结合起来，以最乐于接受的方式获得所需要的信息；多媒体技术可以使信息空间得到扩展，使我们的思维表达不再局限于顺序、狭小的范围，而是可以更灵活、更自由。

应该说，多媒体技术还处在不断的变化发展之中，特别是一些关键技术。下面我们就把多媒体关键技术简要叙述一下。

一般多媒体的关键技术可分为两类：

1. 研制多媒体计算机系统本身要解决的关键技术

这一类的关键技术有多媒体数据压缩技术；多媒体专用芯片技术；多媒体输入/输出技术；多媒体存贮技术及多媒体系统软件技术。

2. 多媒体应用所涉及的关键技术

多媒体的应用十分广泛，其关键技术有多媒体采集、制作技术；多媒体应用程序开发技术；多媒体创作工具及开发环境；多媒体界面设计与人机交互技术；

多媒体网络通信技术及虚拟现实技术等。

二、多媒体技术在电视广告中的应用

现代科学技术的飞速发展为电视广告的制作开辟了广阔的前景，各种新技术、新工艺、新设备的出现，使广告制作手段和技巧日新月异，精彩纷呈。电子动画、电子特技、非线性编辑系统等多媒体技术，使电视屏幕花样缤纷，美不胜收。

运用多媒体技术来制作电视广告，不受实际景物的束缚和限制。创作者可以放飞自己的思绪，打开自己创作的想象空间，把许多梦境般的景物奉献给广大电视观众面前。这类广告片常常包含着大胆的构思，夸张的表现，有趣的故事，特征明显的造型，优美清晰的广告画面，明快的音乐节奏，从而使电视广告艺术性更高，可视性更强。

1. 动画在电视广告中的运用

动画是多媒体技术在电视广告中最基本的表现形式。随着多媒体技术的发展，制作动画的设备越来越先进了，现在的动画工作站和以前以字幕动画为主的情形不可同日而语。现在 3Dmax 软件已发展到 3.1 版本，为创作高质量的电视动画广告提供了有力的保障。影视动画一般分为二维动画和三维动画两种。由于二维、三维动画软件的不断升级，使电视动画广告日臻完美。

动画在电视广告中的运用十分广泛，首先多用在推销与儿童有关的商品广告上。动画广告将多媒体技术和商品信息有机地结合在一起，对儿童具有很强的推销力。少年儿童在观看动画广告时，常常有身临其境的感觉，很容易进入角色，并把自己的命运与片中的主人公的命运连在一起。故利用动画手法为儿童食品、用品做广告，效果一定不错。如动画广告中"旺旺"雪饼、"大大"泡泡糖、"娃哈哈"等儿童产品都是很好的例子。

其次，动画能形象地解释抽象的道理。一般来说，复杂的技术过程、隐蔽的内部结构、微妙的心理变化、肉眼看不见的微观世界，都不易用普通的电视画面来表现，而如果采用动画手法，不仅能生动地再现产品的内部结构和人物的生理变化，而且能演示曲折的技术过程，形象地阐述复杂的科学道理，放大微观世界的变化，从科学理论和技术性能等各方面展示产品的优劣。

在具体的电视广告中，药品广告讲述药品的药理、作用经常用二维多媒体技术。以西安的吗丁啉胃药为例，它通过动画技术生动地展示了药片在胃里迅速溶解，形成一层保护膜附在胃壁上。从这一条电视广告我们很清楚地了解了吗丁啉对人体的保护作用。这样直观的表现使千千万万普通观众懂得了其中的科学道理（见图8－1）。

又如百多邦莫匹罗星软膏广告，也采用动画的形式，直观地告诉观众，药物如何进入皮肤，杀死伤口内的细菌。并且还设计了百多邦卡通人物，有力的形象使产品被赋予了很强的责任感，赢得了消费者的信任（见图8－2）。

再如宝洁公司生产的"舒肤佳"香皂的电视广告中，表现现实生活中无处不存在的细菌时，也采用了二维动画，它将人们肉眼看不见的各种细菌放大，让人们清楚地看到细菌的存在，从而增强了产品的可信度（见图8－3）。

最后，将动画与实拍的人物相结合，能有效地增强动画结构的真实感和可信度。由于广告创意的需要，许多创作者已不拘于运用单纯的动画技法，而是将真人实景与动画表现完美地结合起来，使动画人物、动物与真人真景相互依存，相互帮衬，增强了电视广告的可信度。比如"步步高点读机"就采用了真人与喜洋洋、灰太狼等动画人物的结合，小朋友在脍炙人口的动画人物的帮助下学习英语，营造出了轻松娱乐的学习环境，突出了产品特性，让广告显得既生动又真实。

图8－1

图8－2

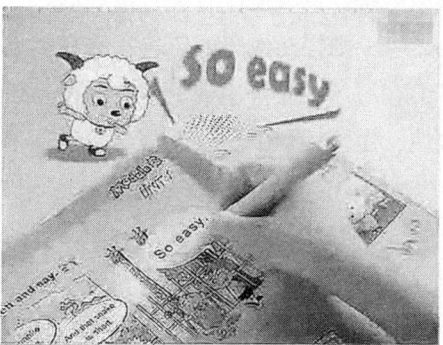

图8－3

2. 特技在电视广告中的运用

大家一定记得，在电视连续剧《西游记》中，孙悟空经常腾云驾雾，呼风唤雨，看起来很是神秘。其实从专业的角度来说，这是电视特技，是多媒体技术在电视节目中的运用。

特技通常指电视的画面或声音经过技术处理，而非正常拍摄所能企及，所以，特技信号发生器（即常说的特技台）的先进与否直接影响着电视广告的技术质量。如今，特技信号发生器已由 20 世纪 80 年代的模拟 SEG—1210、SEG—2000 等发展到了现在的数字式特技。而特技效果也由以前的平面画像发展到了现在立体的花样繁多的特技效果。多媒体特技技术的发展，为电视广告制作技术的提高起到了很大的推动作用。特技的运用往往并非讲述一个故事或解决某种问题，主要在于渲染、烘托某种情绪。在电视广告方面它一般用来夸张表现产品的功能和效果，借助产品营造某种气氛，激起观众的好奇心，增加观众的欣赏兴趣，强化画面的视觉冲击力，给观众留下深刻的印象。

在电视广告的制作过程中，特技的运用形式应与产品的功能、特性相结合。随着多媒体技术不断被引入到电视广告创作中来，特技的运用也越来越广泛了。有些人在选择特技效果时往往只顾图像花哨，而忽略了特技形式与产品的功能、特性是否吻合这一至关重要的问题。如果特技效果与广告表现的内容风马牛不相及，孤立的特技就失去了意义。如有一条介绍某家具的广告，在 15 秒的广告时间里，不断地使用画像、翻转等特技，一会儿家具被分割成几块，一会儿又被从左到右的翻转，广告看起来确实很花哨，可 15 秒钟过去后，观众连一个家具的完整画面都没看清，这样的广告怎么能勾起观众的购买欲呢？可见，特技形式的选择十分重要，如果特技的形式恰好有助于突出产品的功能、特性，即使采用最简单的特技也会使广告夺目生辉的。

有一则悍马汽车的广告，一只巨大的怪兽在城市当中肆虐，造成了巨大的破坏，在城市中怪兽遇到了一台同样巨大的机器人，两个大家伙竟然陷入了爱河。很快，怪兽怀孕了。一朝分娩，生下来的却是一辆悍马越野车。它们把悍马越野车小心地放在地上，看着它向前开去，就像父母看着蹒跚学步的孩子。字幕打出：It's a little monster. 说明悍马车就像是机械技术和怪兽结合的产物一样，拥有高科技的同时，也充满了狂野与力量，这也符合悍马彪悍霸气的产品风格。

图 8-4

广告人为了让短短的几十秒广告能够打动人心，在制作上可谓绞尽脑汁，把想象力、创造力发挥得淋漓尽致。比如2012 年大众甲壳虫汽车推出的广告，在丛林中，所有的昆虫都在按部就班的前行，一片祥和安宁的气氛。这时音乐节奏突然加快，一只甲壳虫以惊人的速度在丛林中驰骋。甲壳虫爬行速度快、行进稳定、控制

图 8 - 5

力非常好，并且引人注目，这些都代表着甲壳虫汽车的优良性能与产品特色，最后甲壳虫从树荫下高高跳起，飞入阳光之下，突然急刹，侧停在观众面前，甲壳虫化为了一辆汽车，正是大众 2012 年新款的甲壳虫轿车。

实践证明，唯有构思巧妙、特技制作精良的电视广告，才能经得起观众的重复性欣赏。

3. 多媒体音频技术在电视广告中的应用

语音和音乐是多媒体数据中非常重要的两类，是多媒体音频技术系统中不可缺少的两个基本功能模块。近年来，由于数字技术的迅速发展，音频技术也得到了极大的提高。在多媒体音频方面，我们常常会听到 MIDI 这个术语，其实它是 Musical Instrument Digital Interface 的缩写，是由音乐家们建立的播放和录制音乐的标准。MIDI 是一种通信方式，是将电子乐器连接起来的一种手段。在音乐的创作、播放及合成方面，MIDI 是最好的一种方式。正因为此，多媒体音频技术在电视广告中得到了广泛的运用。

电视广告中的音响效果是极富表现力和感染力的声音元素，一段真实的音响，常常胜过数十字的解说。它所描述的事实是生动的，它所传达的感受是真切的，它所散发的诱惑

图 8 - 6

力是逼真的。有一则雪碧的广告，在一个阅兵式的现场，领袖正在检阅着自己的军队，他的警卫给他拿来了冰镇的雪碧，这时全场脚步声、坦克的轰鸣声都停止了，从领袖身前的麦克风中传来了雪碧开瓶的声音，飞机从广场上飞过，从麦克风里清晰地传来了喝下雪碧的声音，全场人都扬起了头、闭上了眼，仿佛在享受雪碧带来的清爽感，当美美地"哈"出一口气时，全场忘记了阅兵，陷入了欢乐的海洋（见图8-6）。这则广告的成功，多媒体音响的功劳不小。这段音响有很强的穿透力，直射人们的心灵，唤起人们发自内心的渴求。它能把产品的特征揭示得淋漓尽致，通过音响把现实生活展示得真真切切。

电视广告中音乐的编配要恰到好处。一支与广告情绪相吻合的乐曲，能有效地渲染气氛，烘托主题。快节奏的音乐传达出旺盛的青春活力，悠扬华丽的乐曲，则体现出幽雅的格调与气质。几段恰到好处的乐曲，能唤起精彩的点缀作用。有一则OPPO音乐手机的广告全篇都是用了一首音乐作为对广告故事的点缀以及品牌精神

图8-7

的传递，这则广告讲述的是一个女孩辞掉工作勇敢地去追求自己想要的生活，三个月后她站在布达佩斯多瑙河畔，用OPPO手机给三个月前的自己打电话，告诉自己："做你喜欢的。"这篇广告使用的音乐是小红莓乐队的著名作品《Dreams》，从歌词到音乐饱含的情感，都与广告的诉求点相同，情绪及气氛与整个广告协调统一，给人留下了深刻的印象。

4. 多媒体编辑系统在电视广告中的运用

近年来，多媒体电视系统，尤其是多媒体电视节目制作设备的技术，已经发展到相当高的水平，按照满足实时输入、输出的条件下，视频数据流压缩比的降低，使图像的技术质量得以提高。传统的节目制作，其复杂程度随着系统中各类设备的数量和种类的增加而增加。复杂节目制作系统中各种功能的实现，是由不同专业性质的制作人员通过不同的操作界面来实现的。而多媒体节目制作设备实现复杂的节目制作，一般并不增加设备的数量和种类，而是通过硬件选件及软件

选件的变更来增加某些功能。一个节目制作系统具备的强大功能是实现高水平复杂节目制作的基础，而要使系统的制作功能充分发挥，还需要具备适当的节目制作方式和高素质的操作人员。多媒体节目制作设备由于集合了多种设备的功能而且通常只有一个操作界面，也就将原来对多个人的单项专业化要求转化为对单个人的多项专业化要求。

在广播电视工作中，多媒体技术主要用于电视节目的非线性编辑。由于数字化技术的发展和大容量存储器的发展及数字视频压缩标准的确立，以计算机为核心的各种非线性编辑系统在 20 世纪 90 年代初相继诞生并不断地介绍到我国，初步在电视台得到应用。有关非线性编辑的技术问题，我们会在下一节中介绍。

由于非线性编辑系统的运用，为电视广告的制作掀开了崭新的一页。前期准备好的素材，只要输入非线编，就可以根据广告创意的要求来进行编辑制作。在非线编设备出现以前，如果要将指定的两个或多个画面进行组接，就必须把已有的素材复制到几盘录像带上，然后再根据需要进行组接。有时为了实现某一设想，素材会被复制许多遍，这样等广告成片出来后，画面的质量已经很差了。同时，如果对广告片中的某一画面不满意，修改起来很麻烦，相当于重新制作一次。有了非线编后，一切都变得简单了，我们可以任意剪切掉不满意的画面，哪怕是一桢画面都可以被修改。

同样的，在音频方面，多媒体非线编系统也有其独到的特性。我们甚至可以在非线编系统上进行音乐的编辑，对已有的音乐进行技术处理。现在，非线编技术已经在电视广告中得到了广泛的应用。

第2节

电视广告技术创新

作为多媒体技术核心的视频技术、音频技术、信息压缩和解压技术、图像技术、高密度存储技术等日臻完善，多媒体硬件系统、操作系统平台、窗口系统、

多媒体创作工具等正日趋成熟。多媒体技术在广播电视工作中的应用越来越普遍。从办公、文字处理、财务管理到字幕、动画、音视频前期摄制、后期制作、编辑、绘画特技等许多方面，都由于多媒体技术的广泛采用而使电视工作发生了深刻的变革。因此，也为电视广告技术的创新提供了强有力的技术保障。

一、电视广告技术的发展

电视广告制作技术经历了从模拟到数字、从线性编辑到非线性编辑、从硬件到软件及从联机编辑到脱机编辑等几个方面。

1. 从模拟编辑到数字编辑

在传统的视频编辑中，放像机和录像机与混合器、特技发生器、字符发生器、调音台以及其他设备一起使用。这些装置只完成专门任务，它们是通过电缆互相连接的单件设备。其结果往往是不兼容的。

在用计算机进行数字后期制作时，主要的编辑工作联合进行。这种后期制作方式叫桌面视频方式。它可以节约经费，并容易在各种程序之间彼此交换数据。用这种方式时，你可以把一幅图像存储下来，然后在绘画程序中进行处理和润色，最后再转变成视频信号。

2. 从线性磁带编辑到非线性硬磁盘编辑

视频编辑是按照信息记录顺序性地从磁带重放视频数据作线性编辑时，放像机须提示正确插入点并精确地定位磁带。这种方式需要一段等待时间。非线性编辑避免了这些缺点，它从磁带把源资料数字化之后存放在计算机的磁盘上，因为计算机即时访问每一帧，所以无须卷带时间。

3. 从硬件到软件

计算机的功能越来越强大，运行速度越来越高，已经可以满足视频编辑的需要。而比较突出的问题就是对软件的需要。软件开发的依据是用户的需求要满足人对不同功能的期望，广播电视工作的编辑软件必须具备广泛的适应力，软件尽量保证所采用的技术能够为人们提供更多的帮助。

4. 从联机编辑到脱机编辑

传统的编辑是习惯从联机方式把源材料编辑到一台录像机上，这种方式的主要问题是使用演播室的代价过高，脱机编辑方式则不同。编辑首先利用低档次的、质量较低的设备挑选自己的材料，建立它的源材料拷贝，完成这个预编过程后，马上输出一个可以在演播室阅读的编辑决策表，编辑再利用这个决策表把源材料编辑进录像机中。这四种基本的编辑方式可以有四种组合方式：线性脱机、线性联机、非线性脱机、非线性联机，非线性脱机编辑方式的出现得益于多媒体技术的发展。

二、非线性编辑系统技术的创新

非线性编辑系统是在电视技术的数字化以及计算机技术在存储容量、数据处理速度等方面发展到一定阶段后出现的。它融入了现代多媒体和计算机这两个21世纪最先进领域的前端技术，它集多项编辑功能于一体，改变人们按时间顺序剪辑素材的传统概念，克服了录像带多版合成、复制图像质量劣化的缺点，大大提高了编辑效率，并且为编辑人员的艺术创作开辟了广阔的天地，因而受到视频界的普遍关注。

美国专家认为，一个完整的非线性系统应该具备四个部分，它的全称是：电子的、非线性、随即存取、编辑系统。

电子的指以计算机为主，主要用于支持用户和系统硬件之间的快速传递，数据管理和硬件接口协议；非线性指媒体的物理性质决定素材不一定按顺序排列，镜头可以按各种顺序排列，镜头组可以任意移动；随即存取指用户可随机地寻找特定的素材段，无须通过顺序的方式到达指定位置；编辑系统指编辑利用软硬件组织视频轨、特技字幕等功能，至少也能产生编辑决策表。

多媒体非线性编辑系统以计算机为平台，加上视频处理卡、特技卡、压缩卡、控制卡和硬盘机等组成。非线性编辑系统打破了传统编辑线性工作方式的旧格局，将广告素材以数字形式存储在计算机的硬盘中，然后根据广告创意按照素材的长短和顺序编一个节目表，即可完成电视广告的制作。它的编辑利用了计算机的快速数据传递、数据处理和管理的功能，因而大大缩短了编辑时间。

多媒体非线性编辑系统在电视广告制作中的优势是：

1. 加速编辑功能

在传统的编辑系统上制作电视广告要完成编辑方式设置、录像机的操作、记录编辑点，并检查修改、预演、实际编辑、编后效果检查等许多工序，相当烦琐。而在非线性系统中，素材一经输入后，不管编辑所需要的镜头在原磁带上相距多远，在多媒体中都只需按编辑决策表的顺序组接，通过键盘即可完成。在非线性编辑中，用户可直接从硬盘中以帧或文本的方式迅速、准确地存取编辑素材，消除了令人烦恼的卷带时间，使编辑人员可以集中精力创造性地迅速编辑，这非常适合于新闻的高效性。

2. 音频编辑功能

在编辑广告片时，传统的方法是先进行画面的剪辑：母带制作完毕再复制软

盘以备配音、配乐、制作动效等，然后再与母带画面进行合成。这需要花费很多时间。在非线性系统中，如果使画面素材、语音、音乐和动效等同时输入多媒体，则可同时完成音频、视频的后期制作。由于在计算机操纵下，减少或取消了传统方式复杂的人工操作和机械运转，从而大幅度提高了工作的速度。

3. 修改和增删功能

在传统的编辑制作过程中，较大的修改和增删几乎是把原作推倒重来，它要花同样乃至几倍于原制作时间来完成编辑工作，这对于编辑人员来说，不论是体力还是时间上，都是极大的浪费和消耗，往往很难保证节目的质量。非线性编辑系统在编辑过程中，所有关于编辑的信息都显示在一台高清晰度的显示器上，编过的片段都可以根据需要随意进行内容或顺序上的修改与增删，而不必考虑时间的连续性，体现了高效率编辑和再修改功能的特点。

目前非线性编辑还存在着一些问题，主要的不足是数字比压缩技术对图像质量会产生影响。较复杂的数字特技需要生成时间，字幕功能还不完善，给系统输入节目素材要占用较长时间，操作不当也可能死机等，这些问题会随着多媒体技术的发展而不断解决，传统的电视广告制作系统必将随着非线性系统的进一步发展和完善而逐步退出历史舞台，终将为多媒体电视广告制作系统所取代。以计算机为平台的多媒体技术与电视技术在更高层次的融合，将会产生新的技术，并为电视广告制作和播出方式的变革开辟新的道路。

三、多媒体应用软件的不断升级

电视广告的创作除了前期的调查、创意、文案等以外，最重要的就数广告的制作技术了。而电视广告技术的创新，则有赖于多媒体技术的进一步发展，特别是多媒体软件技术的开发。这些软件包括以下几个部分：

1. 多媒体素材准备

多媒体准备软件包含有文字制作软件，如现在广泛使用的 WORD、金山 WPS 等；音频数据应用软件；图像数据应用软件，如现在常用的 PhotoShop 软件；动画制作软件，如最著名的应用软件 3DS MAX 系列；以及视频数据应用软件，如时下流行的 Adobe Premiere 软件。

这些软件的每一次升级，都会对电视广告的创新起着推动作用。

2. 多媒体编辑与创作工具

多媒体编辑与创作工具在电视广告的制作过程中起着十分重要的作用。现在运用得较多的有由 MacroMedia 公司开发的 Authorware 软件工具，它是一个富有创造力的、用于集成多媒体信息的多媒体程序创作工具，是一种面向对象、用图标流程线逻辑编辑、配合函数变量、动态连接库（DLL）等的"无须编程"的多媒体工具软件。另一种软件工具 Multimedia ToolBook 则是由美国 Asymetrix 公司开发的。它是许多多媒体软件开发者优选的编程工具。MTB 具有良好的图形用户接口（GUI）以及面向程序设计语言 OpenScript，编程者可以轻松自如地绘制各种对象，无须用复杂的语句来进行描绘。

随着数字视频技术和多媒体技术的发展，电视和计算机领域的科技人员正在研究新的硬件和软件技术。而软件在开放的平台上不断升级的结果增强了系统的综合能力。更大、更快、更廉价的存储媒体，将是整个多媒体技术得以推广的基本保证。届时，电视广告的制作技术必将有一个大的飞跃。

第3节

与互联网的联姻

近几年来，互联网（Internet）获得了前所未有的迅速发展，技术手段、应用范围和用户数量都有很大的提高。据有关部门提供的信息表明：1995 年至 2000 年，中国上网用户从 1 万户增加到 1600 万户，2012 年上网数已突破 5 亿，互联网正日益成为最主要的媒体形式和最大的信息源。同时随着传输速度的提高和图像压缩技术的发展，在互联网上传播连续的电视图像已经具备条件。未来的网络将不区分计算机网、有线电视网和电信网的概念，而是以 IP 为基础合为一个信息台的概念，各种各样的信息在这个平台上传递，而无论用户采用何种设备来接收，这就是所谓的三网合一。在这样的背景下，电视节目包括电视广告就必须要考虑发展与互联网的结合了。

一、互联网电视节目广播与传统电视节目广播的比较

数字技术为广播电视带来了一场深刻的革命。互联网宽带技术的实现为广播

电视进行网上直播提供了技术保障。下面我们来看看通过互联网进行网上广播与传统的广播电视相比都有哪些优势：

（1）广播覆盖面与互联网的覆盖面相关，目前基本上到达世界绝大多数国家和地区。

（2）采用直播和录播方式，可以反复点播节目，不受传统广播播出时间的限制。

（3）用户选取节目时面对的是树状目录，而不是传统的顺序搜索。如果一个用户能收到上百个频道，按照目前的搜索方式他要找到想要收看的节目显然是非常困难的，在搜索了几遍后，头晕眼花的用户通常选择的是关掉电视。而利用Internet广播则完全不同，用户面对的将是一个清晰而明确的树状菜单而有选择地收看，各个频道可以把正在播放的节目图像传到用户界面，使他能够有选择地接收。

（4）各电视台可在网上方便地交换节目。这当然是建立在各电视台都建立了相应的影视网站的前提下，而且使用其他电视台的节目要经过允许，即需要建立相应的收费机制。

（5）采用数字文件格式，播出效果只跟网络带宽有关，随着未来网络的不断改善，接听效果将会愈来愈好。

（6）可以采用分层次的分布式媒体点播系统。即将网络分为主干网和本地接入网两个层次，主干网连接存储所有节目档案的中央文件服务器和中央控制服务器。具有高收视率的节目缓存于本地的服务器中，通过接入网送到各个用户，通过本地网就可以满足绝大多数用户的需求。如果请求访问的节目不在本地服务器之中，或者本地服务器无法处理更多的请求，该请求将送到上层的主干网中的中央存储服务器或者其他接入网中的本地存储服务器进行处理。存储的本地化减少了主干网的传输费用。由于节目分布于许多本地存储服务器中，可靠性和可获得性也大大提高。

然而在互联网上进行广播电视节目的传输和接收存在以下一些问题：

（1）数据传输量大。传输的是连续的视频图像以及音频信息，不同于我们平时浏览网页时见到的静止的图像和文字。因此对节目的数字压缩以及传输控制有相应要求。

（2）数据存储量大，管理不易。为满足用户的各种需求，需要建立海量数据库，并采取与普通网站数据库不同的管理措施。

（3）对电视节目传输的 QOS 有一定要求。由于用户是在线观看网上电视节目，因此对节目传输的时延、抖动、数据丢失率等服务质量的要求比普通互联网服务的要求高。

（4）网络信息安全问题。由于建网的目的是对全世界宣传我国的方针政策、社会经济、人文地理等各方面信息，牵涉到我国的国际形象问题，因此要防止国内外反华势力的恶性破坏。

（5）现有的 PC 机当然能够满足接收广播电视节目的需要，然而其成本高，操作复杂，因此需要研制新型的用户接收设备。从技术角度讲，如何实现宽带接入？如何实现在目前接入环境下的有条件接收？如何实现在各种使用条件下低成本、高功能的类 PC 设备？如何降低计算机软件、硬件频繁升级带来的消耗？成为必须要解决的问题。

从上述分析可以看出，各部分之间相互独立，又相互关联，牵涉到网络互联以及广播电视的各个方面，总的原则是要跟上国际步伐，采用当前最前沿的技术和协议，并结合我国自身的特点和优势来进行开发。

二、电视广告与互联网的结合

随着宽频时代的来临与使用人口的成长，未来在宽频世界中的广告与目前窄频广告将有相当大的变革，目前窄频网站以 banner 为广告收入来源，并无法为广告主建立、加强品牌知名度，但在宽频上网中，可以利用宽频的互动性、多媒体特性，建立与现在不同形态的丰富媒体（rich media）网络广告。例如，网络没有时间限制，可以为广告主拍摄一个 15 分钟长度的网络影音广告，甚至设计一个故事型 Flash 多媒体广告，或是加强互动性、当下购买等。

另外，该影音中心让广告主可依产品的特质或广告企划来选择呈现的方式，其中，影音随选视讯插播广告强调深度沟通，在宽频网络上提供介绍影片、数字化的主题与互动性等，让使用者可以深入了解广告商品；而交互式的线上影音聊天室则是提供广告主与客户进行实时互动，以收集网友意见；宽频影音型录像则可利用广告主旧有的电视广告或产品展示带转换至宽频网络上，延伸电视广告效果。

为了达成建立交互式宽频影音中心的目标，该影音中心借由整合东森自有的电视节目，以及其他电视频道商、策略合作厂商的自制影音节目内容，推出同时具备电视直播、网络节目播出、随选视讯等功能节目，分为直播、随选及付费三个频道播出，希望建立一个真正可以满足网友需求的影音中心平台。